LE BRICOLAGE DU WEEK-END

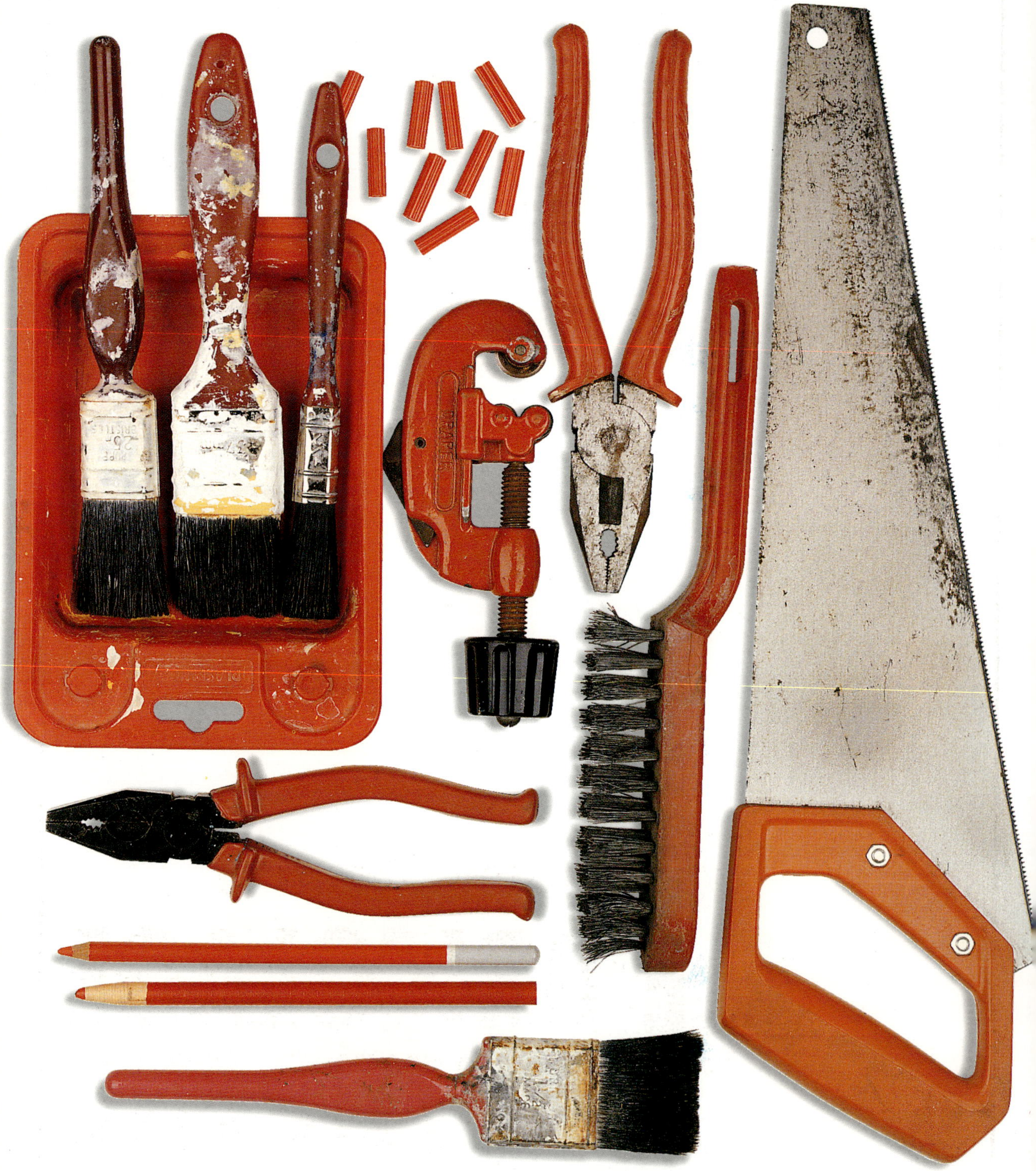

Albert Jackson - David Day

LE BRICOLAGE DU WEEK-END

La Maison Rustique

Titre de l'ouvrage original :
DIY Projects in a week-end
publié par HarperCollins
à Londres

Ouvrage réalisé par Inklink, Londres

N° d'édition : FX053702
ISBN : 2-7066-0537-5
Imprimé à Singapour
Maquette : Simon Jennings
Illustrateurs : Robin Harris
et David Day

Traduit de l'anglais
par Michel Beauvais

Adaptation :
Octavo Éditions, Paris
(Bruno Hanquier, édition ;
Barbara Kekus, mise en page)

Maquette de couverture :
Thomas Gravemaker,
Studio X-Act, Paris

Photographie de couverture :
© F. Morellec/Flammarion

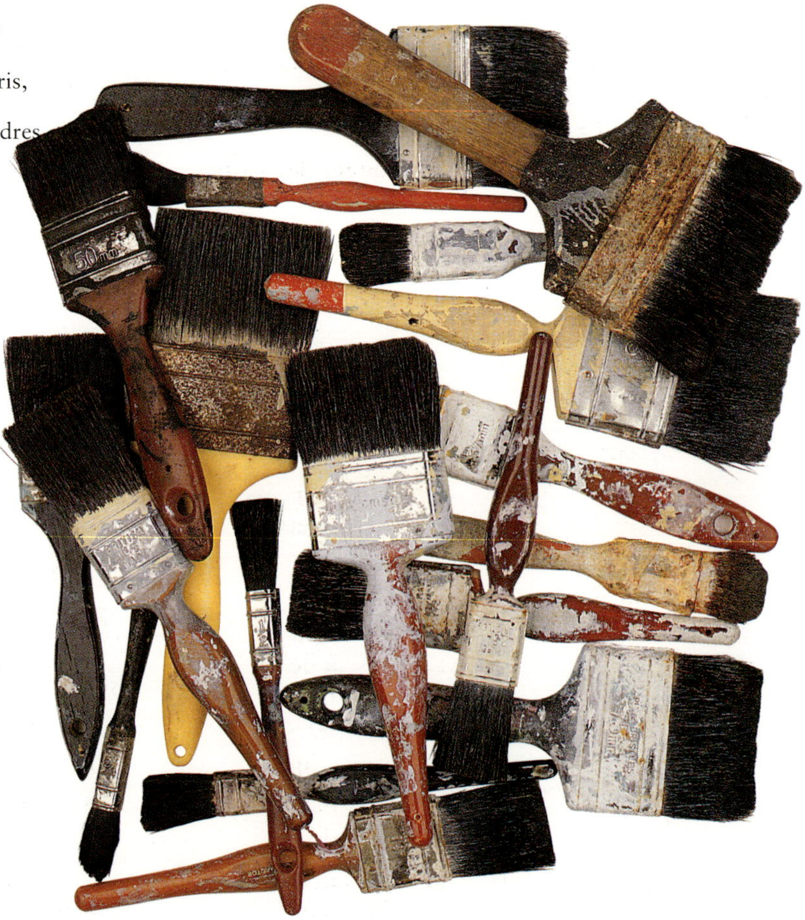

SOMMAIRE

DEUX HEURES

1 DEUX HEURES

2 UNE DEMI-JOURNÉE

UNE DEMI-JOURNÉE

UNE JOURNÉE

3 UNE JOURNÉE

4 UN WEEK-END

UN WEEK-END

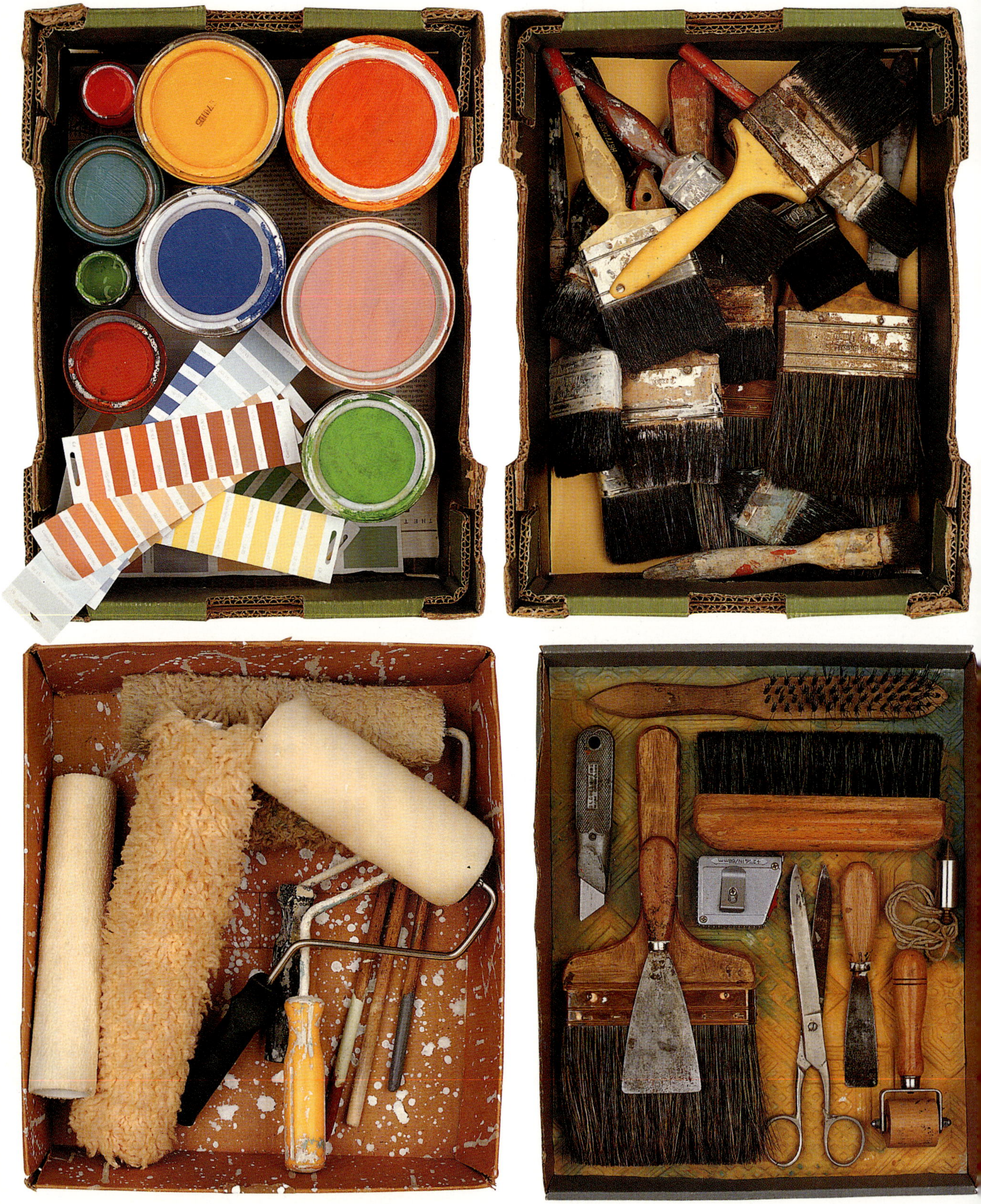

Introduction

Qu'on habite une maison ou un appartement, le temps manque souvent pour effectuer les travaux qui, pourtant, rendraient la vie plus agréable. Le temps passe et la liste s'allonge : le robinet de la cuisine fuit, l'air froid s'engouffre sous la porte d'entrée, le radiateur de l'entrée ne chauffe plus... La chambre d'amis aurait bien besoin d'être refaite et les livres dorment dans des cartons en attendant des rayonnages... Sans parler de ce vieux projet de terrasse dallée pour le jardin !

Nous vous proposons de mettre fin à cette situation en organisant mieux votre temps et vos week-ends. En effet, un grand nombre de réparations et de petits aménagements peuvent être effectués dans un temps relativement court : il suffit de bien planifier les choses, de connaître la méthode à suivre et d'utiliser l'outillage adapté. Et pour vous faire gagner encore du temps, nous vous offrons aussi des « trucs » de professionnels qui vous permettront, du même coup, d'obtenir une finition parfaite.

Nous avons classé les différentes interventions en fonction du temps nécessaire à leur réalisation : deux heures, une demi-journée, une journée ou le week-end. Bien entendu, tout le monde ne travaille pas à la même vitesse... Une personne expérimentée est capable de remplacer le joint d'un robinet en quelques minutes, alors qu'une autre aura besoin de deux heures ou davantage. Nous avons donc pris pour référence dans cet ouvrage le cas moyen d'une personne qui, :bien que n'ayant aucune expérience particulière, n'est pas tout à fait maladroite de ses mains !

Pour vous donner la possibilité d'adapter, avec plus de souplesse encore, votre emploi du temps aux réalisations de longue durée, nous vous proposons des étapes : vous pouvez, sans dommage, interrompre les travaux à telle ou telle étape, pour les reprendre le week- end suivant ou un soir de la semaine... Enfin, grâce aux listes d'outils nécessaires, vous achèterez tout ce dont vous avez besoin avant même de commencer les travaux.

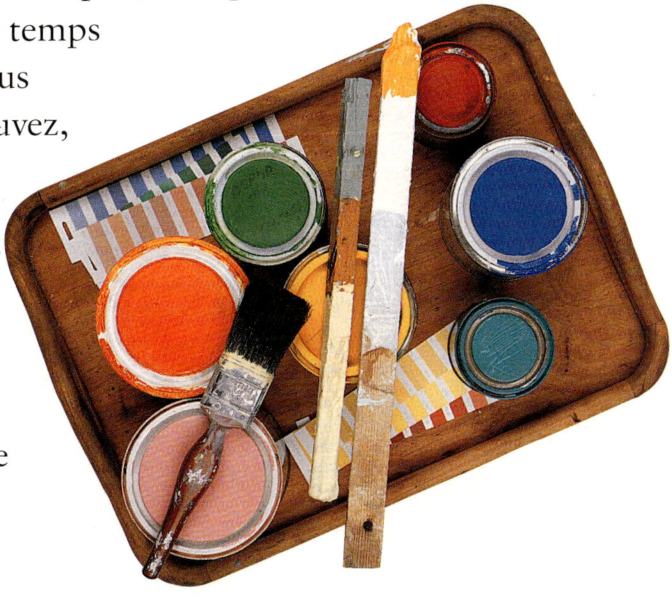

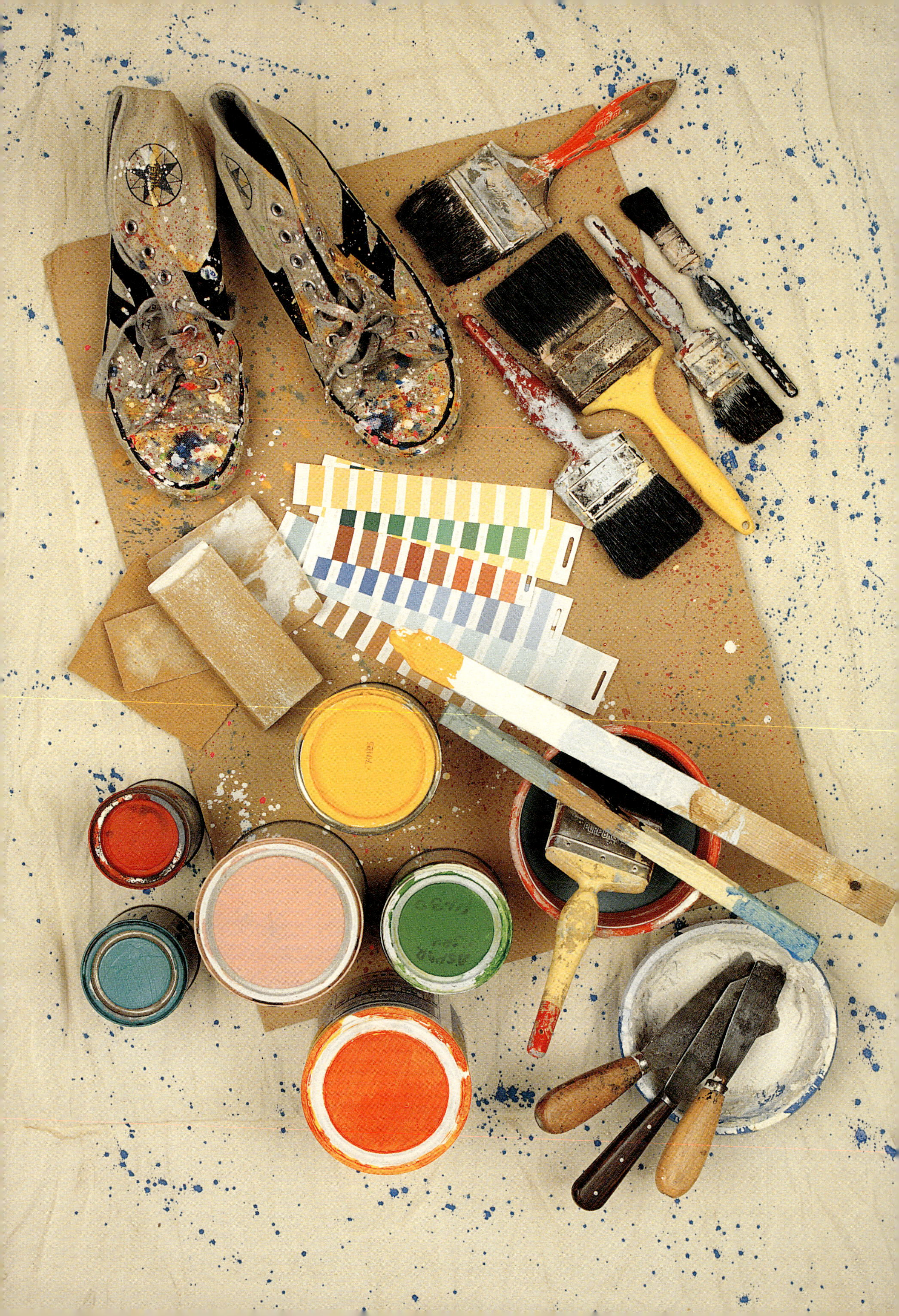

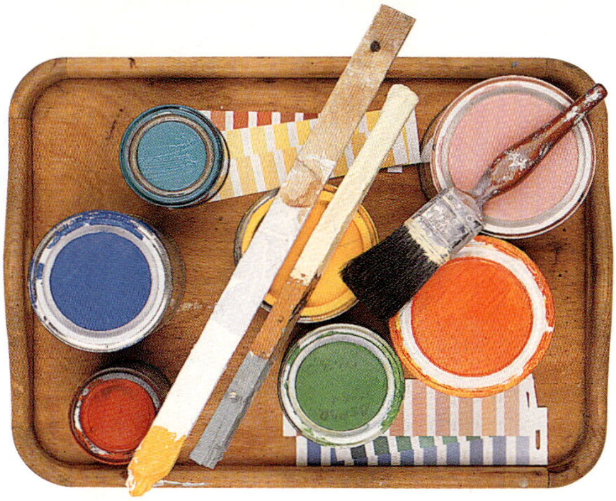

1

DEUX HEURES

Rénover une porte ancienne

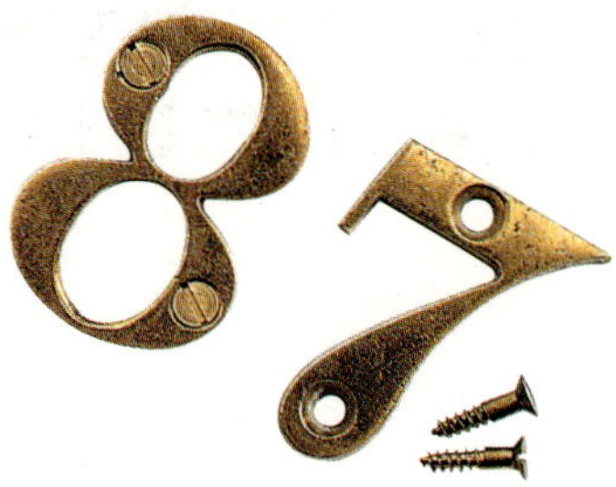

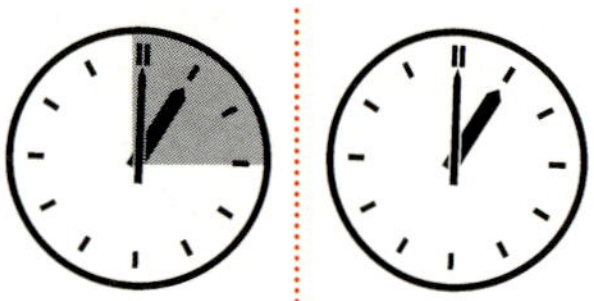

Deux heures

Attention !
Si vous utilisez un décapant chimique, suivez scrupuleusement les conseils du fabricant et portez des gants de protection pour manipuler tous les produits de nettoyage.

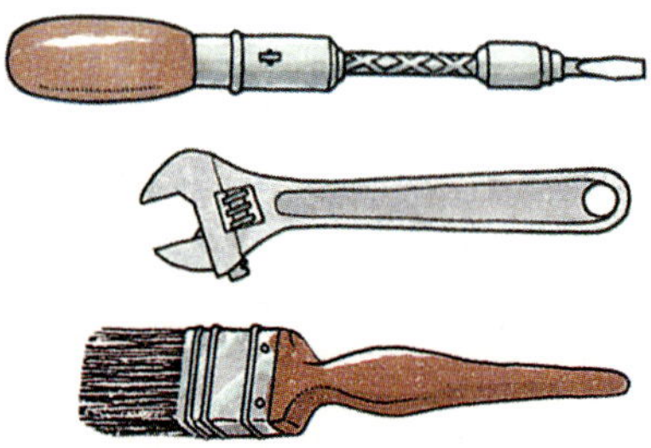

Outils
- Clé à molette
- Gants de protection
- Lunettes de protection
- Pinceau fin à vernir
- Tournevis

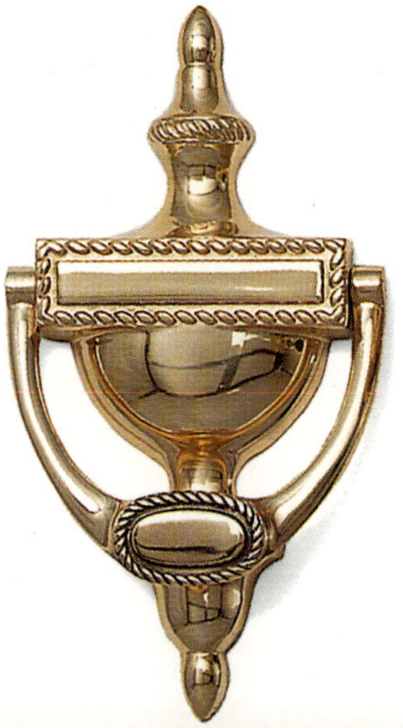

Comme toutes les huisseries extérieures, la porte d'entrée subit de nombreuses agressions : les intempéries, le soleil et le froid, mais aussi un usage intensif et quotidien. Son bon état, signe de la bonne santé de votre maison et élément important de votre sécurité, est donc essentiel et ne supporte aucune négligence. Pour maintenir votre porte dans sa meilleure forme, la première opération à effectuer est de refaire la peinture. Appliquez également une couche de peinture noire sur le marteau de porte s'il est en fonte. Les parties métalliques chromées ou en laiton seront mieux protégées si vous les couvrez d'un vernis pour métal.

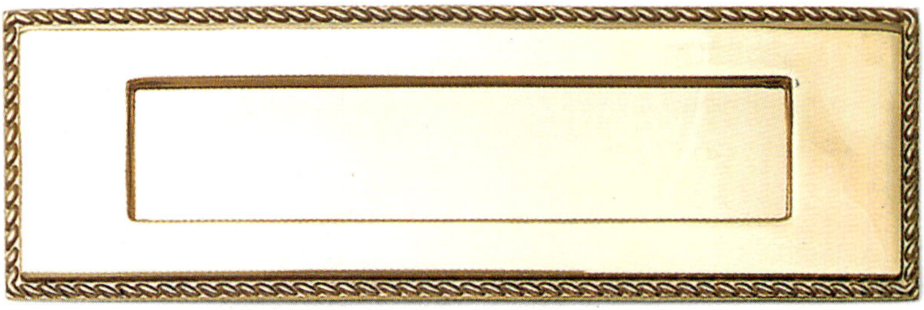

On appelle garnitures de porte les entrées de clé, les marteaux de porte, les plaques de boîtes aux lettres, etc.

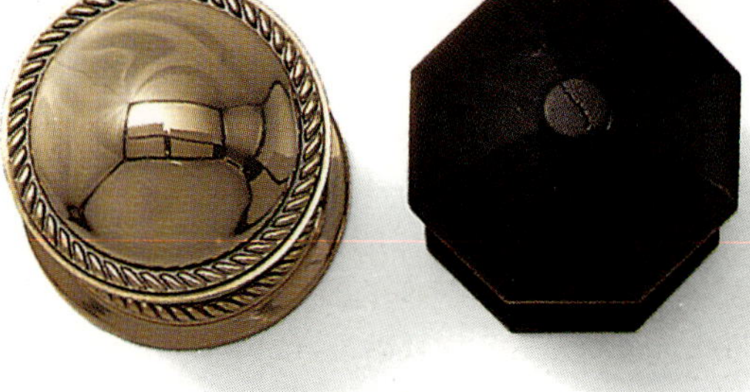

NETTOYER LES CUIVRES

Avec le temps, les cuivres prennent une couleur terne. Vous leur redonnerez facilement leur brillant grâce à un produit spécialisé du commerce. Toutefois, si les garnitures métalliques d'une porte extérieure ont été négligées pendant longtemps, il peut être nécessaire de les nettoyer avec une solution de sel et de vinaigre avant de les polir.

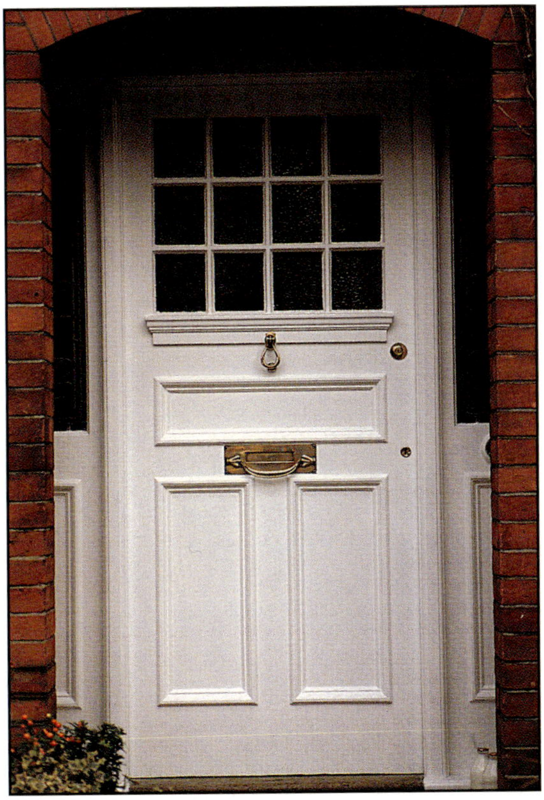

Le cuivre est fréquemment utilisé pour les garnitures de portes. Un nettoyage et un polissage réguliers sont les seuls soins qu'il réclame.

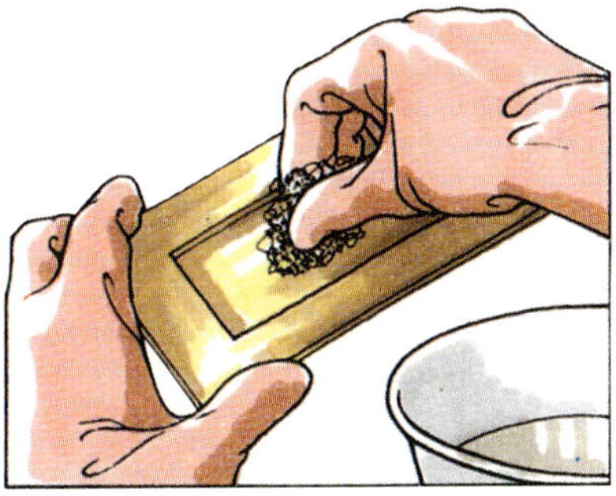

Nettoyer au sel et au vinaigre

Versez une cuillerée à soupe de vinaigre et une de gros sel dans un quart de litre d'eau chaude. Appliquez cette solution généreusement sur les cuivres de la porte, et frottez avec un tampon de laine d'acier très fine. Nettoyez ensuite avec un détergent et de l'eau chaude, puis rincez à l'eau claire.

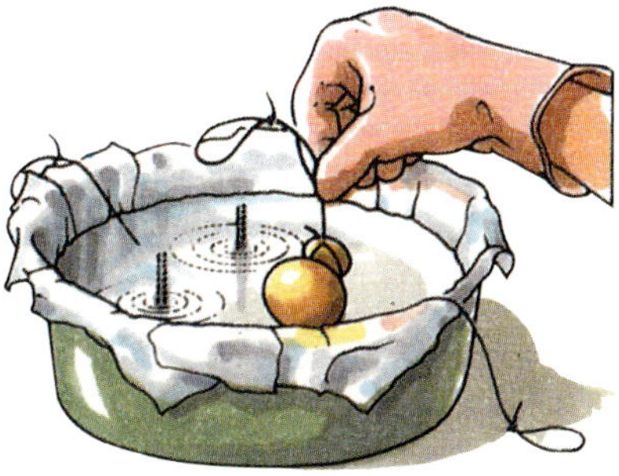

Décaper le vert-de-gris

En s'oxydant, le cuivre non entretenu se couvre d'une couche de vert-de-gris. Ce type de corrosion laisse parfois des taches en profondeur, aussi est-il préférable d'intervenir rapidement.

Tapissez un récipient en matière plastique d'une feuille de papier d'aluminium de ménage. Placez-y les éléments en cuivre démontés de la porte, auxquels vous aurez auparavant attaché une ficelle. Avec beaucoup de précautions, faites dissoudre un grand verre de cristaux de soude dans deux litres d'eau chaude. Versez cette solution dans le récipient, jusqu'à ce que les objets en soient recouverts. Prenez garde que la ficelle ne tombe pas dans le liquide.

Laissez agir quelques minutes, puis sortez les objets à l'aide de la ficelle. Si nécessaire, renouvelez l'opération en changeant la solution et la feuille de papier aluminium.

Rincez les objets à l'eau chaude et essuyez-les avant de les polir.

Polir les cuivres

Utilisez une crème de polissage pour cuivres. Ces produits laissent sur le métal une fine pellicule de protection qui ralentit la corrosion et permet ainsi d'espacer nettoyages et polissages.

Pour nettoyer les éléments chromés, frottez-les avec de l'eau savonneuse additionnée de quelques gouttes d'ammoniaque, puis effectuez un polissage avec une crème d'entretien pour chrome. Attention : n'utilisez les produits puissants qu'avec parcimonie car, trop concentrés, ils peuvent détruire la couche de chrome.

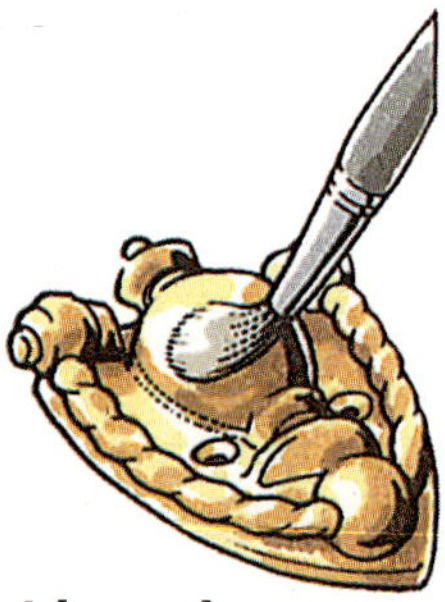

Vernir les chromes et les cuivres

Après avoir poli le métal, frottez-le avec une petite brosse à ongles assez ferme et de l'eau chaude savonneuse. Rincez à l'eau claire et essuyez soigneusement.

Avec un gros pinceau d'artiste, appliquez une couche de vernis-laque acrylique, en commençant par le haut pour chaque élément. Étalez soigneusement le produit, en couche très fine. Si vous découvrez une trace de pinceau sur le vernis encore frais, placez l'objet sur un radiateur : la trace disparaîtra d'elle-même. Laissez ensuite sécher à température ambiante et à l'abri de la poussière. Lorsque le vernis-laque vieillit et se craquelle, décapez-le à l'acétone, puis recommencez l'opération.

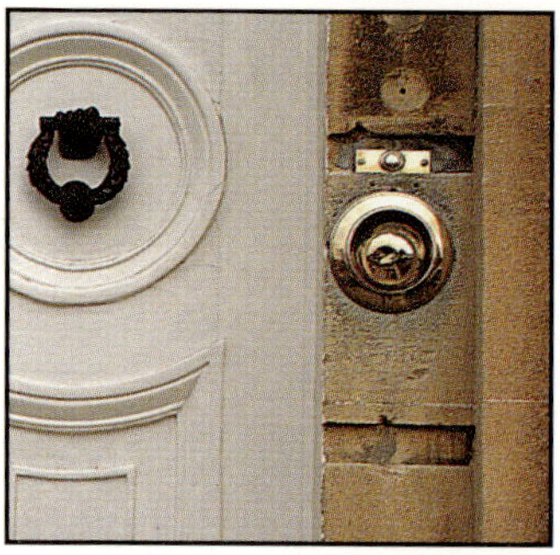

TOUR DE MAIN

Polir sans risque

Les produits de polissage pour métaux sont assez agressifs et décolorent la peinture. Il est souvent nécessaire de protéger le pourtour des parties métalliques. Pour cela, utilisez des rectangles de carton dans lesquels vous avez auparavant découpé la forme de chaque élément. Lors du nettoyage, mettez ces masques en place de manière à protéger les parties peintes. Une autre solution, tout aussi efficace, consiste à protéger la peinture à l'aide de ruban de masquage, que vous ôterez facilement après le polissage.

Simplifiez-vous la tâche en prenant soin de peindre les chants des plaques métalliques épaisses fixées sur la porte à l'aide d'un pinceau à réchampir fin. Vous n'aurez plus qu'à polir le parement.

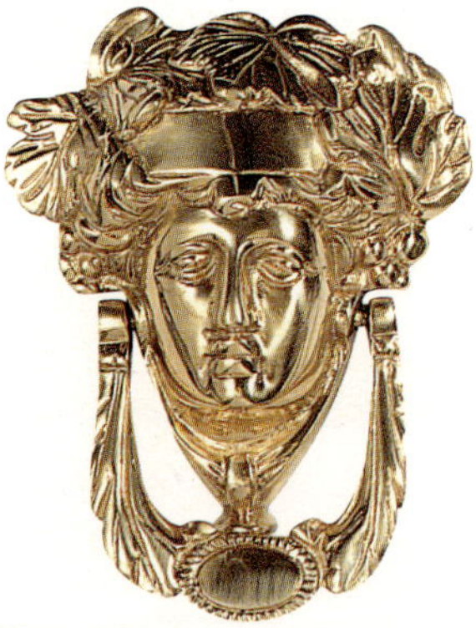

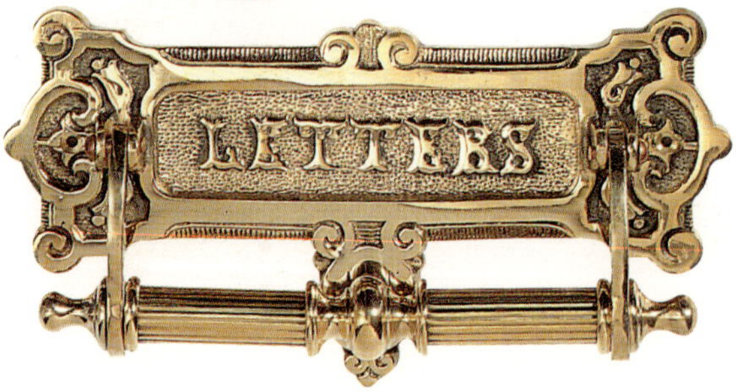

Nettoyer et peindre des éléments en fonte

Faites tremper les éléments en fonte ou en fer forgé – notamment les marteaux, les boutons de porte ou les entrées de boîte aux lettres – dans de l'essence ou du pétrole : vous les nettoierez ensuite plus facilement. Décapez et frottez avec un tampon de laine d'acier. Rincez, essuyez avec soin, puis appliquez une couche de peinture antirouille ou un produit liquide qui neutralise et solidifie la rouille. Passez les couches de finition après séchage.

Même si vous ne procédez pas à ces opérations, il est toujours préférable d'appliquer d'abord un produit antirouille : la décoration sera plus durable. Procédez ensuite à la finition, en noir ou bronze.

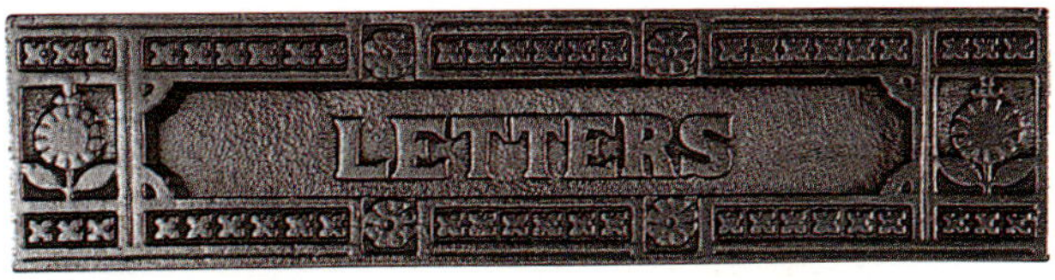

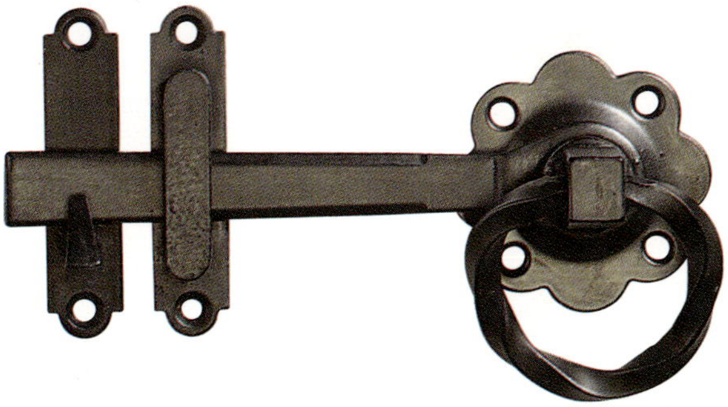

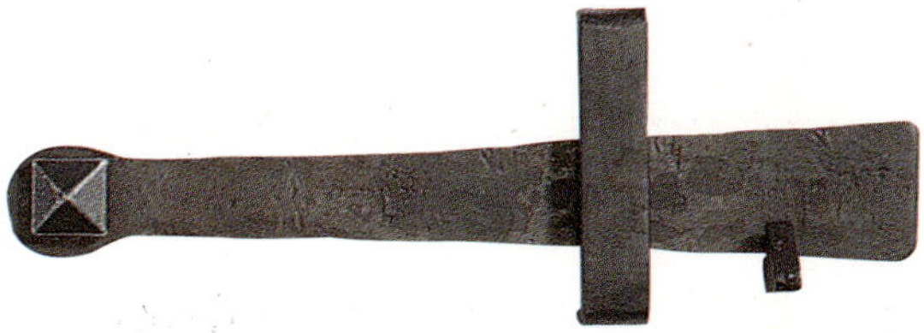

Décaper des garnitures de porte encrassées

Si le marteau ou le bouton de porte est encrassé par des couches successives de peinture, il est préférable de le décaper entièrement. La solution la plus simple est en général d'utiliser un décapant chimique pour peinture du commerce. Prenez toutes les précautions conseillées.

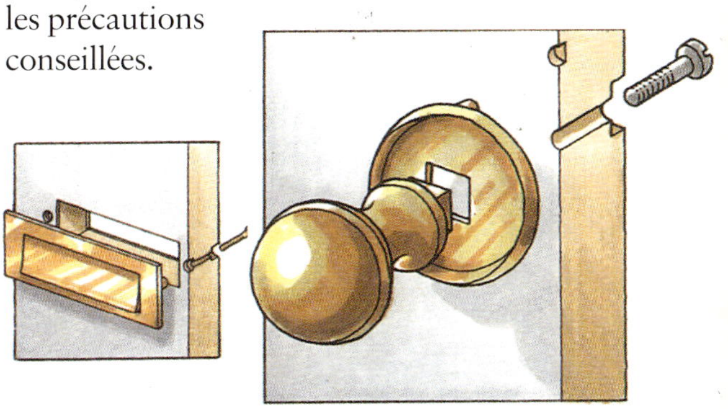

Les garnitures métalliques sont généralement vissées sur la porte.

Décaper la peinture

Si vous devez décaper la peinture de la porte, démontez d'abord les garnitures métalliques afin de les nettoyer séparément. Portez des gants et des lunettes de protection, et travaillez dans un local bien aéré. Placez les objets dans un récipient en matière plastique, puis versez le décapant. Étalez-le uniformément avec un vieux pinceau afin qu'il pénètre dans les parties creuses. Laissez agir le temps nécessaire (conformez-vous aux conseils du fabricant). Sous l'effet du produit, la peinture se boursoufle et forme des cloques.

Frottez les objets avec une brosse dure ; si la peinture subsiste à certains endroits, appliquez à nouveau du décapant.

Rincez à l'eau chaude et essuyez soigneusement avec du papier absorbant. Procédez rapidement à la décoration, afin d'éviter toute corrosion du métal.

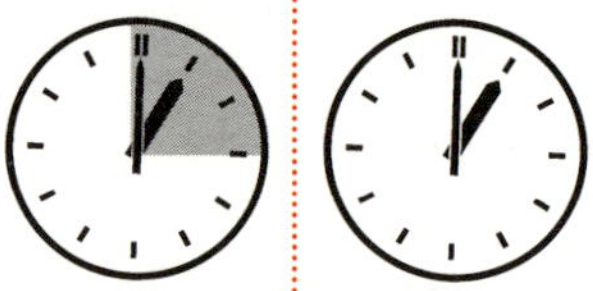

DEUX HEURES

DÉBOUCHER UN LAVABO OU UN ÉVIER

Ne négligez pas les symptômes qui indiquent qu'un évier ou un lavabo sont sur le point de se boucher, car les choses ne peuvent que s'aggraver ! Effectuez des nettoyages réguliers (tous les six mois par exemple) pour éviter l'engorgement des canalisations et les remontées d'odeurs désagréables. Lorsqu'une canalisation est bouchée, tâchez de localiser l'origine du problème afin d'intervenir plus efficacement.

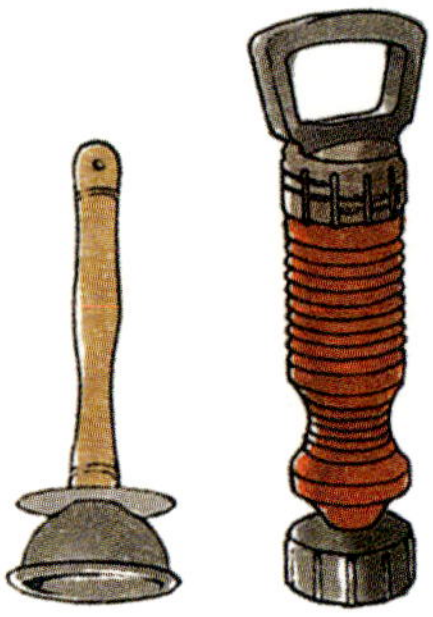

Outils indispensables

- Déboucheur à pression d'eau
- Déboucheur-ventouse
- Pince multiprise

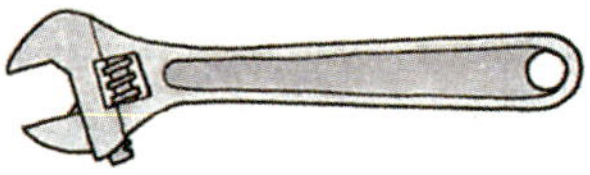

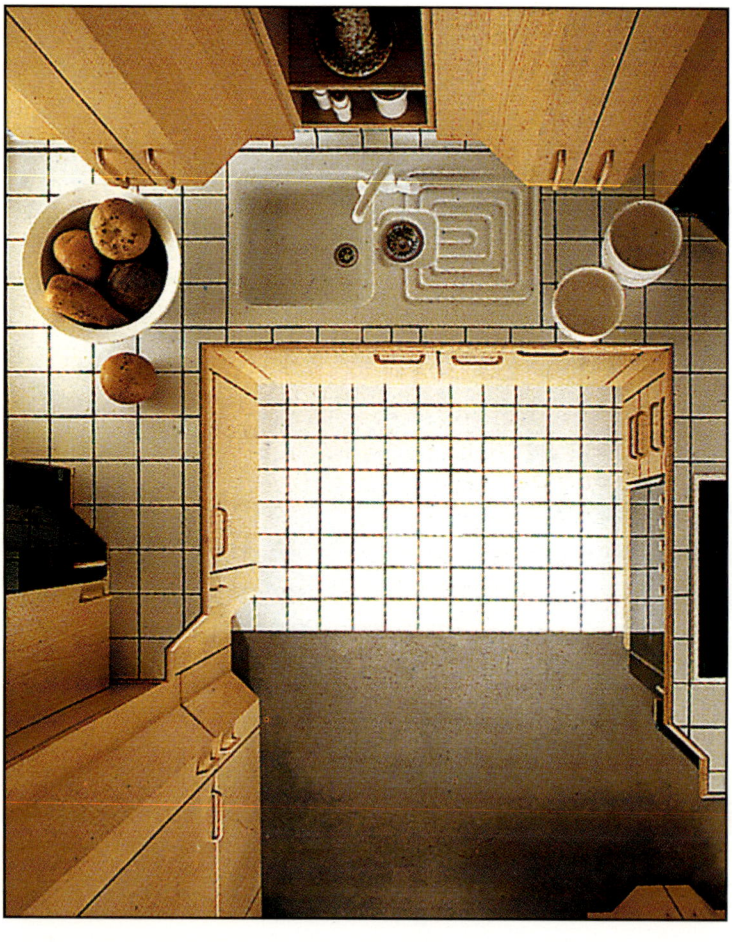

Souvent, l'évier de la cuisine se bouche par suite de l'accumulation des déchets et des graisses dans les canalisations d'évacuation. Pour le déboucher, plusieurs solutions sont à votre portée.

DÉBOUCHER LE SIPHON ET LA CANALISATION

Dans la plupart des cas, un évier ou un lavabo sont bouchés par des graisses, des déchets alimentaires ou des cheveux qui obstruent siphons et canalisations d'évacuation. Si l'eau s'écoule très lentement, utilisez un déboucheur chimique, avec précaution (ils sont tous très caustiques) et en respectant les indications du fabricant. Prenez toutes les mesures indispensables : portez des gants et des lunettes pour éviter les projections dans les yeux. Conservez le produit en sécurité, hors de portée des enfants.

Si les mauvaises odeurs persistent, versez un désinfectant dans l'évier (eau de Javel, par exemple) une fois le siphon débouché.

Utiliser un déboucheur-ventouse

Si un évier reste plein alors que les autres appareils sanitaires se vident normalement, cela signifie que le bouchon se trouve à son niveau, dans le siphon ou dans la canalisation d'évacuation. Remplissez à moitié l'évier ou le lavabo et appliquez la ventouse sur l'évacuation, après avoir ôté la bonde s'il y a lieu. Bouchez le trop-plein d'une main ou avec un chiffon mouillé. Pompez énergiquement en appuyant puis en tirant sur la ventouse, de manière à aspirer et refouler la colonne d'eau. Une petite partie des déchets remonte dans l'évier, tandis que le reste est évacué par la canalisation. Continuez à pomper afin de bien nettoyer le bouchon. Si vous n'arrivez pas à déboucher de cette façon, il faut alors démonter le siphon.

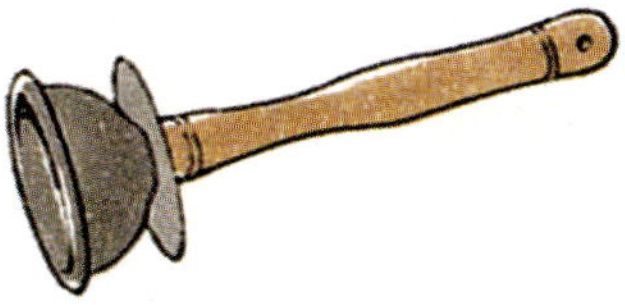

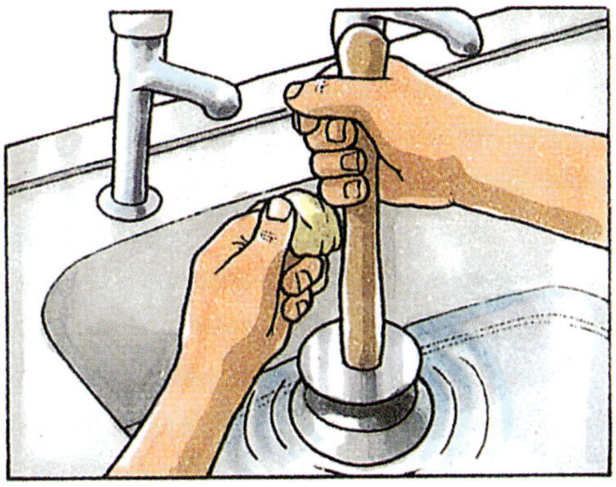

Un déboucheur-ventouse suffit à éliminer la plupart des bouchons.

Nettoyer le siphon

Le siphon, situé sous le lavabo ou l'évier, est en général un tuyau à double courbure en forme de S, qui crée une retenue d'eau empêchant la remontée des mauvaises odeurs. Mais les déchets trop lourds ou trop gros peuvent parfois s'y trouver bloqués. Placez un seau sous le siphon et dévissez le bouchon de vidange à l'aide d'une pince multiprise ou d'une clé à molette. Sur les siphons récents, il suffit de dévisser à la main la partie basse du siphon, en forme de coupelle, pour évacuer l'eau et les déchets.

Nettoyez bien le siphon et désinfectez-le à l'eau de Javel avant de le remonter. Faites coulez de l'eau dans l'évier. S'il ne se vide toujours pas, il faut alors démonter le bouchon de la canalisation ou le siphon et enfoncer dans la canalisation d'évacuation un fil de fer dont vous avez préalablement recourbé l'extrémité afin d'essayer de déloger le bouchon.

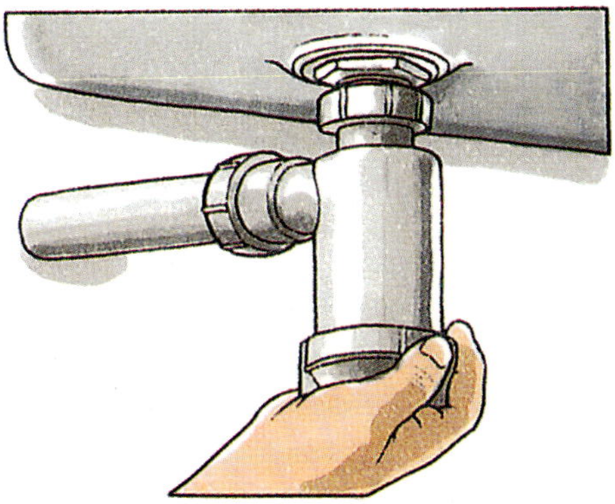

Dévissez le bouchon de vidange du siphon.

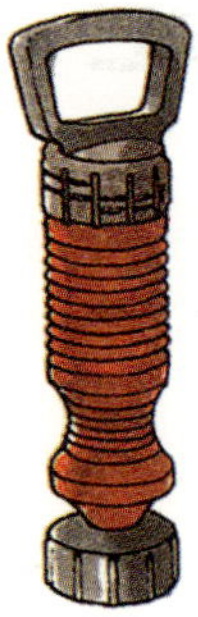

Déboucher une canalisation

Le siphon est souvent raccordé à une canalisation d'évacuation horizontale, en PVC. Si celle-ci comporte un bouchon, placez une cuvette au-dessous et dévissez-le. Dans le cas contraire, vous devez démonter le siphon entièrement. Enfoncez un fil de fer assez ferme, dont vous aurez préalablement recourbé l'extrémité, et poussez au maximum afin d'éliminer les déchets. Si vous rencontrez un bouchon impossible à déloger, ou s'il est hors d'atteinte, louez un déboucheur à vrille dans une grande surface de bricolage. Cet appareil, muni d'un long flexible de 2 à 10 m selon les modèles, se termine par une vrille que l'on actionne au moyen d'une manivelle. Il est très efficace.

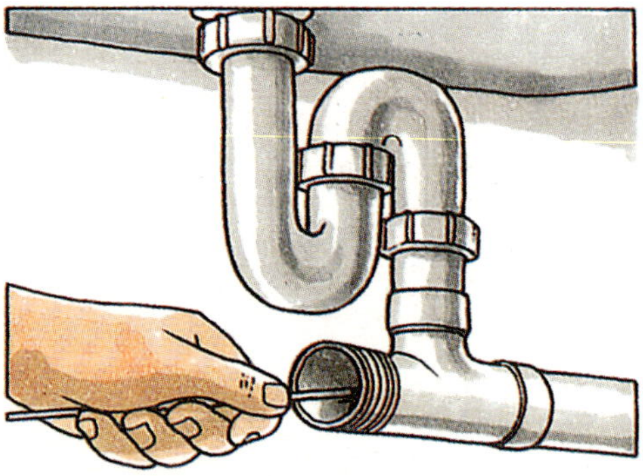

Débouchage avec un fil de fer

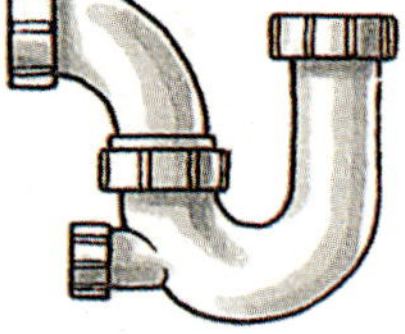

Siphon en S
Utilisez une pince multiprise pour débloquer le bouchon de vidange.

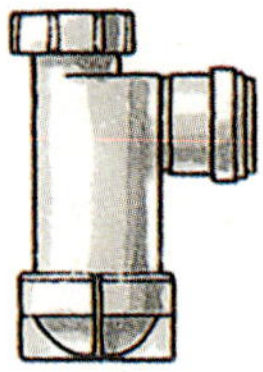

Siphon-cloche
Le bouchon de vidange en forme de coupelle se dévisse facilement à la main.

TOUR DE MAIN

En dernier recours

Si vous ne parvenez pas à déboucher l'évacuation, utilisez un déboucheur à pression d'eau. Son action est comparable à celle du déboucheur-ventouse, mais il agit sur la colonne d'eau avec beaucoup plus de puissance. Il existe également des déboucheurs à air comprimé.

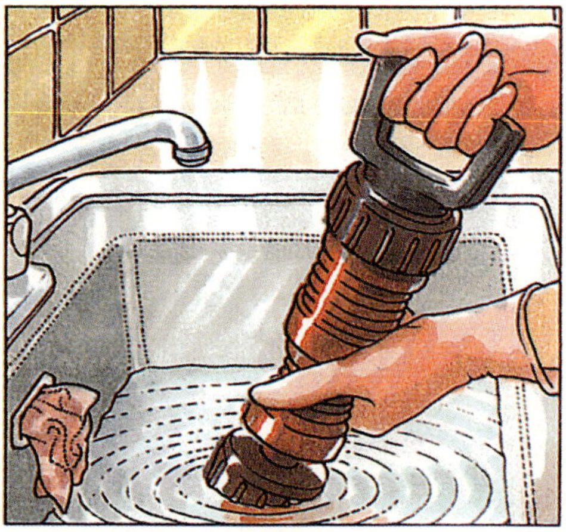

Utiliser un déboucheur à pression d'eau

Bouchez le trop-plein du lavabo avec un chiffon mouillé. Versez de l'eau jusqu'à mi-hauteur et remplissez la pompe en tirant sur la poignée. Appliquez la ventouse sur l'orifice de vidange et appuyez sur la poignée. Effectuez des mouvements aspirants et refoulants jusqu'à complet débouchage.

Réparer une chasse d'eau qui fuit

Le niveau d'eau dans une chasse d'eau à réservoir est commandé par un flotteur en forme de boule ou de cylindre, attaché à une tige qui ouvre et ferme le robinet. Lorsque l'eau monte dans le réservoir, le flotteur monte avec elle. La tige ferme alors le robinet. Si cette tige est mal réglée ou présente un défaut, l'eau continue de couler et s'évacue par le trop-plein. L'intervention consiste donc, le plus souvent, à ajuster la position de la tige du flotteur.

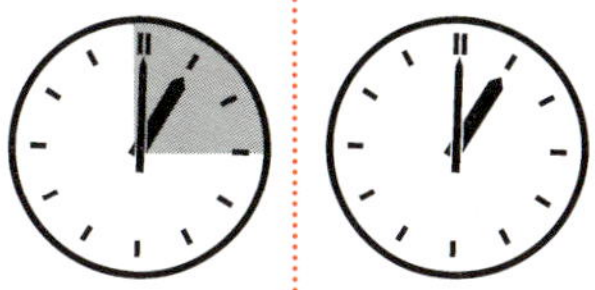

Deux heures

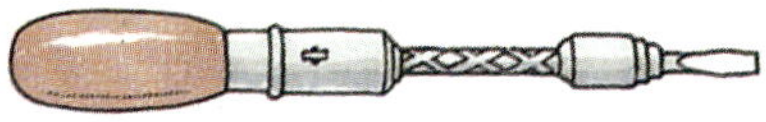

Outil

Tournevis

Dans ce type de chasse d'eau, à réservoir bas situé derrière la cuvette, le flotteur commande le robinet par l'intermédiaire d'un bras métallique.

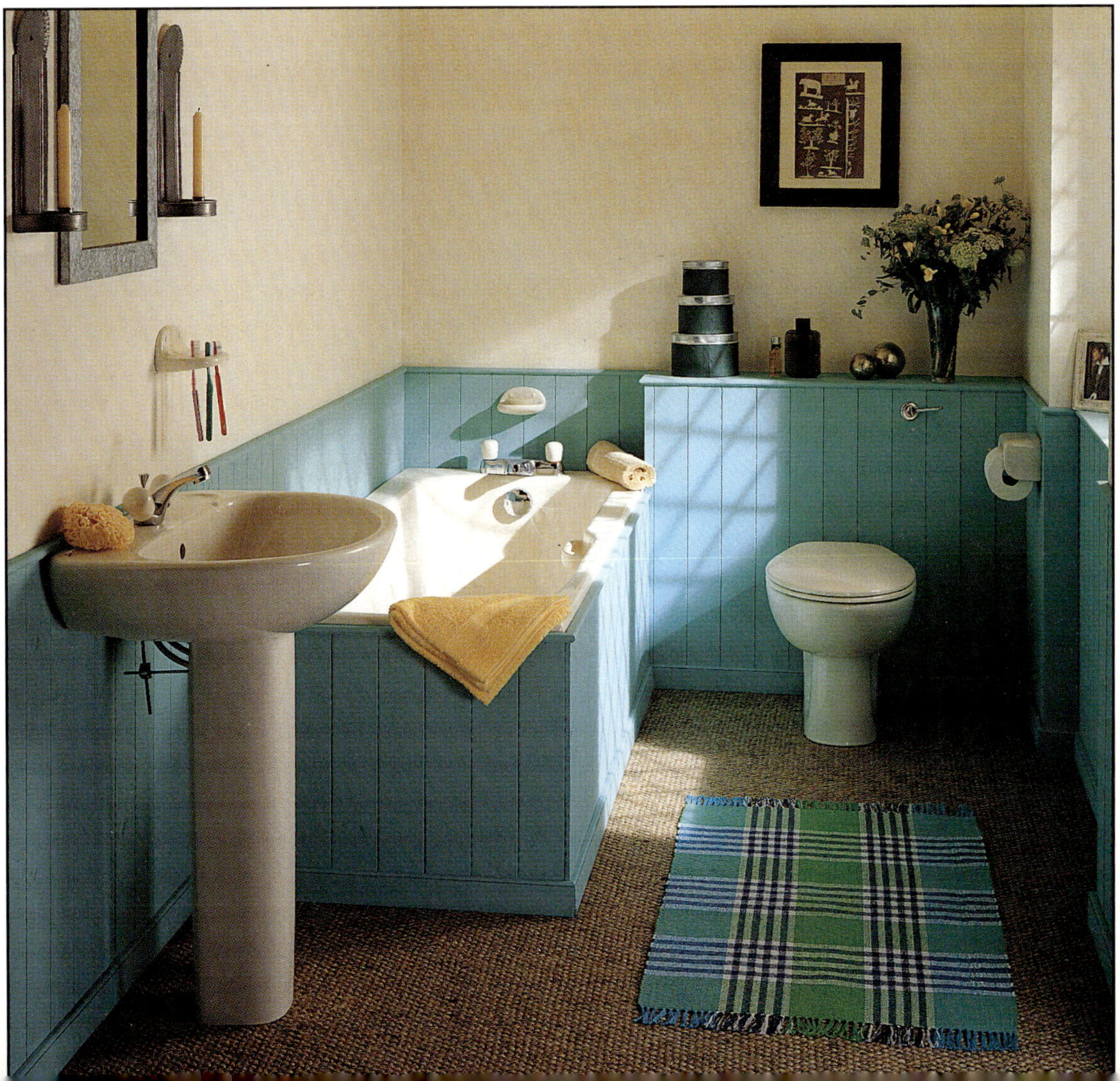

Ajuster le bras du flotteur

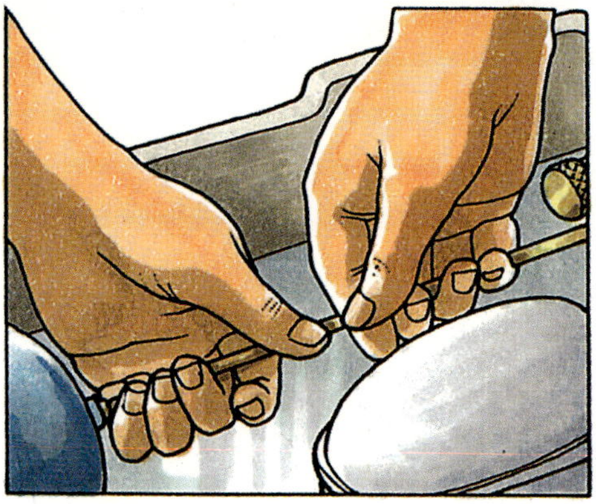

Coudez la tige métallique du flotteur.

1 Ajustez le flotteur de telle manière que l'eau monte à 2 ou 3 cm au-dessous de l'ouverture du trop-plein. La tige est le plus souvent en métal : il suffit donc de la couder légèrement pour régler le niveau d'eau.

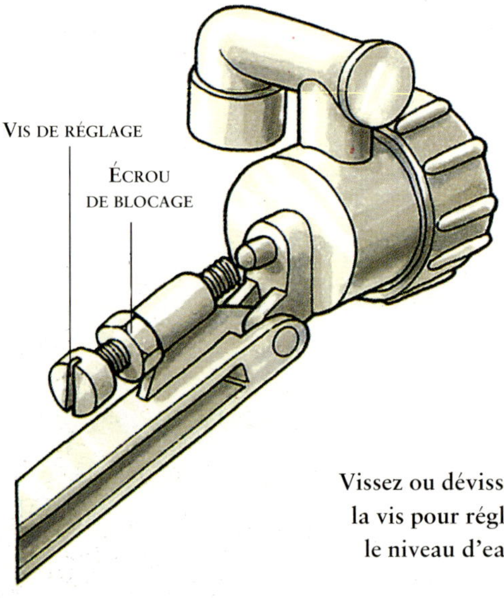

Vissez ou dévissez la vis pour régler le niveau d'eau.

2 Sur certaines chasses d'eau, la tige comporte une vis de réglage qui vient appuyer sur un piston. Après avoir dévissé l'écrou de blocage, serrez la vis pour que le niveau d'eau baisse dans le réservoir, ou desserrez-la si vous voulez qu'il monte.

Remplacer un flotteur endommagé

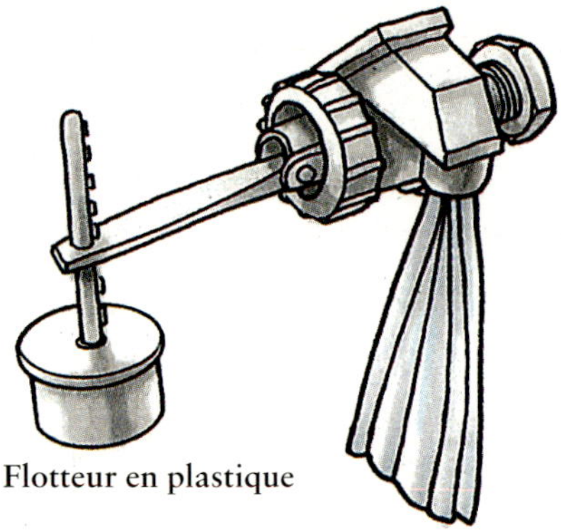

Flotteur en plastique

Les flotteurs en matière plastique se percent rarement. En revanche, les modèles anciens en métal sont parfois attaqués par la corrosion. Ils finissent par se remplir d'eau et n'agissent plus sur le robinet.

Mesure d'urgence

Dévissez le flotteur et secouez-le : s'il y a de l'eau à l'intérieur et s'il vous est impossible de le remplacer tout de suite, agrandissez le trou et videz l'eau. Remettez le flotteur en place et enfilez par-dessus un sac en matière plastique. Tendez-le fortement et fermez-le en serrant bien sur la tige du flotteur.

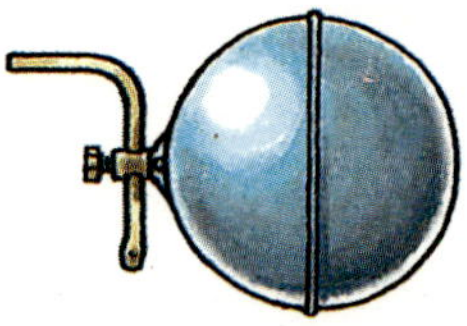

Réglage du réservoir

Sur certains modèles de chasses d'eau, le flotteur est vissé sur une tige coudée à l'aide d'une vis moletée. Il suffit dans ce cas d'en modifier la hauteur pour régler le niveau d'eau dans le réservoir.

REMPLACER UNE PLINTHE

Les plinthes, destinées à protéger le bas des murs et à masquer le raccord du mur au sol, sont parfois endommagées, le plus souvent par l'humidité. Il arrive aussi qu'elles aient été coupées par un occupant précédent de l'appartement, pour mettre en place un meuble ou un appareil. Il est donc parfois nécessaire de les remplacer. On peut également effectuer cette opération dans un but décoratif, pour les accorder au style de la pièce, par exemple : ainsi, on posera des plinthes finition chêne si l'on installe un mobilier en chêne.

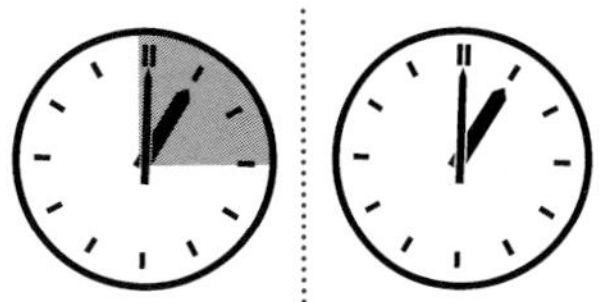

DEUX HEURES

Outils indispensables
- Chasse-pointe
- Ciseau de maçon
- Marteau
- Pince de décoffreur
- Scie égoïne

Déposer les plinthes

Si vous remplacez une plinthe parce qu'elle est endommagée, vérifiez aussi l'état des plinthes voisines. Sondez-les en essayant d'y enfoncer une pointe à ferrer. Si le bois est très tendre par endroits, il est probablement pourri : il faut remplacer toute la plinthe.

Pour déposer les plinthes, utilisez un ciseau de maçon (ou un ciseau de briqueteur, à panne plus large) et un marteau. Enfoncez le ciseau entre bois et plâtre, à proximité de l'extrémité de la plinthe, et soulevez celle-ci par un mouvement de levier. De cette manière, vous pouvez repérer l'emplacement des pointes, et placer ensuite le ciseau à leur niveau. Vous pouvez aussi utiliser une pince de décoffreur (pied de biche), pratique pour arracher les clous (attention : ne faites pas levier en appuyant l'outil sur le plâtre, vous risqueriez de l'endommager). Interposez une cale martyre.

Fixer de nouvelles plinthes

Si elle est plus longue que le mur, coupez la première plinthe à la scie, en prenant des mesures précises. Mettez-la en place, sur de petites cales en carton pour la désolidariser du plancher de 2 ou 3 mm. Clouez-la à l'aide de pointes tête homme en acier pour maçonnerie que vous espacerez de 60 cm à 1 m. Terminez en noyant les têtes dans le bois au chasse-pointe. Prenez garde de ne pas endommager le parement avec le marteau. Dans les angles rentrants et pour les prolongements, les plinthes ne sont en général pas jointes d'onglet, mais simplement à plat. En revanche, pour les angles sortants, une coupe d'onglet est plus nette, surtout si les plinthes ne sont pas peintes.

Rebouchage

Si vous découvrez des trous derrière la plinthe, rebouchez-les avec un enduit de rebouchage ou avec un mastic silicone. En effet, ces poches deviennent facilement des repères pour les parasites.

Finition

Pour obtenir une finition parfaite, rebouchez les trous des pointes avec un peu de pâte à bois.

Isoler les tuyaux

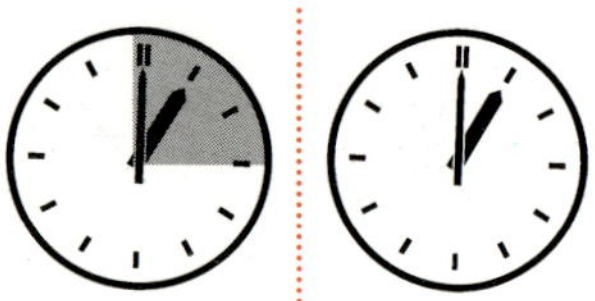

Deux heures

Le gel d'une canalisation peut entraîner des fuites graves et des travaux importants. Il convient donc de prendre des précautions en isolant les tuyaux d'eau dans les locaux non chauffés. En outre, l'isolation des tuyauteries de chauffage ou d'eau chaude réduit les pertes d'énergie.

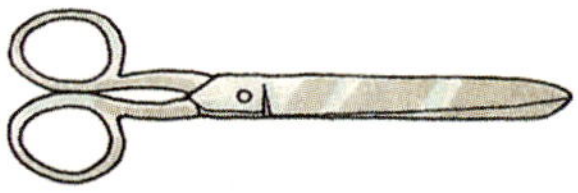

Outils indispensables

Ciseaux

Cutter

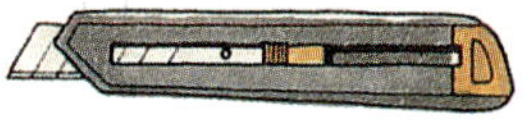

Les systèmes de calorifugeage

Enroulez de la laine de verre souple ou une bande de mousse recouverte de film réfléchissant métallisé (à coller ou autocollante) autour des canalisations à calorifuger. Vous pouvez également utiliser des manchons en caoutchouc élastomère ou des coquilles extrudées en polyéthylène ; vous les trouverez préfendus dans le commerce.

Manchons et coquilles existent pour tous les diamètres de tuyau normalisés, de 12 à 60 mm ; ils sont généralement vendus en tronçons de 1 m, que l'on place bout à bout.

1 *La coquille étant préfendue, il est facile de la glisser sur les tuyaux. Placez les tronçons bout à bout en serrant, et fermez les joints avec un ruban adhésif.*

2 *Au niveau d'un cintrage, coupez des entailles en V dans la coquille à l'aide d'un cutter afin qu'elle épouse la courbe. Collez du ruban adhésif sur les joints.*

3 *Pour raccorder deux longueurs de coquille au niveau d'un coude, effectuez une coupe d'onglet à l'aide d'un cutter.*

4 *Pour un raccord en T, coupez les deux coquilles de calorifugeage en double biseau et maintenez-les solidement avec du ruban adhésif.*

Isoler avec de la coquille en polyéthylène

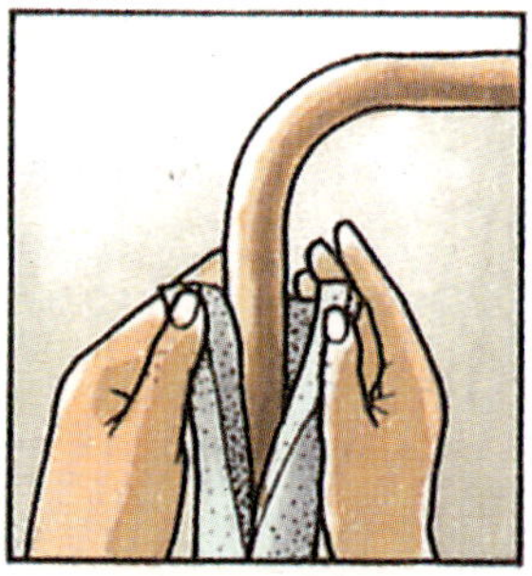

1. Mise en place d'une coquille

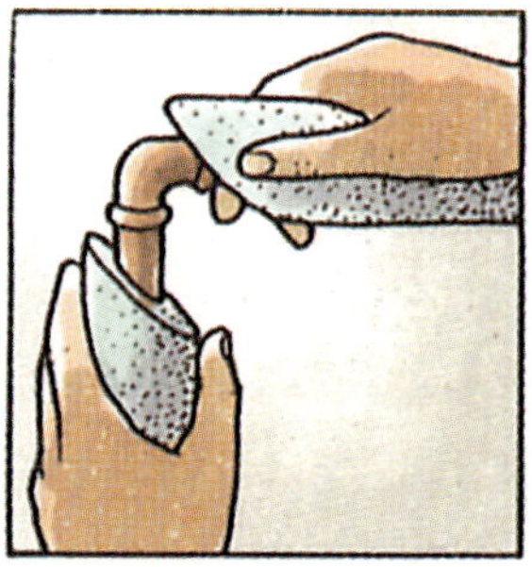

3. Coupe d'onglet pour un coude

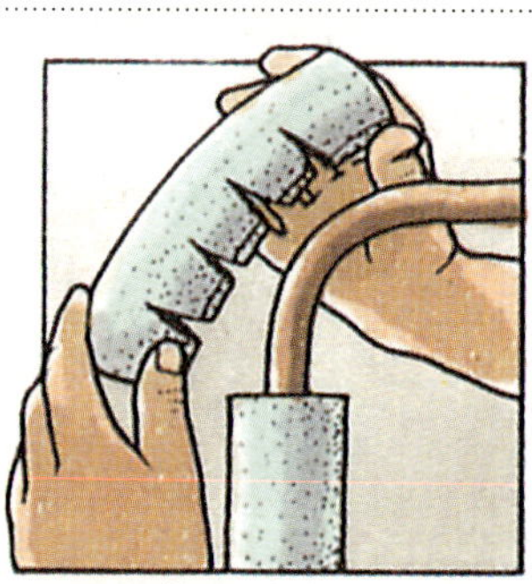

2. Entaillage de la coquille pour l'adapter au cintrage

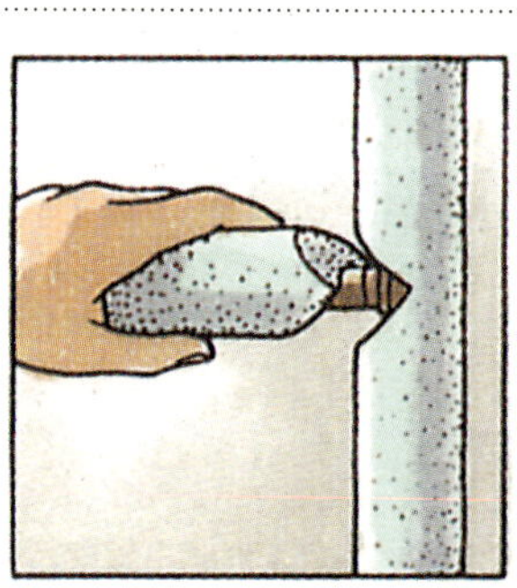

4. Coupe en double biseau pour un raccord en T

Réparer un robinet qui fuit

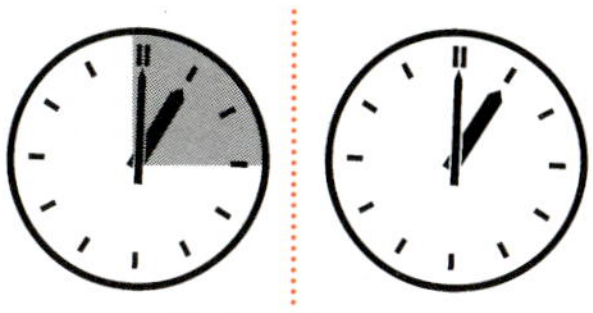

Deux heures

Un robinet qui fuit entraîne un gaspillage important. La réparation est facile puisqu'il suffit généralement de remplacer un joint. N'oubliez pas d'étaler un chiffon au fond du lavabo ou de la baignoire pour ne pas perdre les petites pièces.

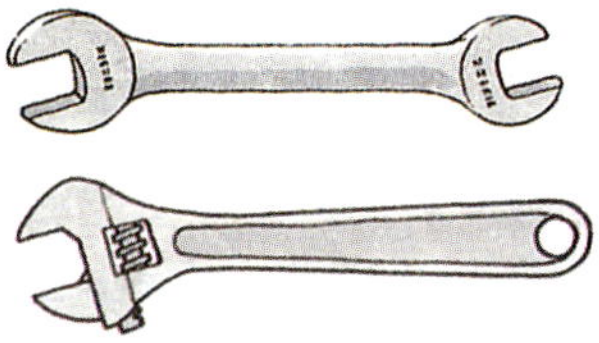

Outils

- Clé
- Clé à molette
- Tournevis

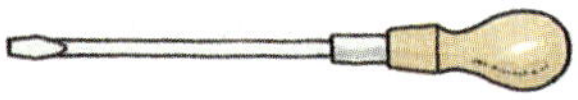

COUPER L'EAU

Sur les installations récentes, les appareils sanitaires comportent un robinet-vanne particulier permettant de les isoler. Sur les installations plus anciennes, en revanche, il faut fermer un robinet-vanne unique situé après le compteur d'eau. Si le robinet sur lequel vous intervenez est un mélangeur eau froide / eau chaude, n'oubliez pas de fermer les robinets-vannes sur les deux canalisations (sur certaines installations, l'eau chaude se coupe à la sortie du chauffe-eau). Notez toutefois qu'il est difficile de réparer un robinet mitigeur, qui est un appareil complexe. En cas de fuite sur ce type d'appareil, il convient donc de faire appel à un professionnel.

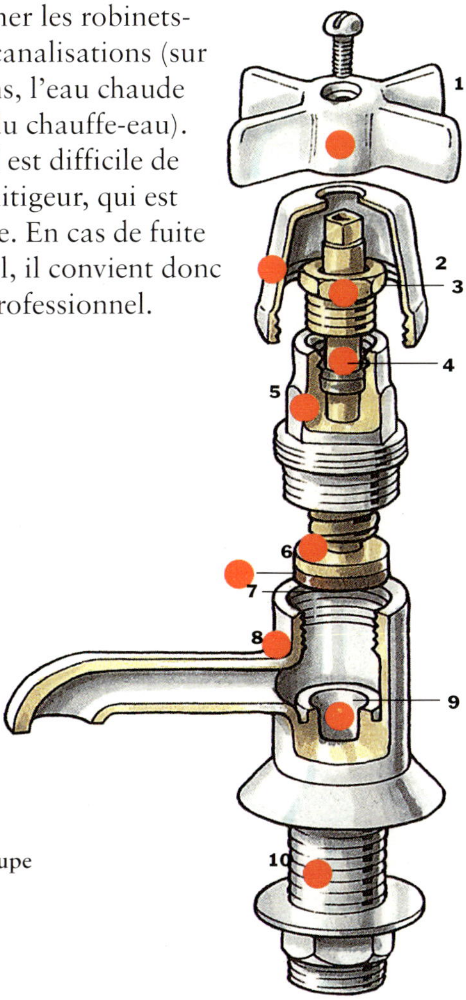

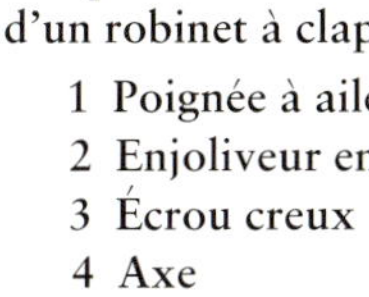

Coupe d'un robinet à clapet

1 Poignée à ailettes
2 Enjoliveur en métal
3 Écrou creux
4 Axe
5 Écrou du presse-étoupe
6 Porte-clapet
7 Joint de clapet
8 Corps du robinet
9 Siège
10 Queue

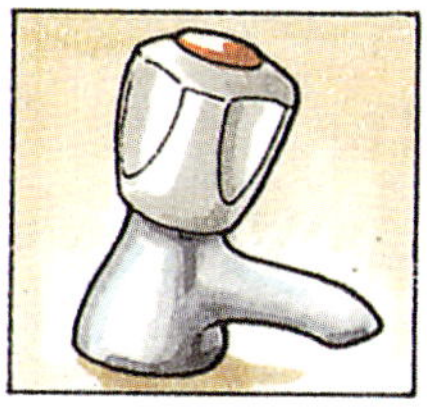

Dépose de la poignée à ailettes

Sur de nombreux modèles de robinets, poignée et enjoliveur se confondent. Vous devez déposer cette pièce pour accéder à l'écrou d'étanchéité. La vis de fixation se trouve le plus souvent sous le cache bleu ou rouge indiquant l'eau froide ou l'eau chaude. Faites sauter ce cache avec un canif et déposez la vis ; tirez simplement sur la poignée s'il n'y a pas de vis.

Remplacer le joint

En général, l'enjoliveur n'est pas vissé. Dans le cas contraire, dévissez-le en collant du ruban adhésif sur les mâchoires de la clé pour ne pas endommager le chrome.

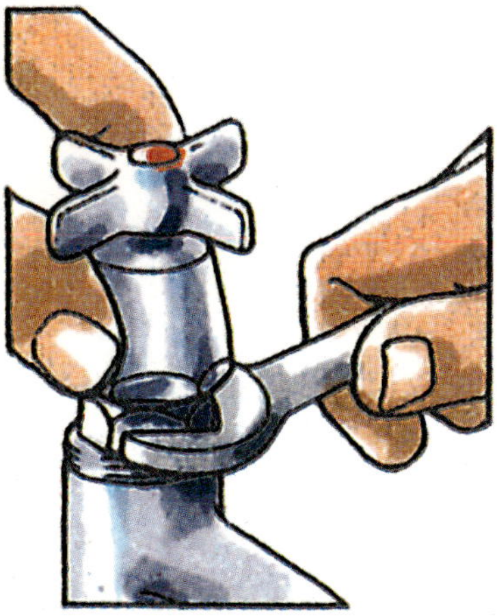

1 Sous l'enjoliveur – s'il y en a un – se trouve l'écrou du presse-étoupe. Dévissez ce dernier à l'aide d'une clé plate ou d'une clé à molette. Sortez la tige portant le clapet.

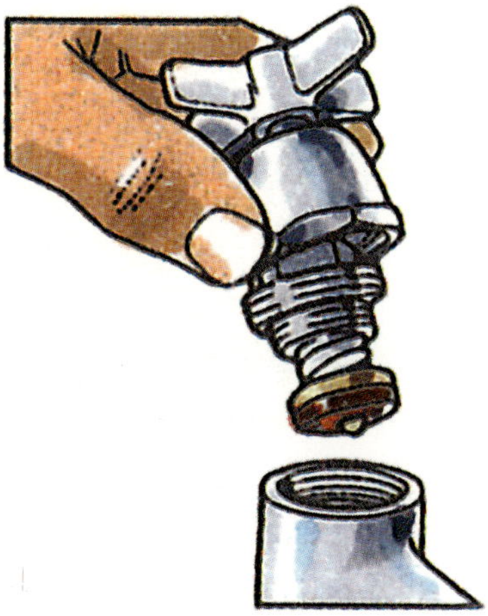

2 Le joint de clapet, en caoutchouc ou en fibre, est fixé à l'extrémité de l'axe du robinet. S'il est à l'origine d'une fuite, vous le trouverez écrasé et en mauvais état.

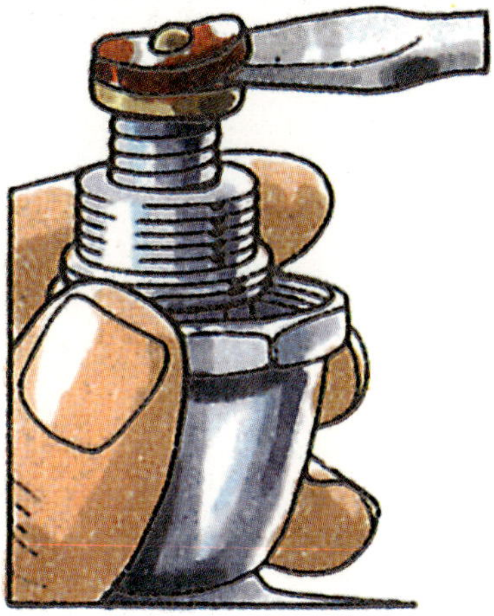

3 Le plus souvent, le joint est simplement encastré sur le porte-clapet. Une lame de tournevis ou un canif suffisent donc pour le déloger.

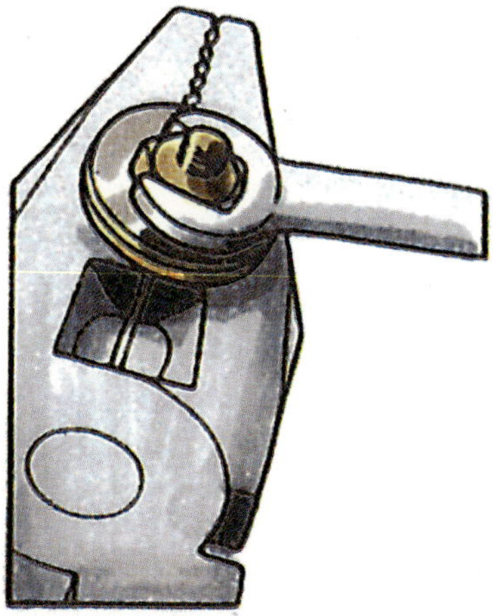

4 Si le joint est maintenu par un écrou, vous devez d'abord ôter ce dernier. Serrez le porte-clapet dans une pince multiprise et dévissez l'écrou avec une clé, en utilisant au besoin de l'huile dégrippante. Si l'ensemble est très abîmé, remplacez aussi le porte-clapet. Achetez un nouveau joint identique, enfoncez-le sur le porte-clapet et remontez le robinet.

Remettre un radiateur en état de fonctionnement

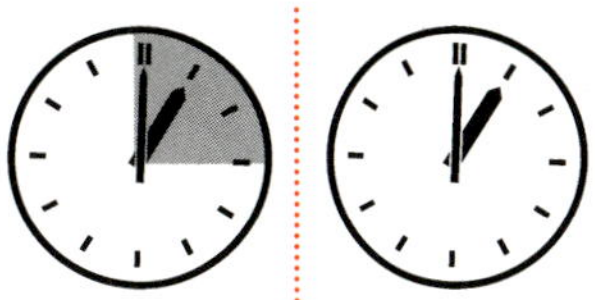

Deux heures

Il arrive fréquemment que la partie supérieure d'un radiateur reste froide : une poche d'air s'est formée dans l'appareil et empêche la circulation de l'eau. Vous réglerez facilement ce problème en purgeant le radiateur. Cette opération très simple consiste à évacuer l'air qui, en outre, corrode l'intérieur de l'appareil.

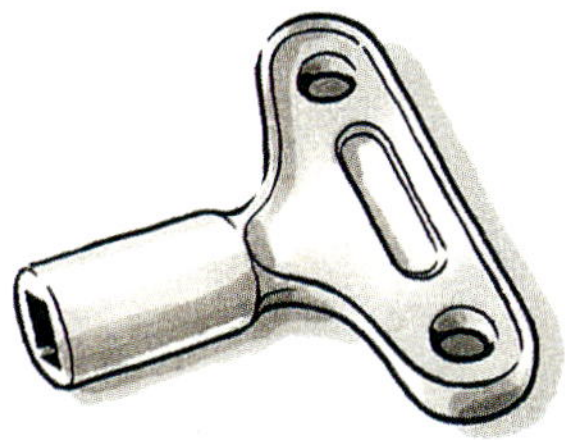

Outils

Clé

Clé à radiateur

Pince multiprise

Purger un radiateur

Le purgeur se trouve en partie haute du radiateur, du côté opposé au robinet d'alimentation. Sur certains modèles récents, le bouchon du purgeur porte une empreinte carrée ; une clé spéciale, disponible dans les quincailleries et les grandes surfaces de bricolage, est nécessaire pour le dévisser.
Sur de nombreux modèles plus anciens, le bouchon du purgeur est commandé par une vis à molette que l'on dévisse à la main. Il arrive aussi que le bouchon soit un simple écrou, qu'il faut dévisser à l'aide d'une clé.

Placez un petit récipient sous le purgeur et tournez la clé ou la molette d'un quart de tour, dans le sens inverse des aiguilles d'une montre. L'air s'évacue en sifflant. Attendez que ce sifflement diminue et que l'eau commence à jaillir. Fermez alors rapidement le purgeur. Vérifiez ensuite au manomètre de la chaudière que la pression d'eau dans l'installation est suffisante. Dans le cas contraire, ajoutez de l'eau, de préférence quand la chaudière est froide.

Dégripper un purgeur

Si l'air ne sort pas quand vous tournez la clé, le purgeur est sans doute encrassé par la peinture. Il faut alors fermer les robinets d'entrée et de sortie du radiateur, démonter le bouchon du purgeur et nettoyer l'orifice.

Si vous ne parvenez pas à dévisser la molette d'un purgeur, appliquez un peu d'huile dégrippante avant d'utiliser une pince multiprise. Procédez toujours avec précaution afin de ne pas endommager le purgeur. Si le bouchon se révèle définitivement rebelle, vous pouvez malgré tout purger le radiateur en dévissant légèrement, à l'aide d'une clé, le gros écrou situé du côté du robinet.

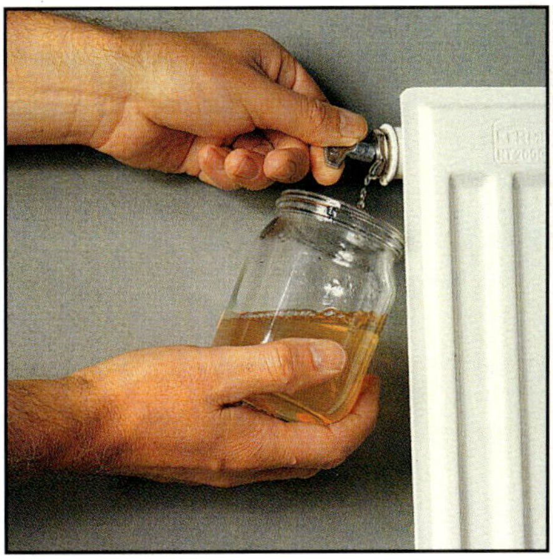

Pour évacuer l'air d'un radiateur

Tournez doucement la clé (ou la molette) de manière à libérer l'air emprisonné. Recueillez l'eau dans un récipient prévu à cet effet. Fermez le bouchon du purgeur à fond une fois l'air entièrement extrait.

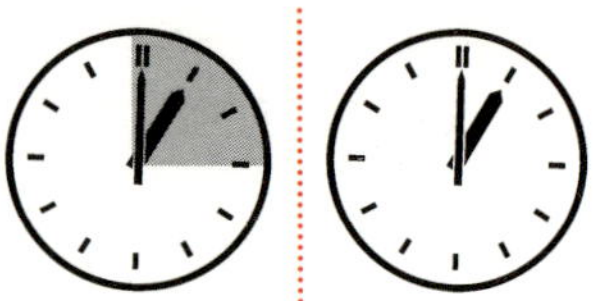

DEUX HEURES

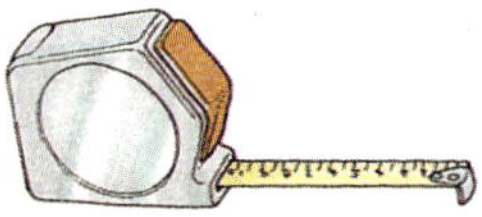

Outils

- Mèche à bois
- Mètre-ruban
- Perceuse électrique ou vilebrequin
- Tournevis

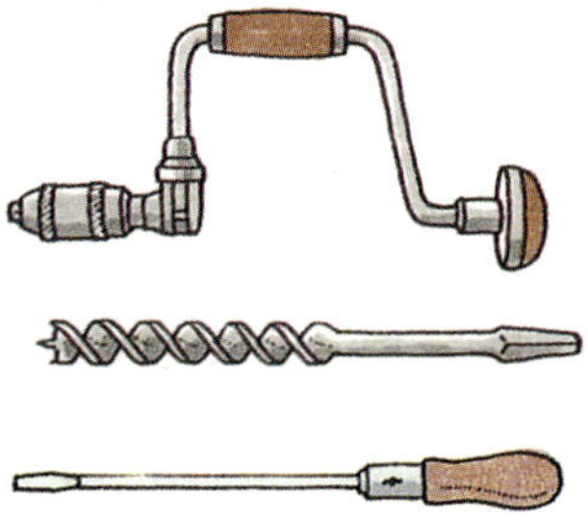

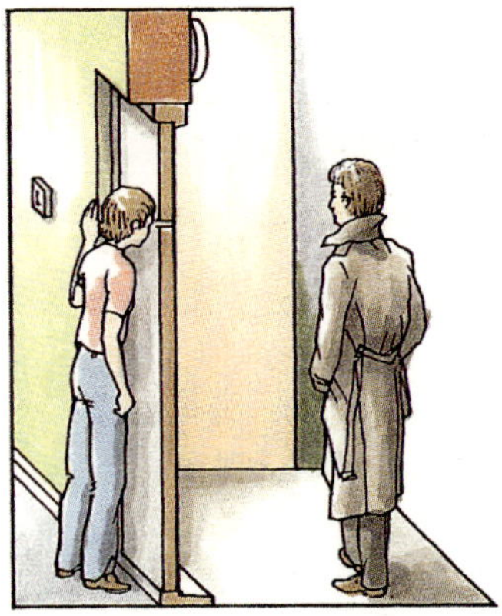

Vérifiez l'identité du visiteur avant d'ouvrir.

SÉCURISER LA PORTE D'ENTRÉE

Il vaut toujours mieux savoir qui a sonné avant d'ouvrir votre porte d'entrée. Une heure ou deux suffisent pour installer un judas à microviseur, équipé d'une optique augmentant l'angle de vue et la profondeur de champ, qui permet d'identifier les visiteurs, et un entrebâilleur qui donne la possibilité de converser avec eux sans ouvrir complètement la porte.

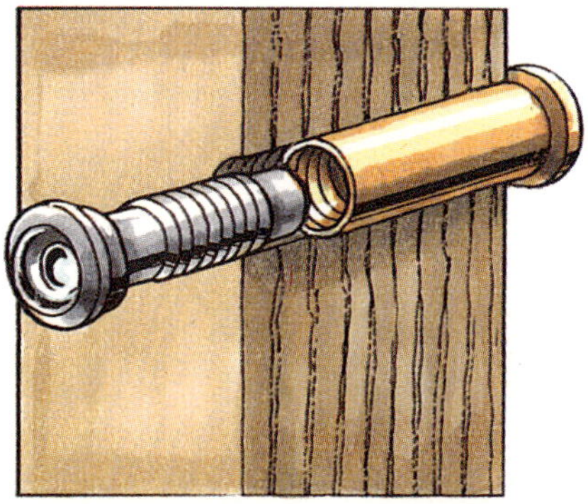

Poser un judas

Choisissez un judas à grand champ de vision (210°) afin de réduire les angles morts. Sur la majorité des modèles, la longueur du judas est réglable : vous pourrez donc l'adapter à l'épaisseur du battant de votre porte.

Percez un trou de la section recommandée par le fabricant du judas (10 ou 12 mm), au centre du battant, à hauteur d'yeux. Insérez le cylindre du judas côté extérieur, et vissez l'œilleton côté intérieur.

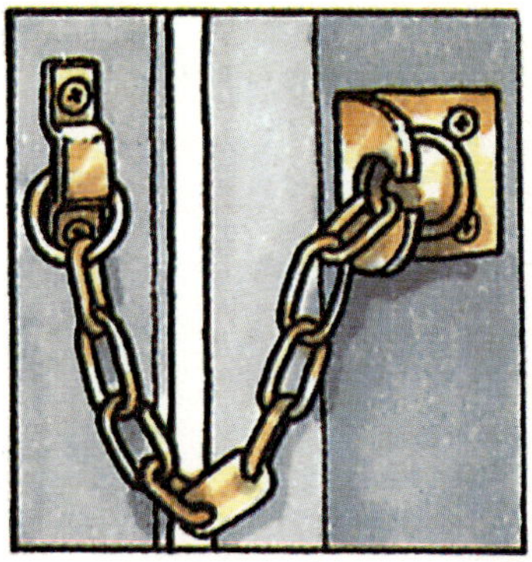

Fixer un entrebâilleur

La mise en place de cet accessoire est simple puisqu'il suffit de visser l'une des deux parties sur le battant et l'autre sur le dormant de la porte.

Toiletter une cheminée ancienne

Dans les cheminées traditionnelles, un habillage de marbre, de bois ou de métal entoure des parties en fonte ou en acier (ébrasement et plaque foyère). Autrefois, on frottait ces dernières quotidiennement avec de la mine de plomb (ou plombagine) – une pâte noire à base de graphite. Aujourd'hui, on utilise une crème polish noir argent, facile à employer, qui entretient une patine décorative. Mais cette finition n'est pas permanente. Il faut donc l'appliquer périodiquement sur les parties métalliques, ce qui ne présente aucune difficulté.

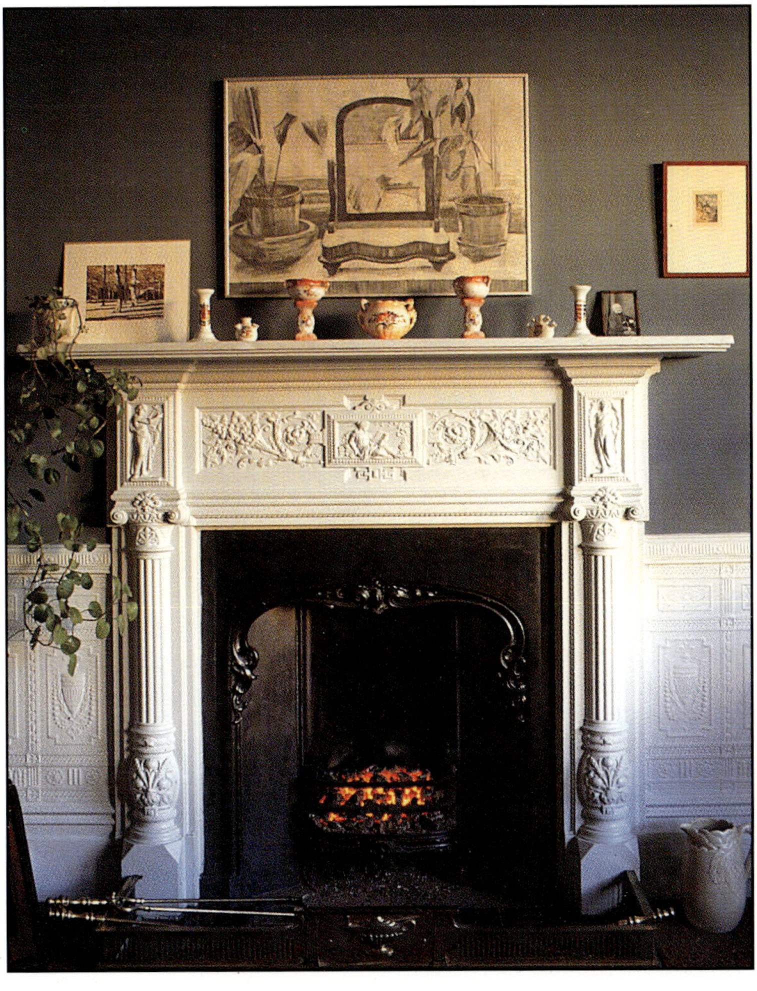

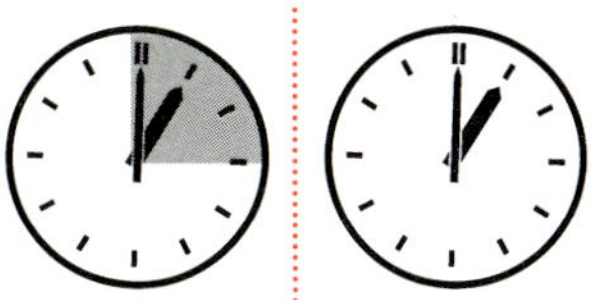

Deux heures

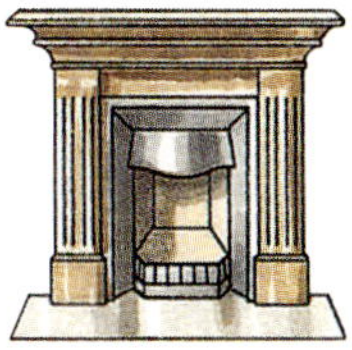

Outil

Vieille brosse à dents

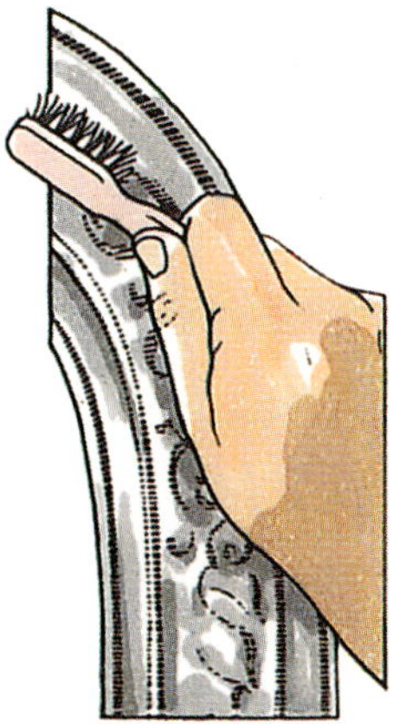

Appliquer de la crème polish

Déposez un peu de crème polish sur un chiffon et frottez-en la fonte ou l'acier. Utilisez une vieille brosse à dents pour mieux appliquer le produit sur les parties en relief. Faites briller les surfaces à l'aide d'un chiffon doux. Vous pouvez effectuer plusieurs applications pour que la finition résiste mieux à l'humidité. Il ne s'agit cependant pas d'un traitement anti-rouille ; évitez donc les projections d'eau sur ces éléments.

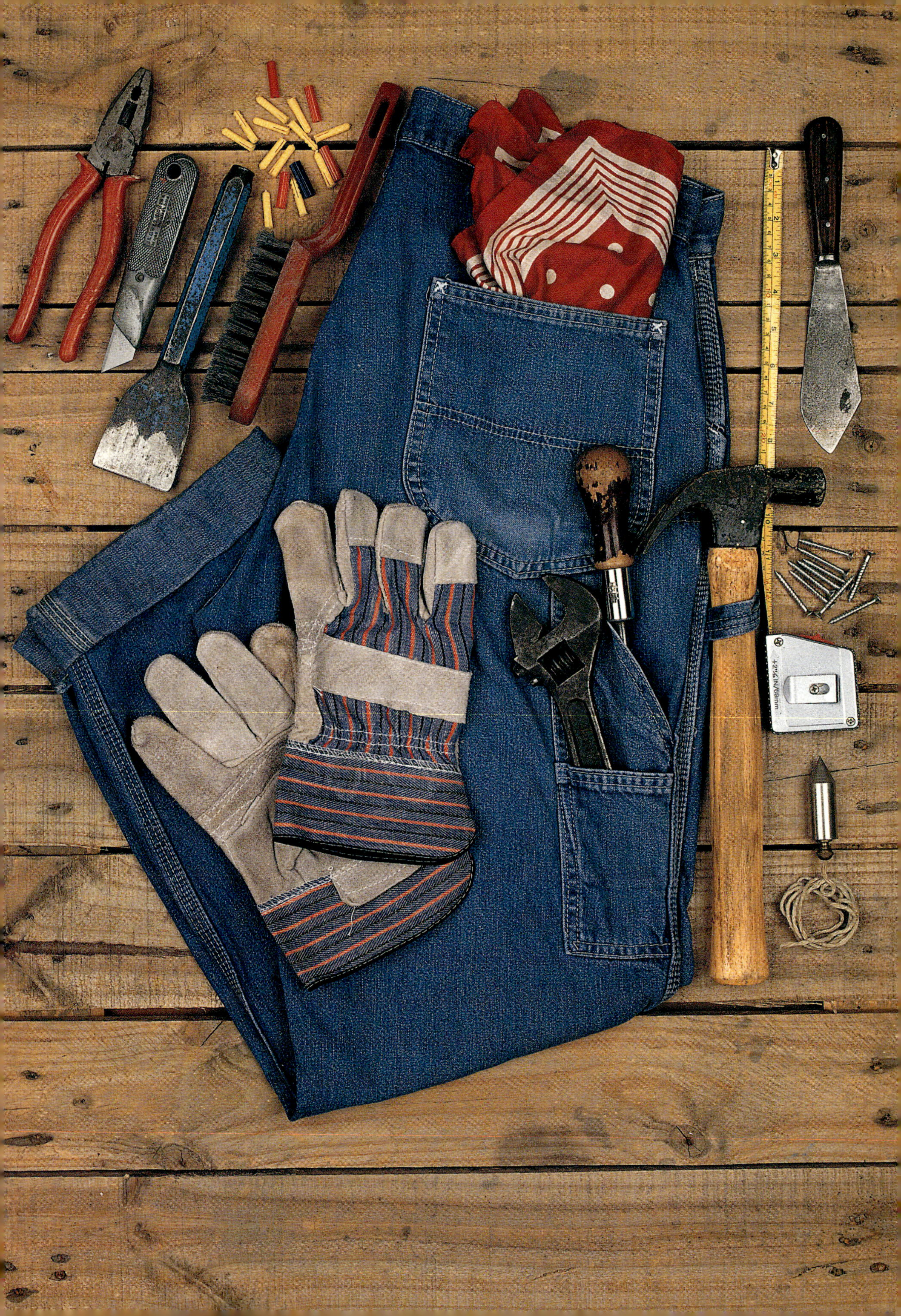

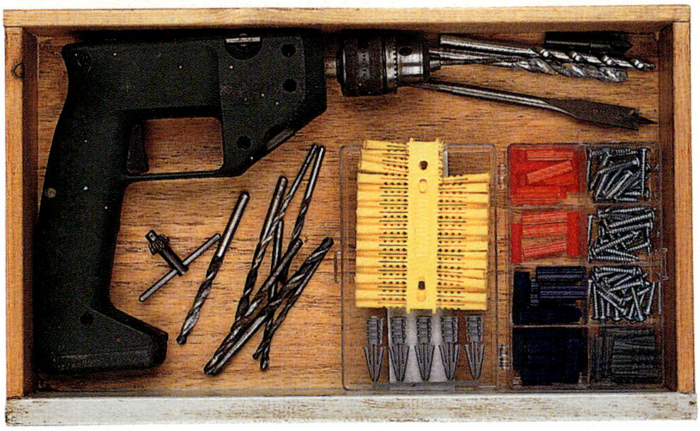

2

Une demi-journée

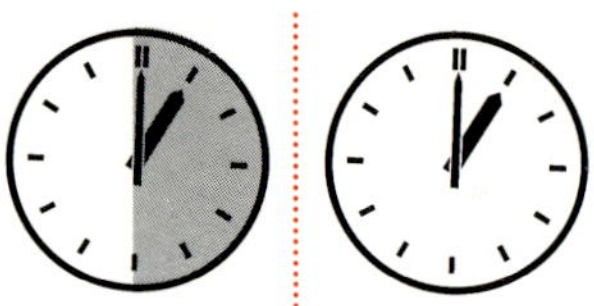

UNE DEMI-JOURNÉE

POSER DES TRINGLES À RIDEAUX

Grâce à la large gamme de couleurs et de matières qu'ils offrent, les rideaux peuvent jouer un rôle considérable dans la décoration de votre intérieur. De plus, ils permettent de modifier à votre gré les proportions des fenêtres, afin de leur donner plus ou moins d'importance dans la pièce. Il s'agit toutefois de choisir le système d'accrochage le mieux adapté à chaque cas : rail simple ou double ou tringle traditionnelle, à fixer au mur ou au plafond.

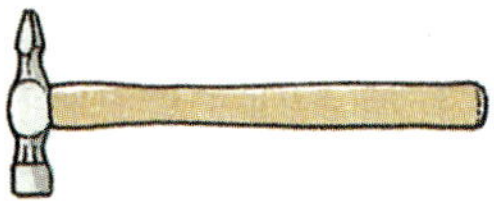

Outils indispensables

- Marteau
- Mèche à maçonnerie
- Mèches à bois
- Mètre-ruban
- Niveau à bulle
- Perceuse électrique
- Tournevis

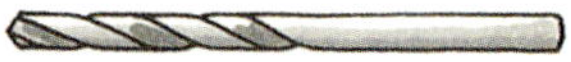

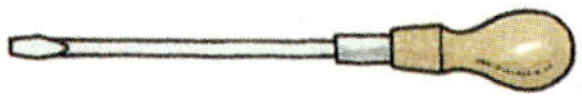

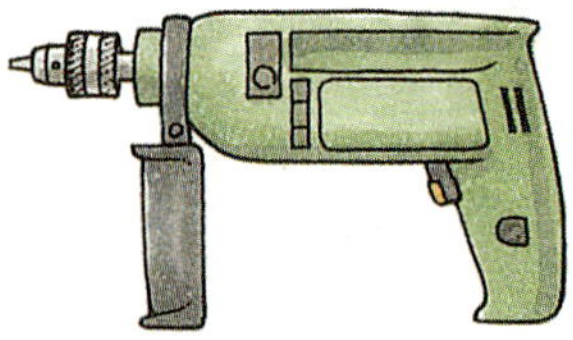

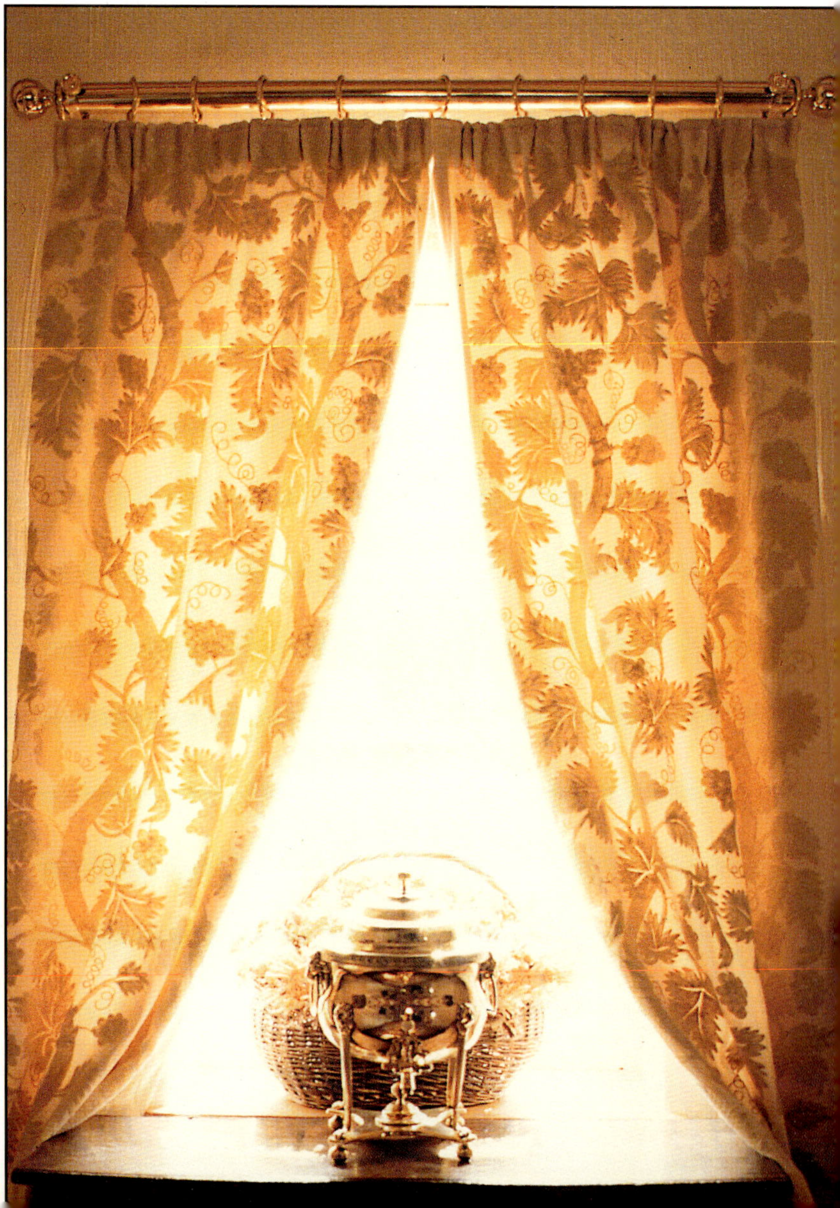

Les rideaux sont essentiels pour créer l'ambiance d'une pièce. La tringle contribue à la décoration, ou se fera suffisamment discrète pour ne pas nuire à l'esthétique.

Rails ou tringles à rideaux ?

Choisissez en premier vos rideaux et vos doubles rideaux : vous pourrez ainsi décider du type d'accrochage le mieux adapté, en fonction des impératifs techniques et esthétiques.

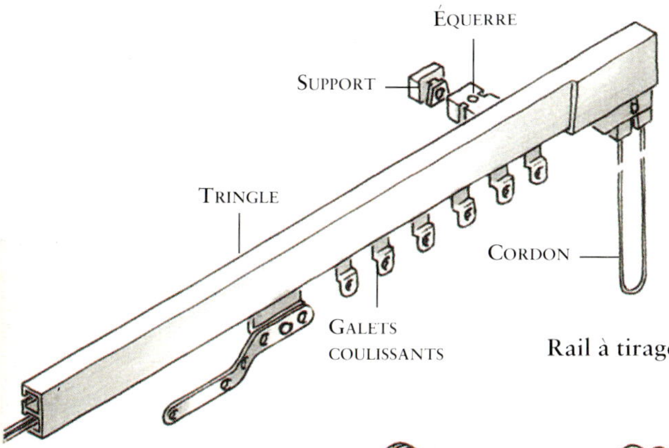

Rail à tirage

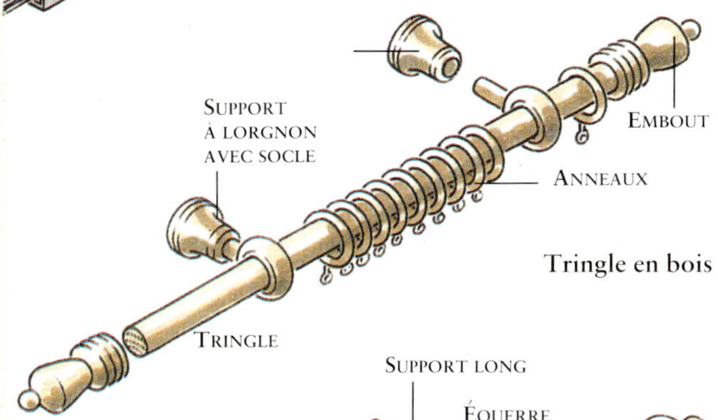

Tringle en bois

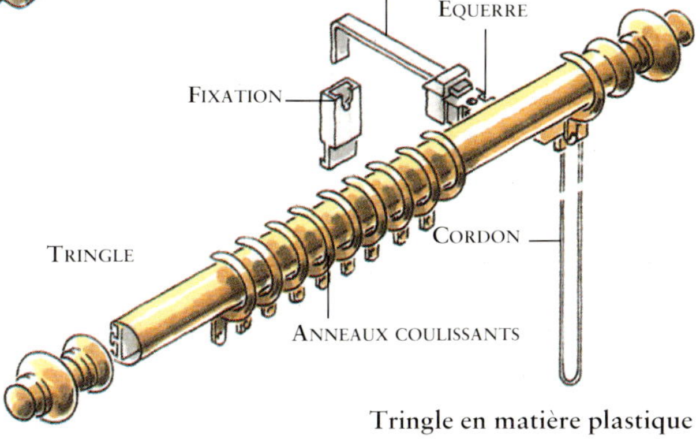

Tringle en matière plastique

Les rails

Destinés avant tout aux voilages et aux rideaux légers, les rails existent en aluminium, en acier laqué ou en matière plastique. Le plus souvent, ils sont vendus avec leurs accessoires (supports de fixation, galets coulissants et cordon, voire vis et chevilles de fixation). Le rail simple ne comporte pas de cordon : le rideau est manœuvré à la main ou avec une tige rigide appelée lance-rideau. Sur le rail à tirage (aussi appelé chemin de fer), le cordon commande le mouvement des galets coulissants.

Vous trouverez dans le commerce des rails longs de 1,5 m à 2 m, que vous recouperez facilement avec une scie à métaux. Ajoutez un support intermédiaire pour une tringle longue et des rideaux lourds. Si vous ne disposez pas de suffisamment d'espace au-dessus de la fenêtre, il existe des rails à visser directement sur le plafond.

Tringles traditionnelles

En bois teinté ou laqué, en laiton ou en matière plastique, les tringles traditionnelles sont surtout conçues pour les doubles rideaux et les intérieurs de style rustique ou classique ; il existe cependant des modèles pour les décors contemporains. Les tringles sont en général constituées de barres rondes, de diamètre variable, portées par des supports décoratifs et terminées par des embouts. Des porte-embrasses de style identique sont parfois disponibles. Les anneaux sont libres, et le rideau est commandé à la main ou grâce à un lance-rideau. Certains modèles se manœuvrent à l'aide d'un cordon.

La longueur d'une tringle se règle de la même façon que celle d'un rail. Deux supports sont normalement suffisants pour une tringle, mais là encore un appui supplémentaire peut être nécessaire. On les fixe généralement en applique sur le mur ou vissés sur le plafond.

Fixer une tringle en applique sur le mur

Pour poser une tringle, vous devrez d'abord fixer les supports sur le mur et recouper la tringle, avant de la placer sur ses supports. Ne placez jamais une tringle à moins de 5 cm au-dessus de la fenêtre. Vous pouvez en revanche augmenter cette distance à votre guise, pour des raisons esthétiques par exemple. Les supports se posent au-dessus des montants du dormant de la fenêtre, même si la tringle déborde largement de chaque côté. Tracez tout d'abord une ligne horizontale, à la bonne hauteur, en vous aidant d'un niveau à bulle. Mettez les supports en position et marquez l'emplacement des trous.

Équipez votre perceuse d'une mèche à maçonnerie d'une section correspondant à celle des chevilles, et procédez à la fixation des supports. Il est essentiel d'utiliser des chevilles de bonne taille, adaptées à la maçonnerie.

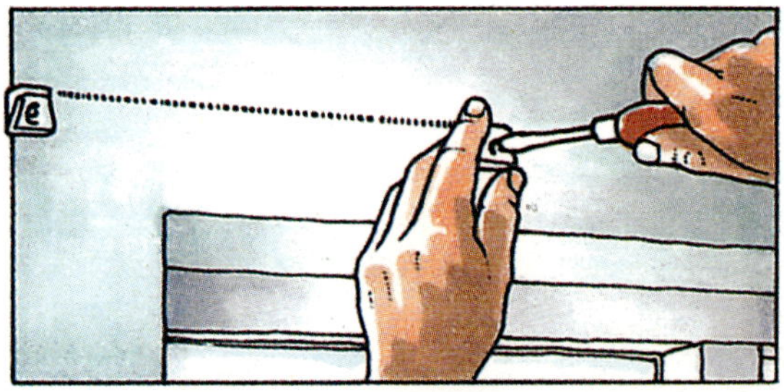

Alignez les supports horizontalement.

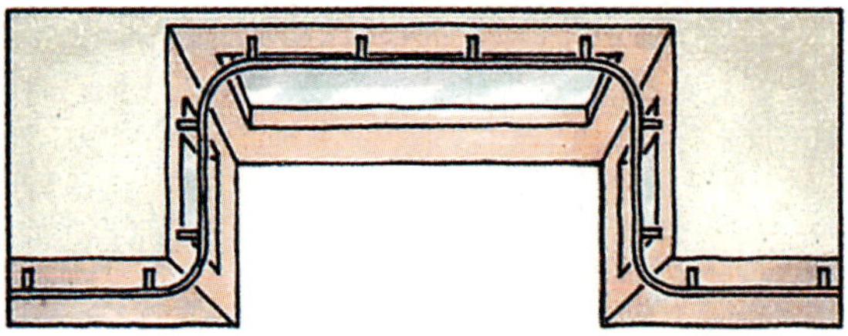

Fenêtre en saillie
Fixez des supports sur les cinq parois.

Fixer au plafond

Lorsque la pièce est basse, il est préférable de fixer la tringle à rideau au plafond.

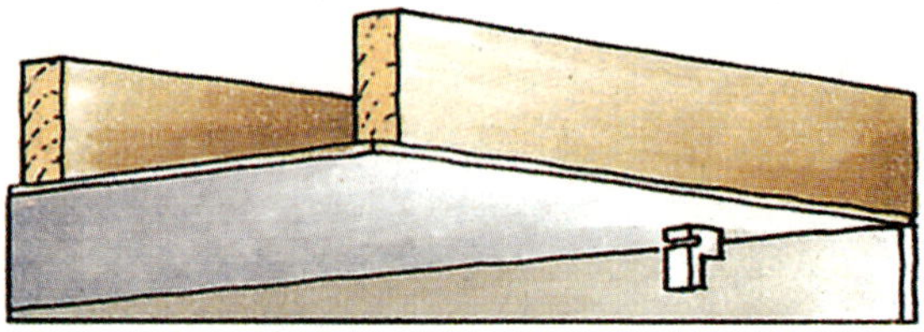

Vissez sur les solives.

1 Les solives disposées à angle droit par rapport au mur permettent de fixer les supports au plafond à l'endroit souhaité. Percez des avant-trous avec une pointe carrée et vissez les supports.

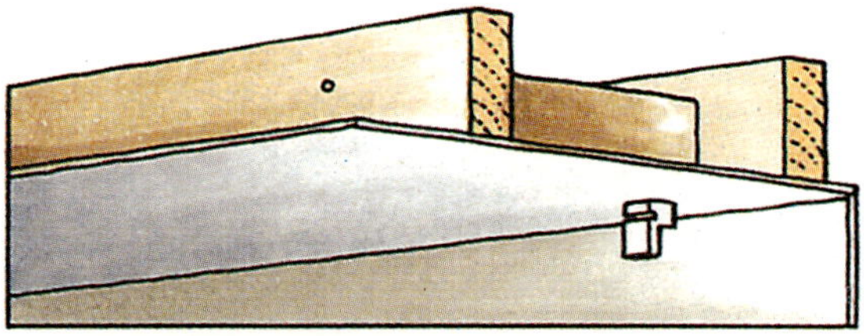

Vissez sur des pièces rapportées.

2 Lorsque les solives sont parallèles au mur, clouez des traverses entre les solives à l'endroit souhaité pour fixer les supports de tringle.

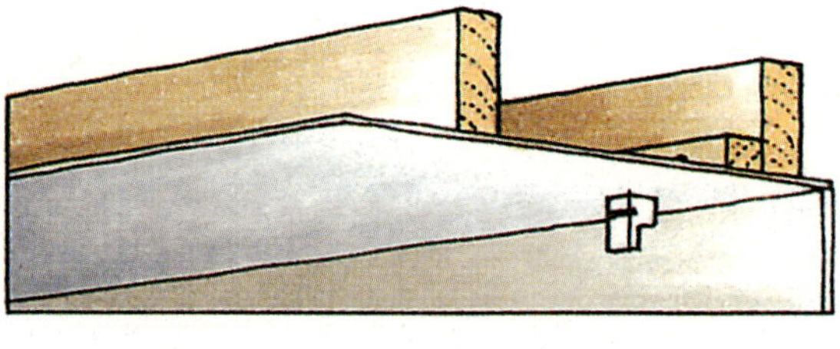

Vissez sur un tasseau cloué.

3 Lorsque la position prévue pour les supports est proche de la solive, clouez sur celle-ci un tasseau de 50 x 50 mm de section, en alignant sa face inférieure sur la face inférieure de la solive.

Accrocher des stores

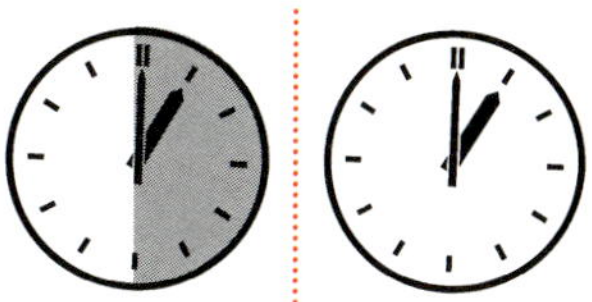

UNE DEMI-JOURNÉE

Les stores intérieurs habillent les fenêtres d'une manière élégante, et quelquefois originale. Ils offrent de larges gammes de couleurs et de styles. La fixation, qu'il s'agisse d'un store vénitien, d'un store à enrouleur ou à lames verticales, est toujours d'une grande simplicité. Le système de commande est en revanche parfois complexe.

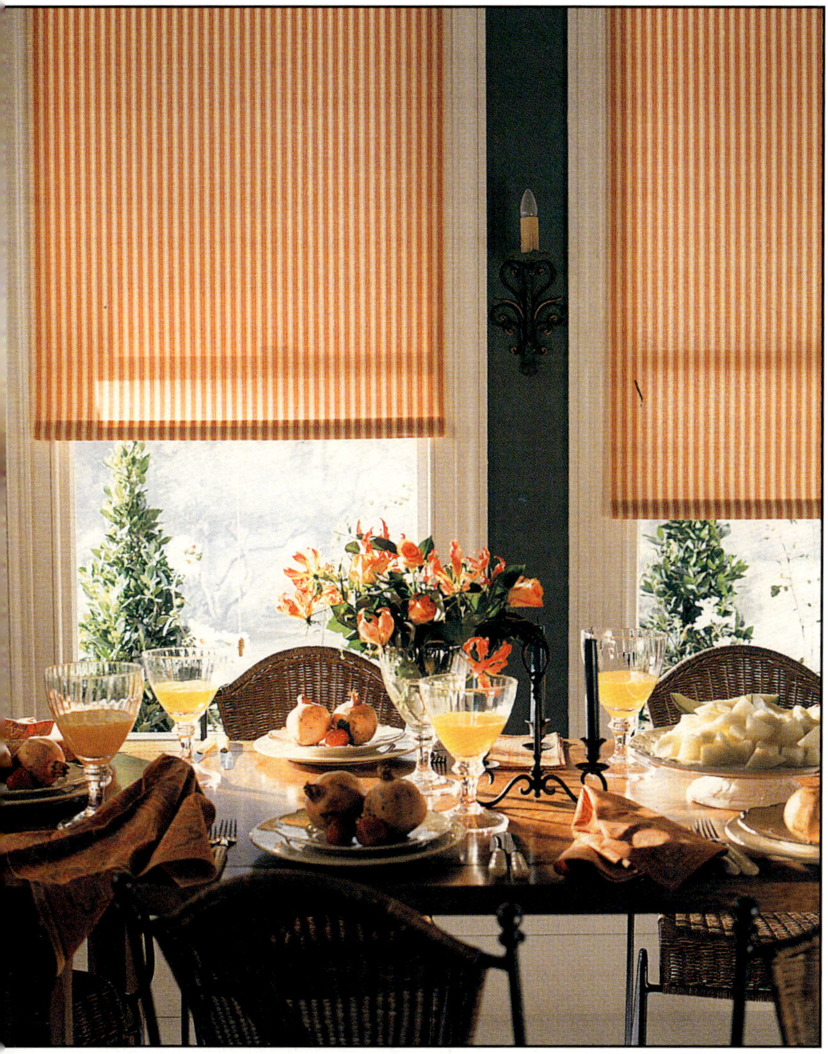

Les stores vénitiens permettent un contrôle plus précis de la lumière que les stores à rouleau, et il en existe même des modèles à commande électrique.

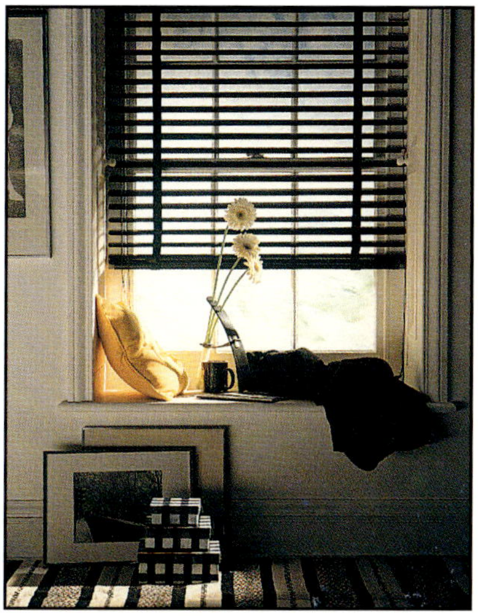

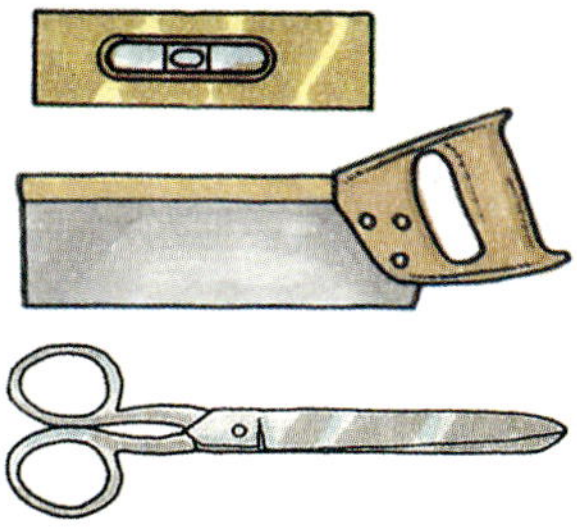

Outils indispensables

- Ciseaux
- Marteau
- Mèche à maçonnerie
- Mèches à bois
- Mètre-ruban
- Niveau à bulle
- Perceuse électrique
- Pince
- Scie égoïne
- Tournevis

Poser un store à enrouleur

Les stores à enrouleur sont faciles à mettre en place. Ils se composent d'un rouleau muni de deux embouts – dont l'un contient le mécanisme à ressort permettant la remontée –, d'une latte, de deux supports et d'une cordelette terminée par un bouton. Il est possible de recouper le rouleau et le tissu à la dimension souhaitée ; vous pouvez également acheter monture et tissu à part. Ce système est simple, mais la remontée est parfois violente, et dangereuse pour les enfants. Le mécanisme à chaînette est plus précis : le store, commandé par une chaînette latérale, s'immobilise à la hauteur souhaitée.

Fixation de la monture

La monture se pose le plus souvent en applique sur le mur. Si cela est nécessaire, recoupez le rouleau pour que sa longueur soit supérieure de 10 cm à la largeur de la fenêtre. Fixez les supports au-dessus de la fenêtre, afin de ne pas en gêner la fermeture. Vissez après avoir percé et chevillé.

Dans un renfoncement de fenêtre, coupez simplement le rouleau à la largeur de la baie.

Le tissu

Les stores à enrouleur sont garnis d'un tissu enduit qui ne s'effiloche pas : un ourlet est donc inutile. Coupez simplement le tissu à la même largeur que le rouleau. Pour la longueur, comptez au moins 20 cm de plus que la hauteur de la fenêtre.

Repliez et cousez le bas du tissu afin de former une poche permettant de passer la latte de lestage. Collez et clouez le haut du tissu sur le rouleau, en alignant bien le bord sur l'axe. Fixez la cordelette sur la latte à l'aide des vis fournies avec le store.

Réglage

Pour régler la tension du store, enroulez le tissu à la main sur le rouleau et posez celui-ci sur les supports. Tirez le store à fond, puis lâchez-le. S'il remonte doucement et s'arrête à mi-chemin, baissez le tissu jusqu'à la moitié de la fenêtre, sortez le rouleau de ses supports et enroulez à la main. Faites un nouvel essai. Si, cette fois, la pression est trop forte, sortez à nouveau le rouleau et déroulez un peu de tissu.

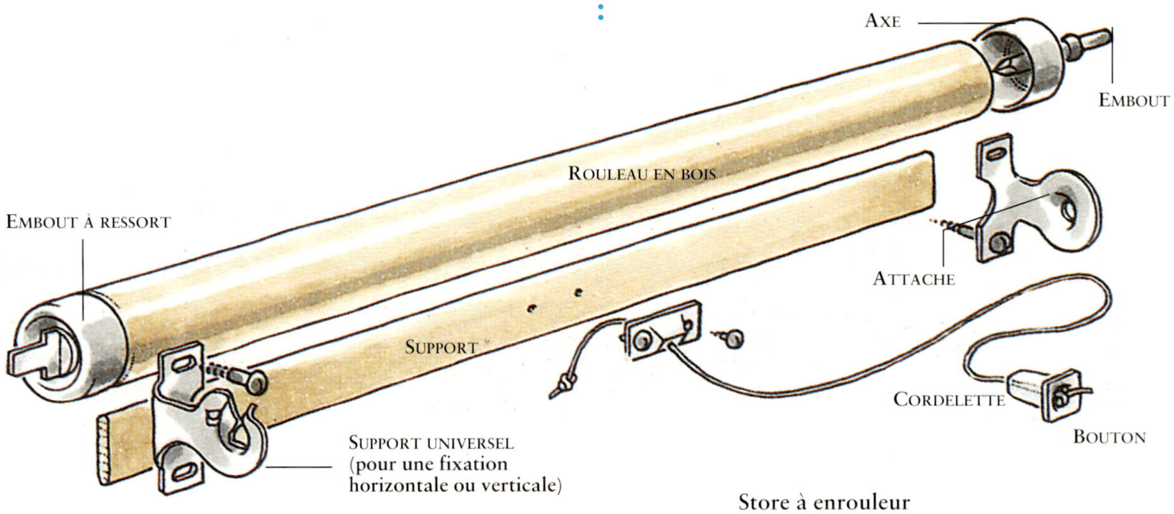

Store à enrouleur

Stores vénitiens

Les stores à lames horizontales, dits stores vénitiens, permettent de régler l'éclairage de la pièce avec beaucoup de précision et de profiter de la lumière du jour sans être vu de l'extérieur. Les lames sont en PVC (chlorure de polyvinyle), matériau léger, discret et relativement peu onéreux, en bois teinté – décoratif et isolant – ou en métal laqué – très solide. Vous pouvez recouper ces derniers à l'aide d'une pince spéciale.

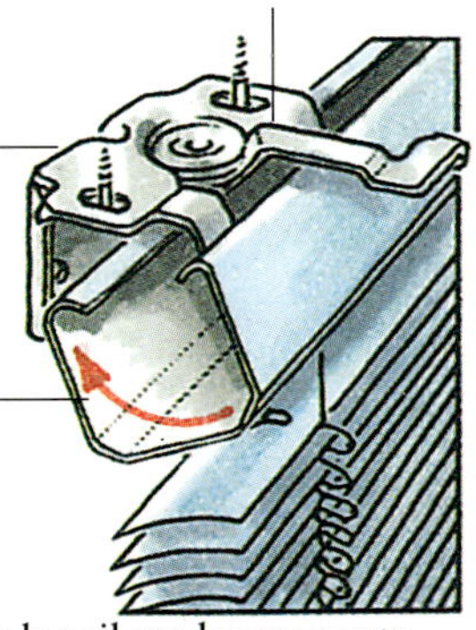

Placez le rail sur les supports.

Poser un store vénitien

La pose d'un store vénitien est d'une grande simplicité. Fixez les supports sur le mur en vérifiant l'horizontalité à l'aide d'un niveau à bulle. Posez ensuite le boîtier sur les supports et verrouillez le tout. Les supports et le boîtier sont conçus pour que le store ne touche pas la poignée de la fenêtre. La longueur des lames doit être légèrement supérieure à la largeur de la fenêtre : il est souvent nécessaire de les recouper avec une pince spéciale, de même que le rail (il vous faudra pour cela une scie à métaux).

Vous pouvez aussi poser un store particulier, de petite largeur, sur chaque vantail de la fenêtre, en le vissant sur la traverse supérieure. Ce système permet une ouverture facile de la fenêtre.

Si vous posez le store dans un renfoncement, recoupez rail et lames à une largeur inférieure d'un centimètre.

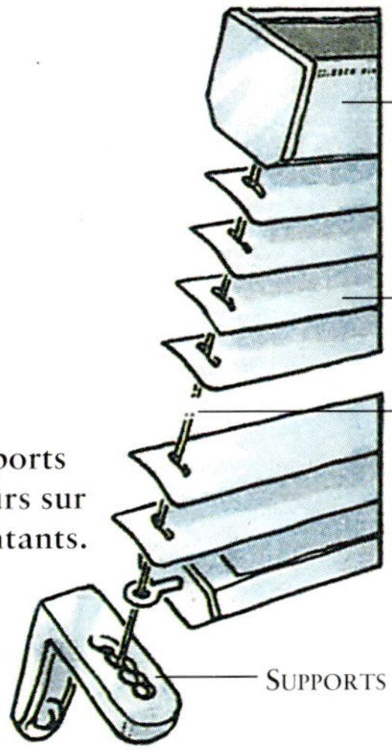

Vissez les supports inférieurs sur les montants.

Store pour fenêtre de toit

Il existe des stores vénitiens conçus pour les fenêtres de toit. Ils comportent des câbles latéraux, tendus au moyen d'équerres de support, qui assurent le maintien des lattes. Ils sont vendus aux dimensions standard des fenêtres de toit contemporaines.

Les stores à lames verticales

Comme les stores vénitiens, les modèles à lames verticales conviennent aux intérieurs de style contemporain, aux larges baies et aux portes-fenêtres. Ils se composent d'un rail ou d'un boîtier contenant le mécanisme, que l'on fixe sur le mur ou au plafond. Les lames sont simplement suspendues à des crochets et liées les unes les autres, à leur base, par des chaînettes. Un lestage, dans la partie basse, assure leur rigidité.

Fixer le rail

Tracez une ligne horizontale sur le mur, en vous aidant d'un niveau à bulle. Faites un essai pour vérifier que les lames ne touchent pas la poignée de la fenêtre. Percez, chevillez et mettez les supports en place. Fixez le rail sur les supports.

Les lames sont vendues déjà assemblées en partie basse. Suspendez-les à leurs crochets, en leur donnant tous la même orientation.

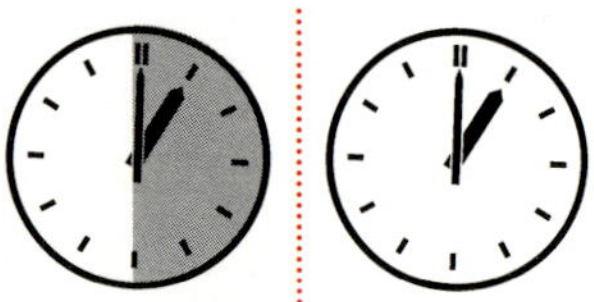

UNE DEMI-JOURNÉE

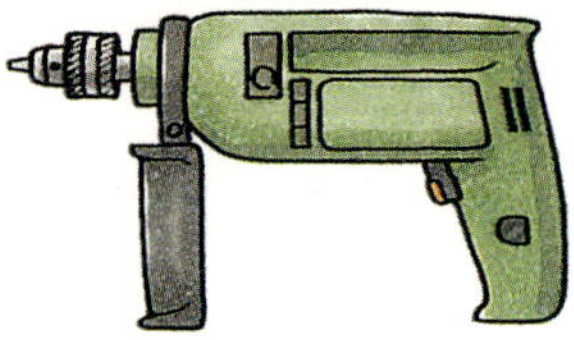

Outils indispensables

- Ciseau à bois
- Cutter
- Équerre
- Maillet
- Mèches à bois
- Perceuse électrique ou vilebrequin
- Pointe carrée
- Scie sauteuse
- Serre-joint
- Tournevis
- Trusquin

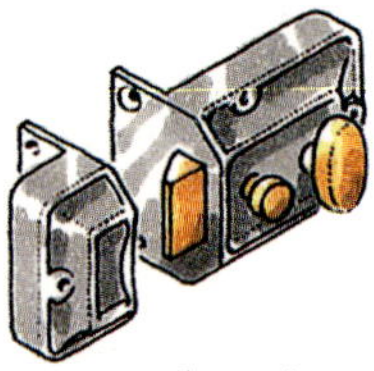

Verrou de nuit
Ce modèle ancien n'offre qu'une sécurité limitée.

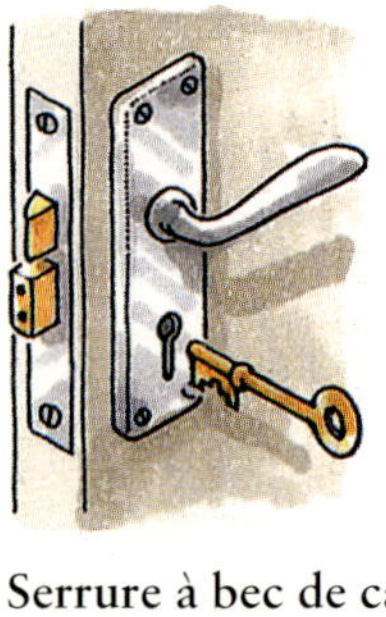

Serrure à bec de cane
Pour les portes que l'on ouvre et ferme très fréquemment.

CHANGER LA SERRURE DE LA PORTE D'ENTRÉE

Si votre porte est dotée d'une vieille serrure de nuit à bec de cane, ne vous y fiez pas : elle n'est guère à même de résister à un cambrioleur. Sans investir dans des serrures multipoints, lourdes et difficiles à poser, vous pouvez améliorer notablement la sécurité de votre demeure en équipant votre porte d'entrée d'une serrure à encastrer. Logée dans l'épaisseur du battant, elle est plus discrète et plus sûre qu'une serrure en applique. Il en existe de nombreux modèles, pour tous les types de portes.

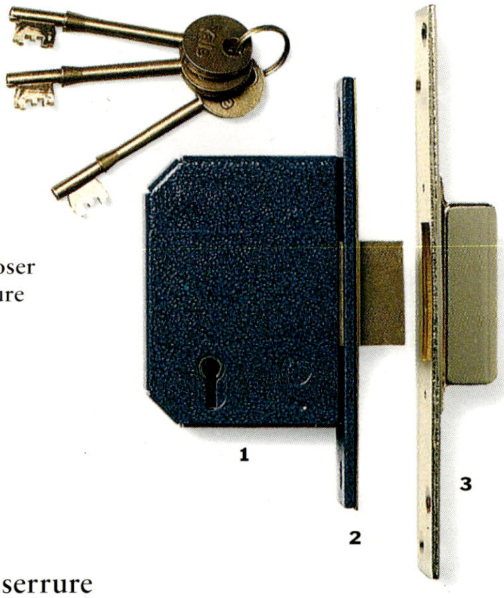

Serrure encastrée à poser sur une porte extérieure
1 Gâche
2 Têtière
3 Serrure

Choisir la bonne serrure
Sélectionnez une serrure répondant à vos besoins. Si elle est destinée à une porte donnant sur le jardin, choisissez un modèle pouvant recevoir un bec de cane : il s'agit d'une poignée actionnant un pêne demi-tour, facile à ouvrir. En revanche, pour la porte d'un appartement, préférez une serrure sans bec de cane, dotée d'un pêne dormant solide. Les serrures à cylindre sont plus difficiles à crocheter que les serrures à gorges, qui apportent une sécurité moyenne. À l'achat, n'oubliez pas de préciser la place de la serrure sur la porte (à gauche ou à droite) et le sens d'ouverture (en tirant ou en poussant).

POSER UNE SERRURE ENCASTRÉE

Bloquez la porte en position ouverte, pour travailler facilement sur le chant.

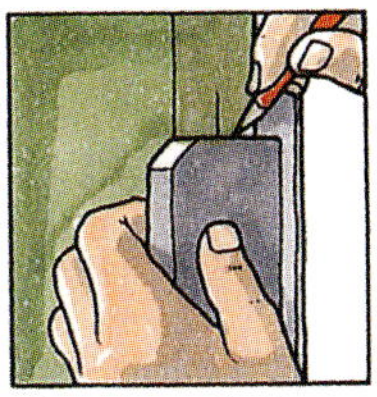

1 À l'aide d'un trusquin, tracez l'axe vertical du chant de la porte. Mettez la serrure en position et repérez le haut et le bas de l'entaille à ouvrir.

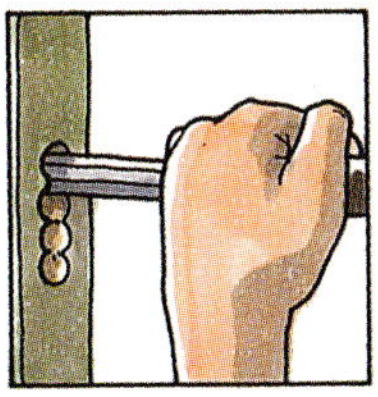

2 Montez sur la perceuse ou le vilebrequin une mèche dont la section est égale à l'épaisseur de la serrure. Percez une série de trous côte à côte, sur l'axe du chant, puis achevez d'ouvrir l'entaille à l'aide d'un ciseau à bois et d'un maillet.

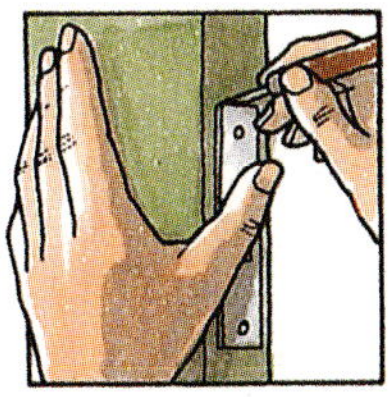

3 Mettez la têtière de la serrure en position sur le chant, et tracez ses contours au crayon. Entaillez en suivant ces contours, à l'aide d'un ciseau à bois tenu perpendiculairement au chant. Évidez avec le ciseau jusqu'à ce que la têtière s'encastre parfaitement.

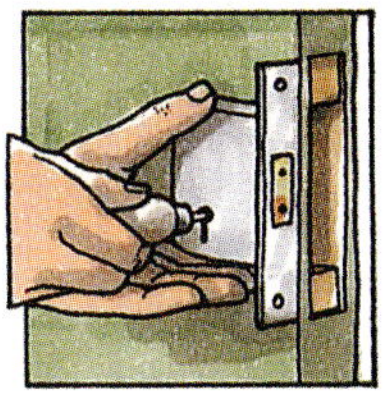

4 Mettez la serrure en position sur la porte et repérez le trou de la clé avec une pointe carrée. À l'aide d'un serre-joint, fixez une cale de bois sur le montant de la porte à ce niveau : elle préviendra l'éclatement du bois. Faites alors un trou traversant, à la perceuse. Introduisez dans ce trou la lame d'une scie sauteuse électrique ou d'une scie à guichet afin d'ouvrir le passage de la clé, de chaque côté.

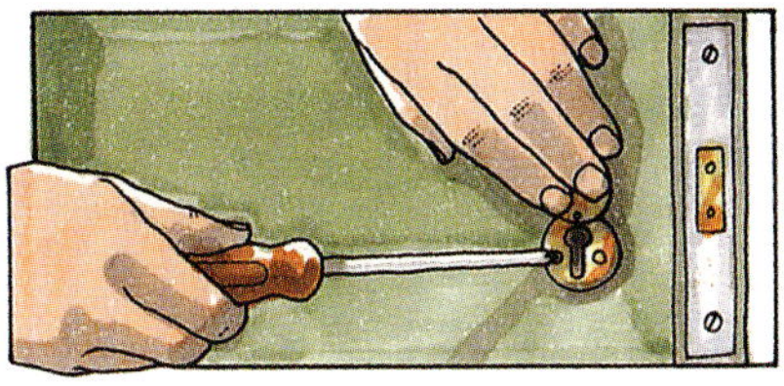

5 Mettez la serrure en place et serrez les vis de la plaque têtière. Fixez les entrées de clé de chaque côté du battant.

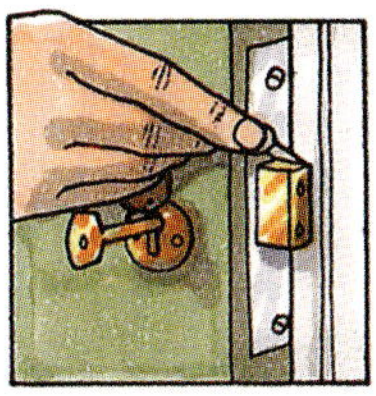

6 Certains modèles de serrures sont livrés avec un gabarit permettant de repérer la position de la gâche sur le montant du dormant. Si tel n'est pas le cas, appliquez de la craie ou de la peinture à l'extrémité du pêne, fermez la porte et tournez la clé. L'empreinte du pêne sera marquée sur le montant.

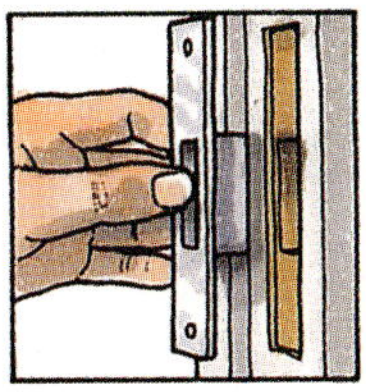

7 Tracez la forme puis entaillez au ciseau à bois, comme précédemment, pour la gâche et sa plaque. Vissez en place.

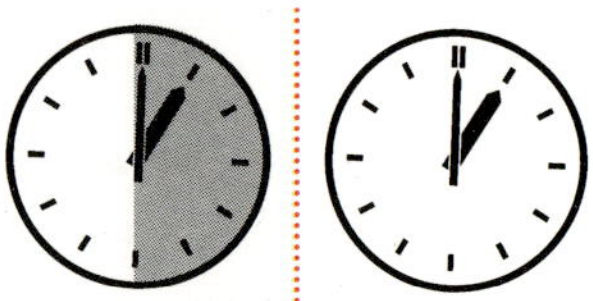

UNE DEMI-JOURNÉE

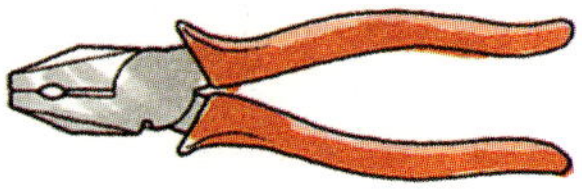

Outils indispensables

Clé à molette

Pince

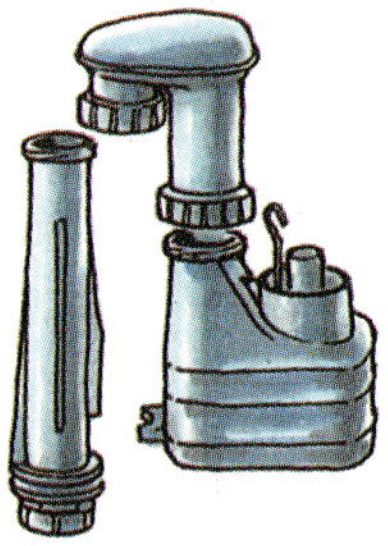

Siphon en trois parties
Ce type de siphon démontable permet de remplacer le clapet, sans couper l'eau ni vidanger le réservoir.

AMÉLIORER LE FONCTIONNEMENT D'UNE CHASSE D'EAU

Le fonctionnement d'une chasse d'eau à réservoir bas comportant une manette latérale ou faciale est relativement complexe : la manette soulève, par l'intermédiaire d'une tringle, une plaque perforée qui se trouve sous un siphon en U renversé, à la base du réservoir. Ce mouvement vers le haut plaque un joint souple (clapet) sur les perforations, qui se trouvent donc obstruées, créant ainsi une colonne d'eau qui amorce le siphon. L'eau du réservoir entraînée vers le haut soulève le joint souple et découvre les perforations de la plaque. Libre de passer dans le siphon, elle est alors envoyée vers la cuvette. Un flotteur relié au robinet s'abaisse avec le niveau d'eau et ouvre une vanne. Le réservoir se remplit à nouveau.

Si vous devez appuyer plusieurs fois sur la manette pour déclencher l'évacuation, le joint souple a sans doute besoin d'être remplacé. Si la manette joue dans le vide, il vous faut probablement remettre la tringle de raccord en place.

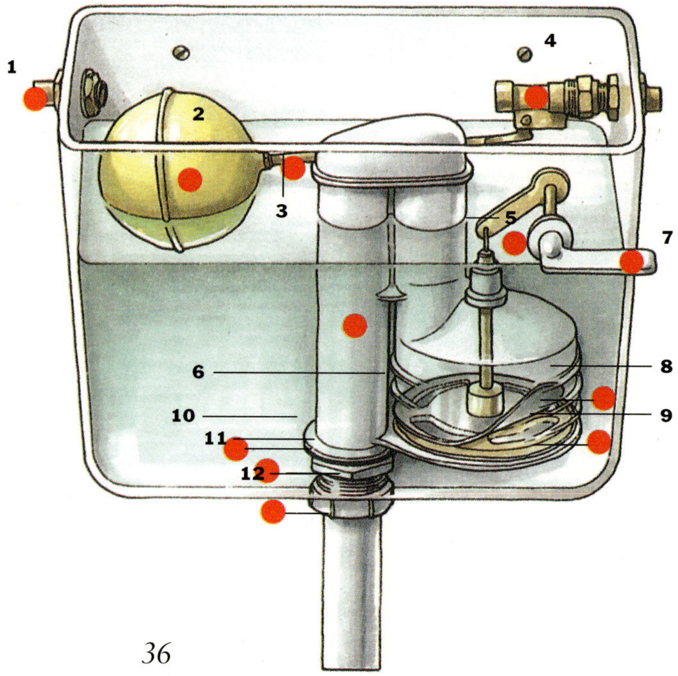

Dans votre chasse d'eau

Composants d'une chasse d'eau à manette

1 Trop-plein
2 Flotteur
3 Bras du flotteur
4 Robinet
5 Siphon
6 Tringle de raccord
7 Manette
8 Clapet
9 Plaque perforée
10 Joint d'étanchéité
11 Écrou
12 Raccord de l'évacuation

Remplacer le clapet

Si l'évacuation de l'eau ne se produit pas dès la première pression sur la manette, soulevez le couvercle et vérifiez que le niveau d'eau est correct et que la tringle de raccord est en place. Si tout est normal, il vous faut remplacer le clapet.

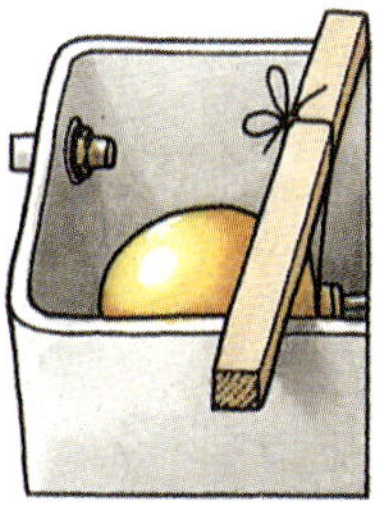

1 Coupez l'arrivée d'eau : vous pouvez pour cela attacher le bras du flotteur à un tasseau placé en travers du réservoir. Videz ce dernier.

2 À l'aide d'une grosse clé à molette, desserrez l'écrou qui raccorde le réservoir à la canalisation d'évacuation ; poussez celle-ci sur le côté.

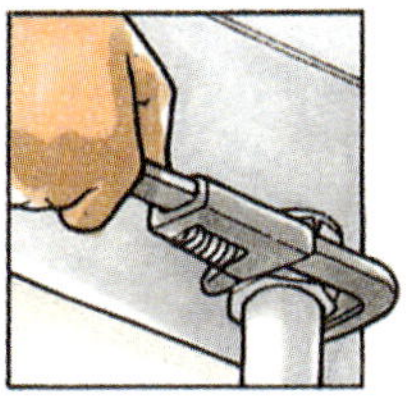

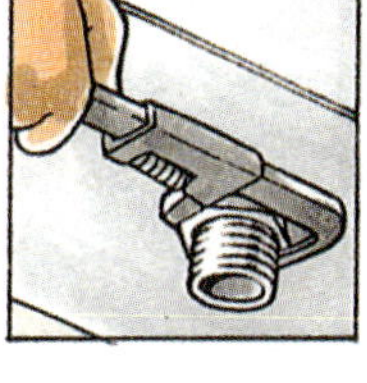

3 Desserrez l'écrou qui maintient le siphon à la base du réservoir. Placez un seau au-dessous pour recueillir l'eau résiduelle. Sur certains modèles, le siphon est boulonné sur la base du réservoir. Soulevez le siphon en poussant sur le tube fileté, et sortez-le.

4 Soulevez le clapet souple qui se trouve sur la plaque perforée et remplacez-le par un neuf du même modèle. Remontez le siphon, revissez l'écrou et raccordez la canalisation d'évacuation.

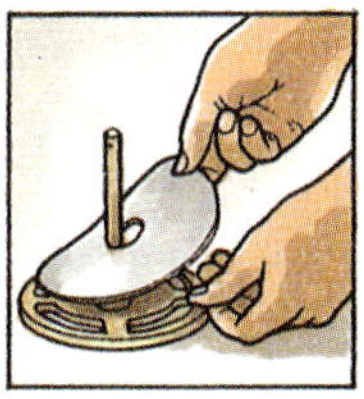

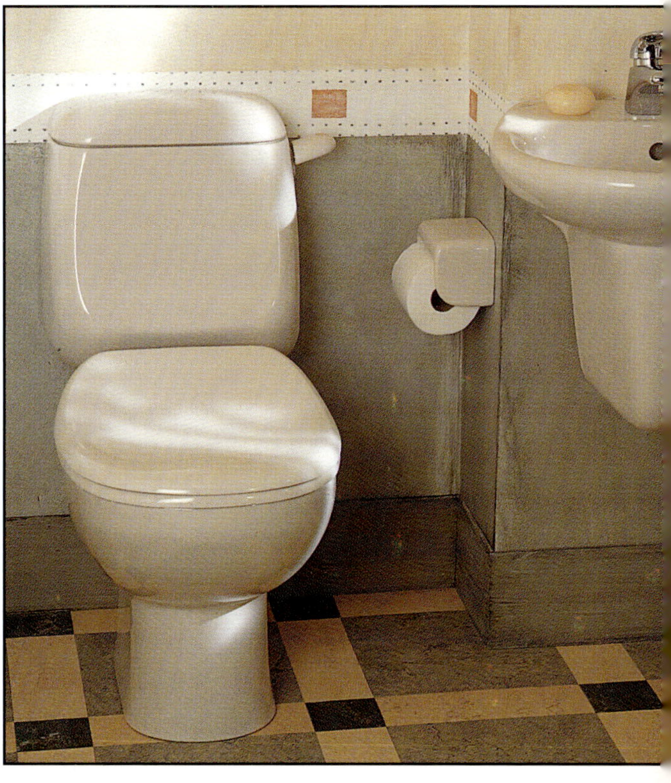

TOUR DE MAIN

Remplacer la tringle

Si la tringle qui raccorde la manette à la plaque perforée est cassée, démontez-la et remplacez-la par un morceau de fil de fer galvanisé rigide, ou par plusieurs morceaux de fil de fer fin torsadés à l'aide d'une pince.

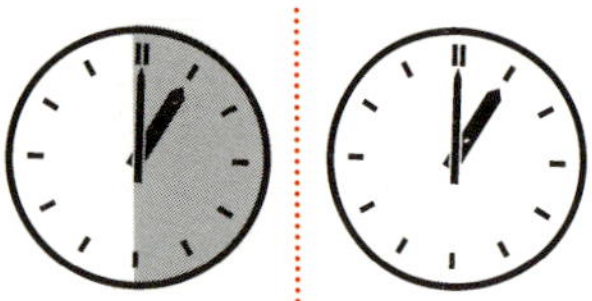

Une demi-journée

Poser une nouvelle moquette

Il est parfois préférable d'utiliser la méthode de la pose libre, sans colle ni clous. Dans ce cas, la moquette est maintenue par des bandes adhésives double face, ce qui permet de retrouver facilement le sol d'origine. La pose collée est plus durable, mais rend le changement de revêtement plus complexe. Si la moquette que vous choisissez est doublée d'un dossier de mousse, utilisez un fixateur, qui permet un décollage facile.

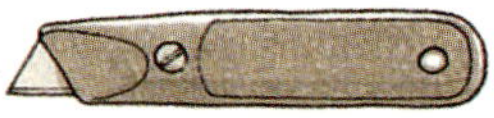

Outils indispensables

- Araseur
- Ciseaux
- Coup-de-genou
- Coupe moquette
- Marteau
- Règle
- Scie à métaux

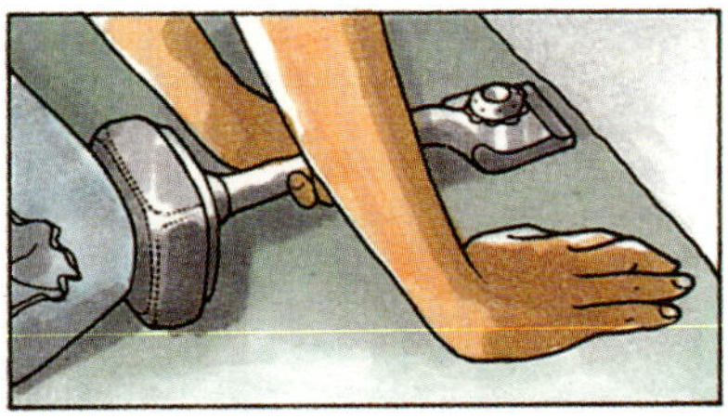

Utilisez un coup-de-genou

Cet outil est indispensable pour la pose tendue de la moquette sur baguettes à picots. Il permet de tendre efficacement la moquette, tout en vous laissant les deux mains libres.

Préparation du sol

Il est possible de poser une moquette pratiquement sur tous les supports : parquet, carrelage ou chape. Toutefois, le sol doit être net et lisse, propre et sans remontée d'humidité. Bouchez les joints d'un plancher avec un mastic pour bois ; préférez les moquettes à dossier mousse qui masquent mieux les petites irrégularités. Clouez des panneaux de fibres si nécessaire.

Sur une chape ou un carrelage présentant des irrégularités, étalez un produit de ragréage autolissant : généralement vendus prêts à l'emploi, ces produits bouchent les trous et permettent d'obtenir sans effort une surface bien régulière, parfaite pour la pose.

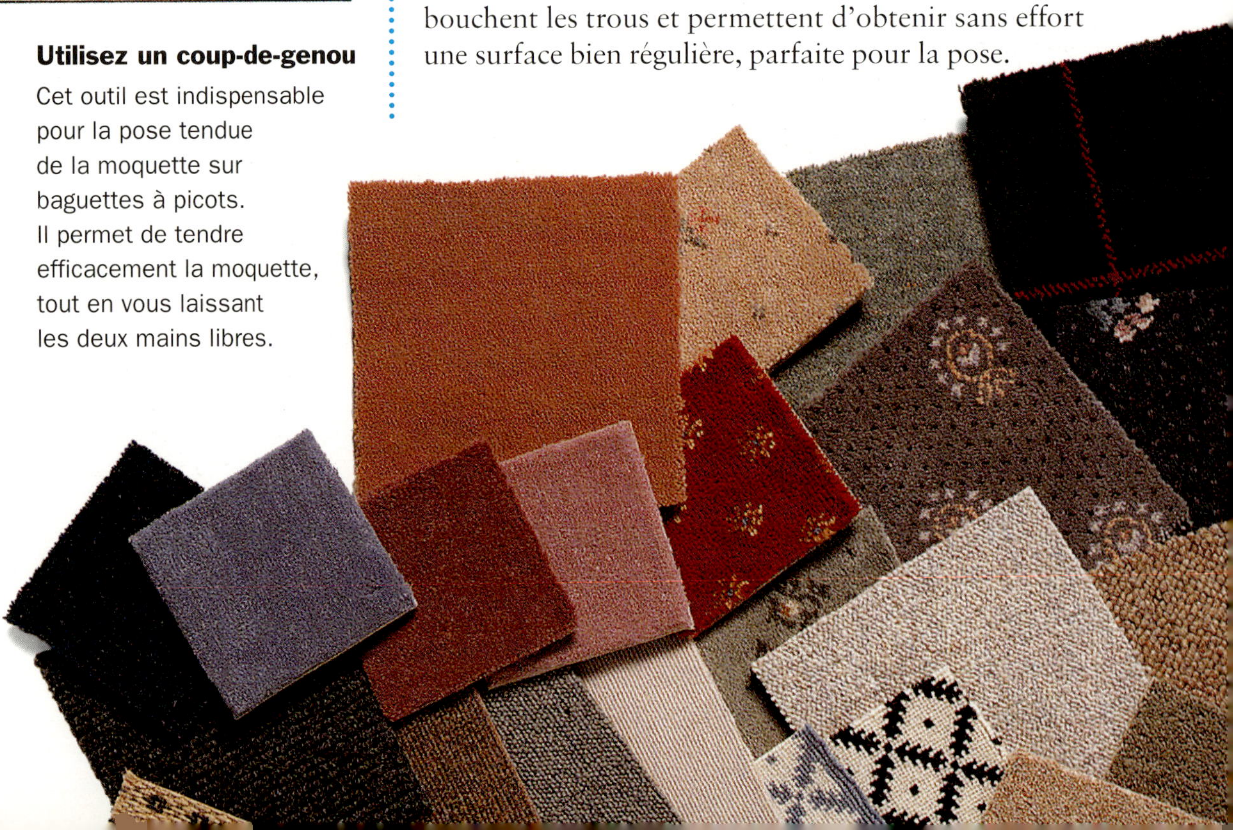

Fixer une moquette sur le sol

Différentes méthodes s'offrent à vous pour fixer votre moquette au sol, selon le modèle que vous avez choisi.

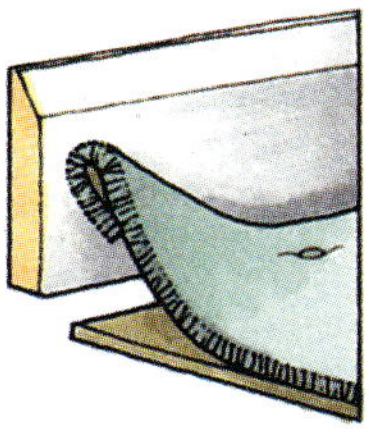

Clouage

S'il n'est plus guère utilisé, le clouage est malgré tout intéressant car il permet une très bonne stabilité de la moquette. Repliez une bande d'une largeur de 5 cm, puis enfoncez une pointe à moquette (semence) tous les 20 cm (la tête, noyée dans les poils de la moquette, est invisible). On cloue généralement sur une thibaude (sous-moquette en feutre), qui s'arrête à 5 cm de la limite de la moquette.

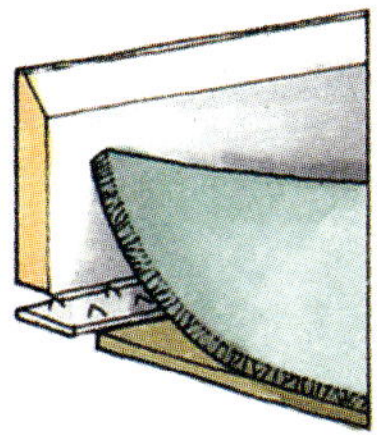

Baguettes à picots

En métal ou en bois, ces baguettes sont dotées de pointes ou de dents qui accrochent les moquettes traditionnelles dépourvues de dossier mousse, que l'on pose souvent avec une thibaude. Coupez-les à la scie et clouez-les (ou collez-les) à 1 cm des plinthes, les dents dirigées vers le mur. Coupez la thibaude au ras de la baguette.

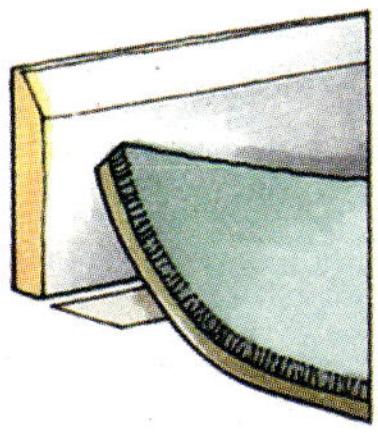

Bande adhésive et colle

L'adhésif double face permet de fixer toutes les moquettes à dossier mousse. Collez les bandes sur tout le périmètre de la pièce et retirez le papier protecteur au fur et à mesure de la pose. La pose collée assure un excellent maintien pour toutes les moquettes à envers mousse, latex ou à double dossier. Une nouvelle génération de colle, applicable au rouleau, permet de décoller facilement la moquette.

Mise en place de la moquette

La moquette en grande largeur (4 ou 5 m) évite souvent les raccords compliqués. Si toutefois un raccord est inévitable, éloignez-le autant que possible de la porte d'entrée.

À l'achat, prévoyez une marge de 20 cm en largeur et en longueur. Déroulez la moquette sur le sol de telle sorte qu'elle remonte sur les plinthes. Laissez-la dans cette position pendant 24 heures pour qu'elle se détende. Attention : les poils des moquettes velours sont couchés dans un certain sens. Disposez la moquette de manière que la lumière provenant de la fenêtre la frappe à contre-poils.

Coupez la moquette en V aux angles, pour qu'elle soit bien à plat. Marquez le pli au ras des plinthes avec le bout rond des ciseaux, puis procédez à la coupe. Pour cela, vous pouvez aussi utiliser un araseur.

Si vous collez la moquette, repliez-en une moitié sur l'autre. Encollez le sol au rouleau, rabattez la moquette, puis appliquez-la vigoureusement sur le sol (marouflage) pour la tendre et chasser les bulles d'air.

Barre de seuil double

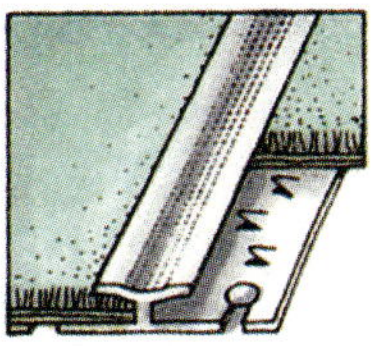

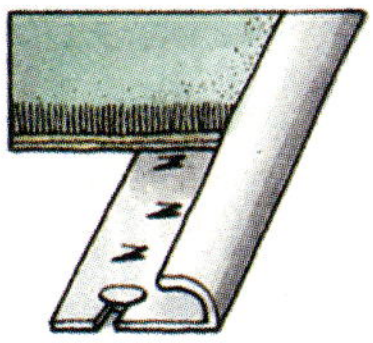

Barre de seuil simple

Poser une barre de seuil au niveau de la porte

Coupez la moquette autour des moulures du chambranle de la porte, puis effectuez une coupe droite au niveau du seuil. Couvrez avec une barre de seuil. Sur certains modèles, la moquette doit pénétrer dans un logement (en particulier pour les barres à picots). Il existe aussi des barres plus simples, qu'il suffit de visser dans le sol.

Changer le revêtement de la cuisine ou de la salle de bains

Les revêtements souples en PVC en grande largeur conviennent particulièrement bien aux salles de bains, aux cuisines et à tous les locaux comportant des robinets d'eau, mais aussi aux autres pièces de la maison. En général, leur pose est assez facile.

Revêtements PVC ordinaires
Il existe différentes qualités de revêtements PVC. Certains présentent une bonne étanchéité et sont spécialement conçus pour les salles de bains, d'autres ont une grande résistance à l'usure et sont parfaits pour les cuisines et les entrées. D'autres encore conviennent aux chambres et aux salles de séjour.
Ces revêtements sont en général garantis cinq ans. Beaucoup (mais pas tous) sont compatibles avec le chauffage par le sol.

Revêtements PVC à dossier
Ils ont le même aspect que le PVC ordinaire, mais sont doublés d'une couche de mousse synthétique qui les rend plus souples et plus confortables, et qui améliore l'insonorisation de la pièce.

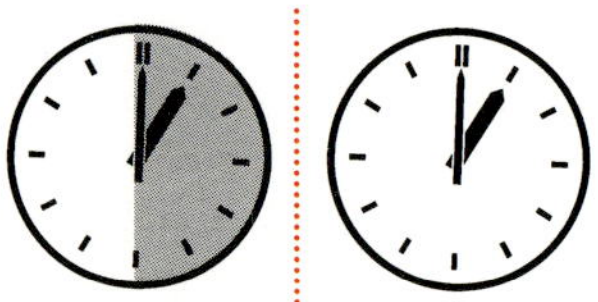

UNE DEMI-JOURNÉE

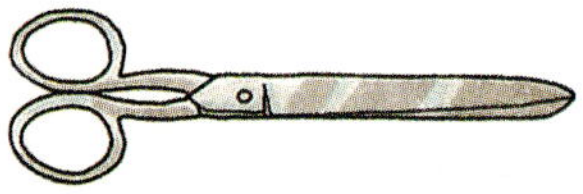

Outils indispensables

- Adhésif double face
- Ciseau à brique
- Ciseaux
- Cutter
- Règle
- Tasseau et clou

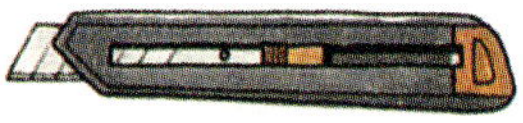

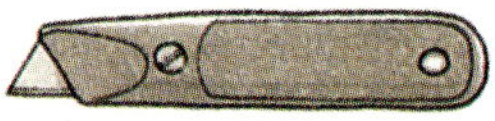

Le revêtement PVC est disponible dans une large gamme de motifs et de couleurs. Pour éviter les faux plis, étalez le revêtement dans la pièce 24 à 48 heures avant de le poser définitivement, afin qu'il se détende.

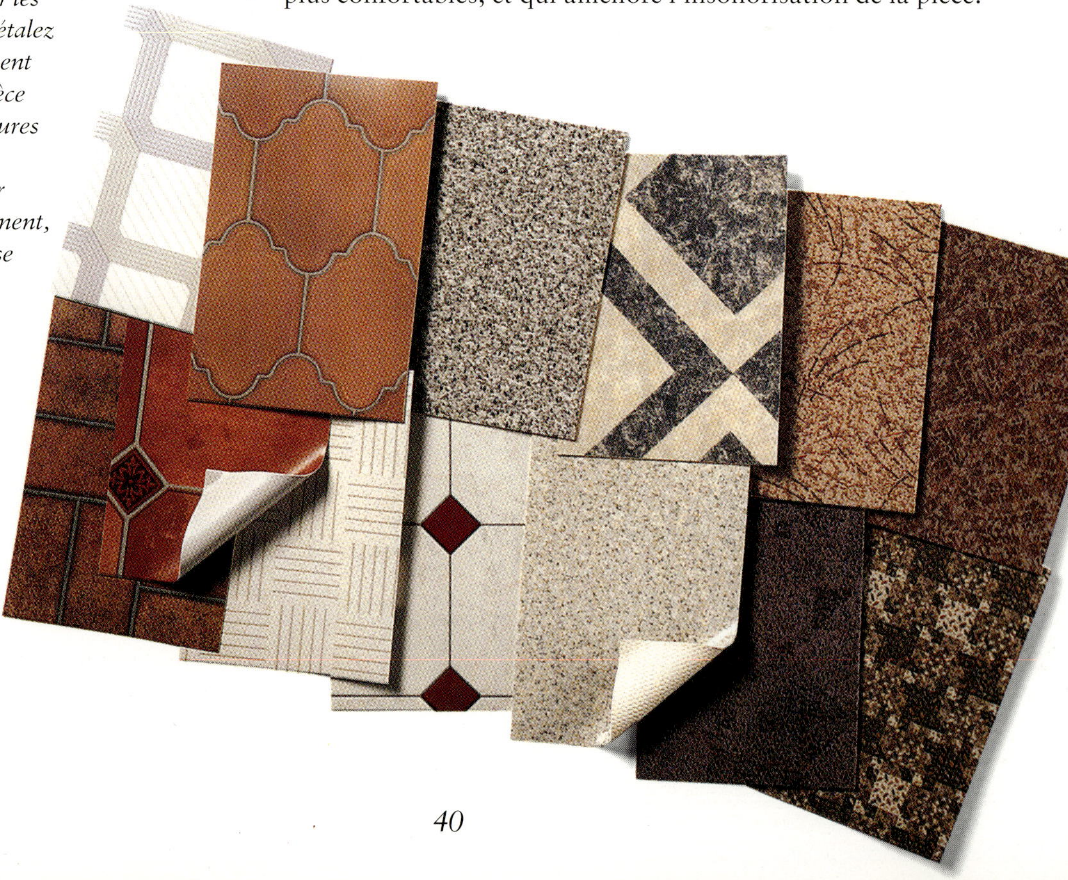

Poser un revêtement PVC

Avant de poser un revêtement PVC, assurez-vous que le sol est plat et sec. Passez l'aspirateur et reclouez les lames de parquet mal fixées. Sur une chape ou un carrelage, étalez si nécessaire un produit de ragréage autolissant. Sur un sol de ciment, placez d'abord un film d'étanchéité. Si vous posez en rez-de-chaussée sur un parquet, assurez-vous que celui-ci est bien ventilé. N'installez pas ce type de revêtement sur un parquet qui vient d'être traité contre l'humidité.

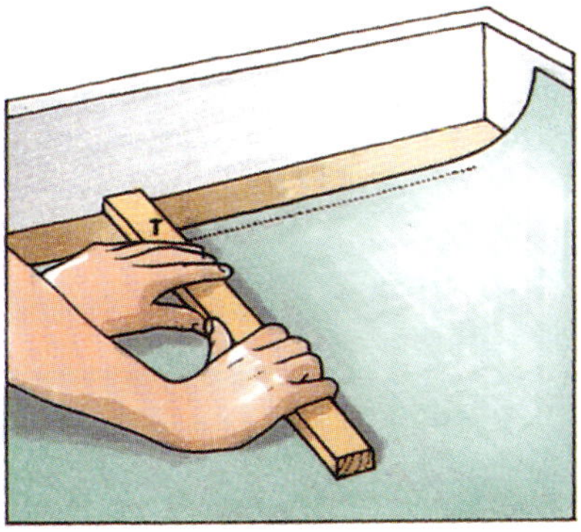

1 Déroulez le revêtement contre le mur le plus long de la pièce en alignant le bord à environ 35 mm de la plinthe. Munissez-vous d'un tasseau de bois, dans lequel vous aurez par avance enfoncé un clou, à 5 cm de son extrémité. Suivez la forme de la plinthe avec cet instrument en appuyant le clou sur le revêtement pour y laisser une trace. Coupez avec les ciseaux ou le cutter, puis poussez le revêtement contre le mur.

Effectuez des coupes en V à chaque angle pour que le revêtement tombe bien à plat. Effectuez une coupe droite jusqu'au sol aux endroits où le revêtement remonte sur les murs (aux angles sortants, par exemple). Réduisez la marge de PVC à 5 cm.

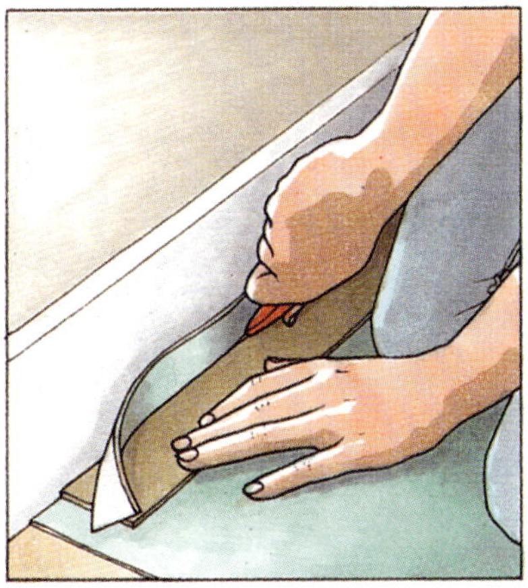

2 Poussez le revêtement dans l'angle du sol et du mur à l'aide d'un ciseau à brique. Placez une règle métallique sur le pli marqué et coupez au ras du mur à l'aide d'un cutter que vous tiendrez légèrement incliné vers la plinthe. Si l'arasement n'est pas parfait, vous pourrez couvrir les bords avec de la moulure quart-de-rond.

Adaptez le revêtement sur le seuil en marquant un pli au ras de la porte, puis arasez. Placez ensuite une barre de seuil, à visser ou à coller.

La pose libre (sans aucune fixation) convient aux revêtements PVC assez lourds. La pose semi-libre se fait sur bandes adhésives double face placées tout autour de la pièce, au ras des plinthes. Adoptez la pose collée lorsqu'une parfaite stabilité ou une étanchéité totale sont nécessaires.

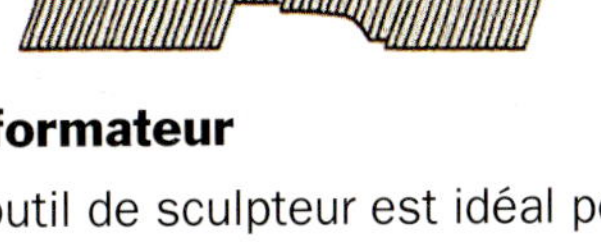

Conformateur

Cet outil de sculpteur est idéal pour reporter le profil des moulures d'une porte. Ses lamelles métalliques permettent d'effectuer un tracé de coupe d'une grande précision.

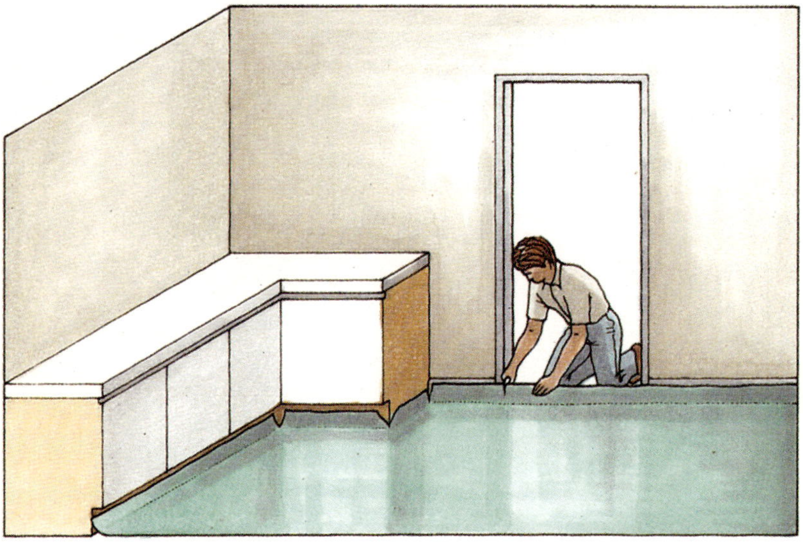

Autour des portes

Ouvrez une entaille au cutter de chaque côté et arasez autour de l'encadrement.

Autour des appareils sanitaires

Repliez le revêtement devant le pied du lavabo ou la cuvette des WC. Ouvrez une entaille droite au milieu, quelques centimètres au-dessus du pli en remontant vers le bord du revêtement. Effectuez ensuite des coupes en V, graduellement, pour que le PVC épouse la forme de la base de l'appareil. Arasez au cutter.

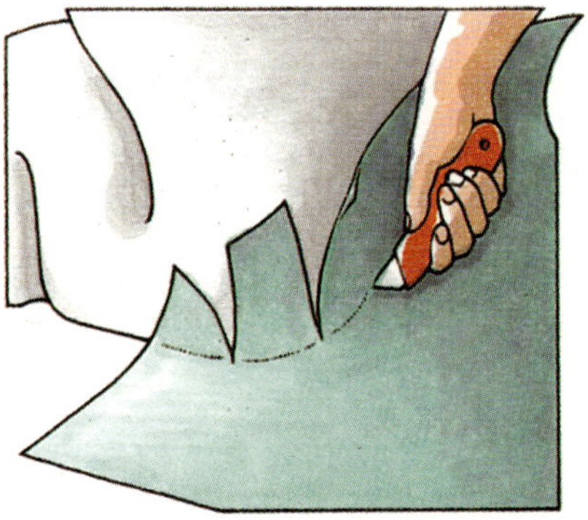

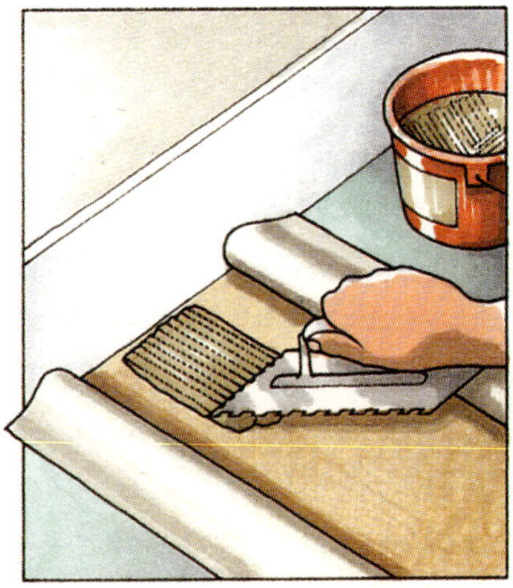

Les raccords

Si vous devez raccorder plusieurs largeurs, découpez la première à la forme de la plinthe, puis mettez-la en place. Du côté opposé à la plinthe, superposez une deuxième bande sur 2 ou 3 cm, de manière que les motifs coïncident. Coupez les deux épaisseurs au cutter, en suivant les motifs si possible. Repliez chaque bande, appliquez de la colle ou de l'adhésif double face, rabattez le PVC et appliquez-le fermement.

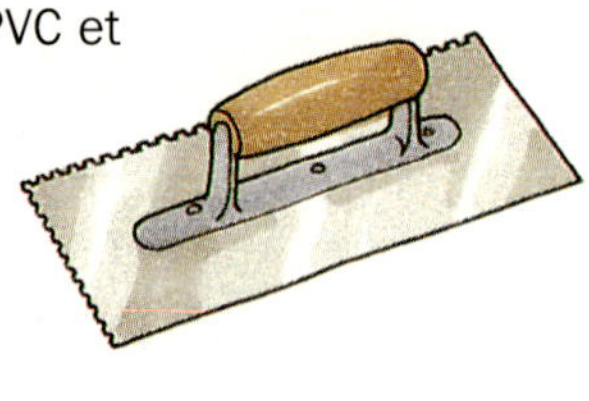

Couteau à colle

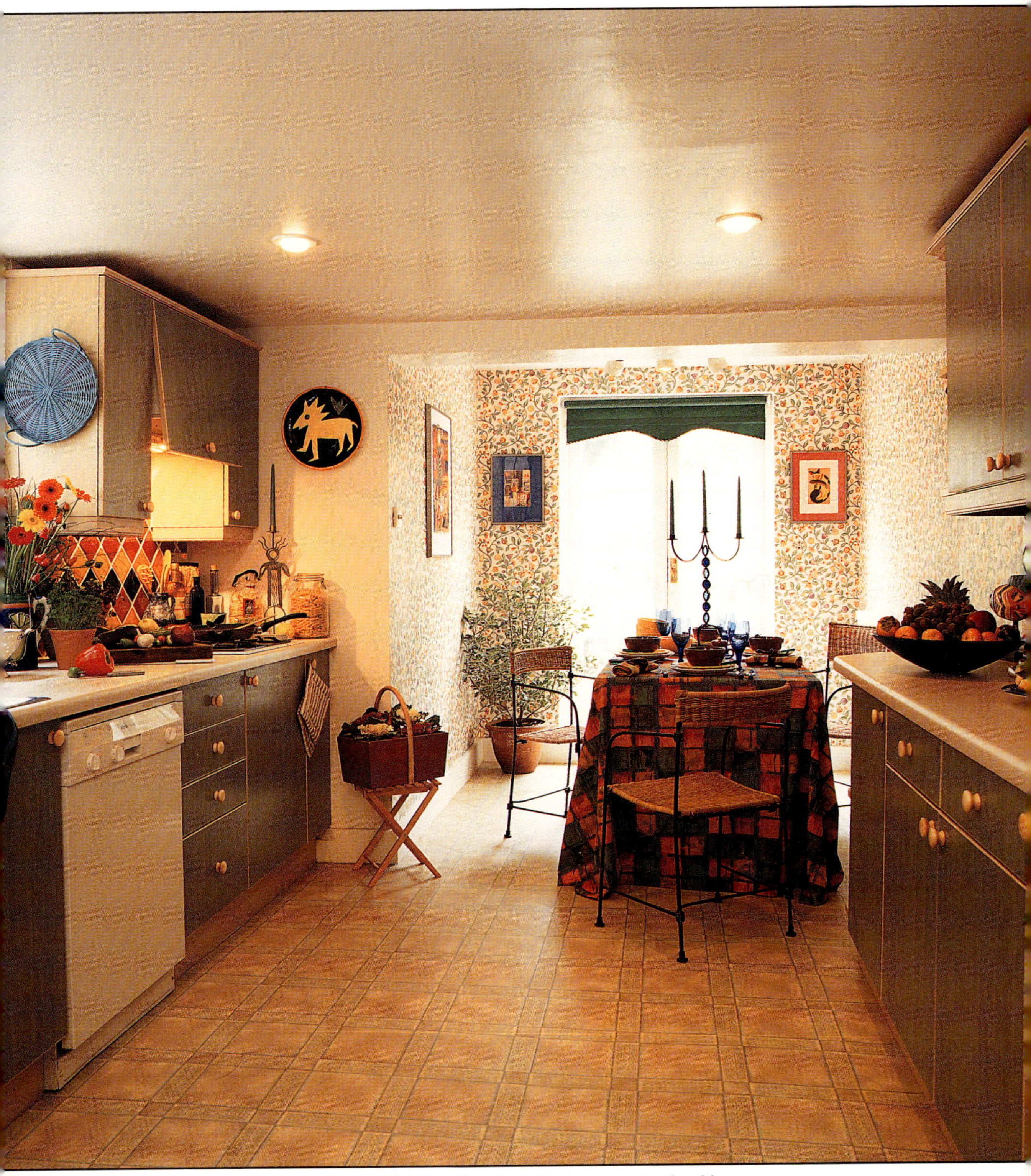

Les revêtements de sol PVC, faciles à entretenir, durables
et résistants, conviennent idéalement aux cuisines.
Les instructions de ce chapitre vous permettront de les poser
et les fixer de manière stable, pour qu'ils ne gondolent pas.

DÉCOLLER UN VIEUX PAPIER PEINT

Avant de refaire la décoration d'une pièce, il est presque toujours nécessaire de retirer de vieux papiers peints. Dans une pièce de taille moyenne ne comportant pas de difficulté particulière, ce travail ne vous demandera pas plus d'une demi-journée, à condition de disposer de l'outillage approprié. Toutefois, la tâche peut prendre plus de temps si vous avez à décoller de vieux papiers en relief ou si vous découvrez plusieurs couches de papier peint superposées.

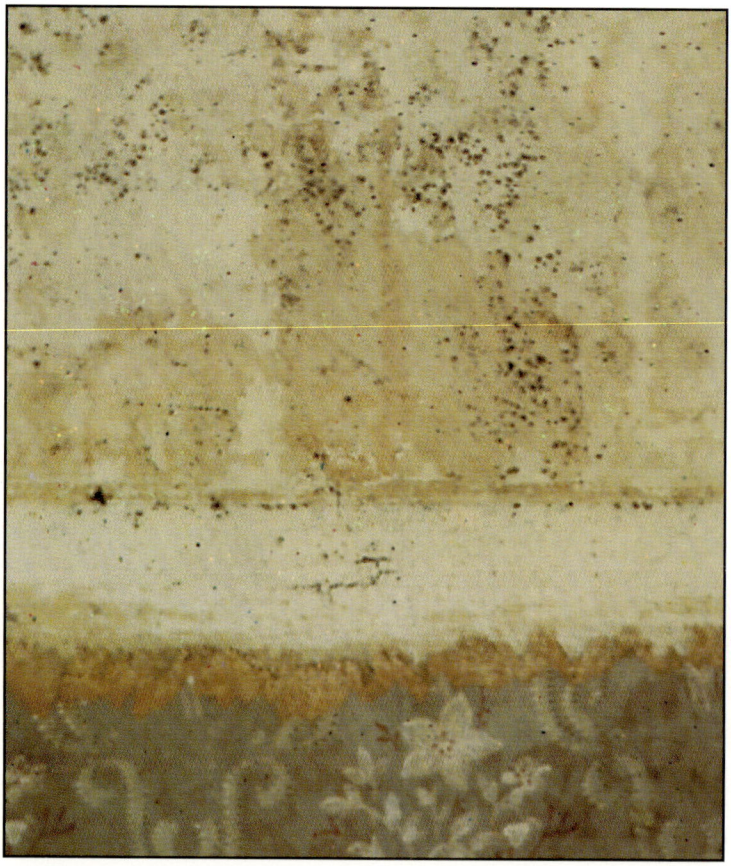

Éliminer la moisissure

Si un vieux papier peint est touché par la moisissure, imbibez-le d'une solution d'eau de Javel afin de le décoller ; utilisez ensuite la même solution pour laver le mur.

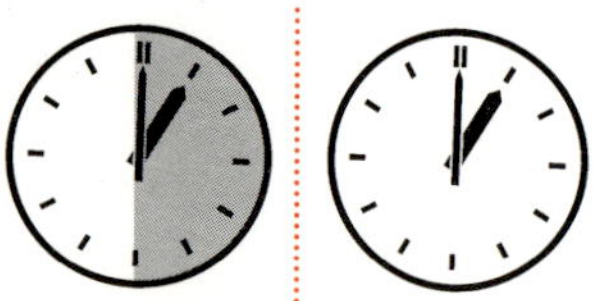

UNE DEMI-JOURNÉE

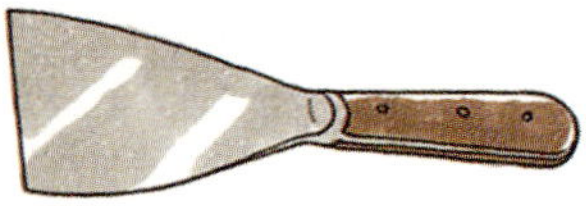

Outils indispensables

- Couteau de peintre
- Couteau de peintre denté
- Décolleuse
- Grosse brosse

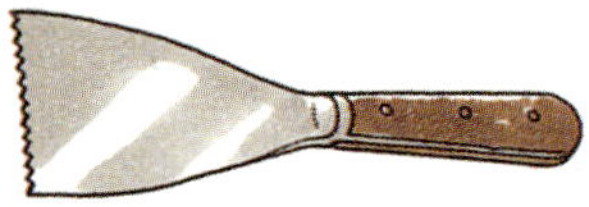

Décolleuse à vapeur

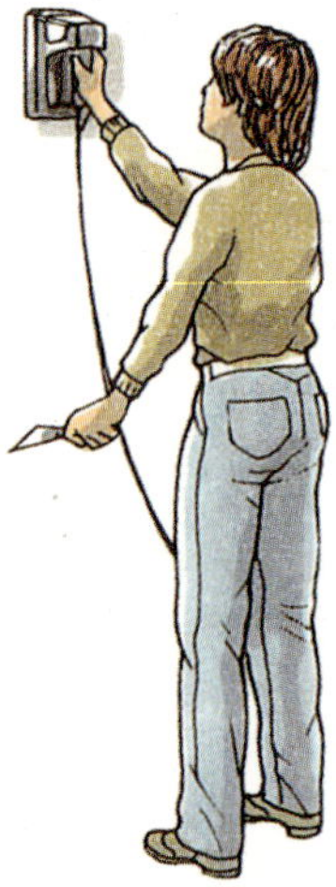

Vous pouvez louer une grosse décolleuse à réservoir sur chariot, ou acheter un modèle léger. Maintenez au mur le plateau qui diffuse la vapeur jusqu'à ce que le papier soit imbibé, puis grattez avec un couteau de peintre. Lavez pour éliminer les traces de colle.

Voir également :
Poser du papier peint au plafond, page 54
Peindre un plafond, page 56
Refaire un plâtre endommagé, page 74
Peindre la salle de séjour, page 92
Tapisser la chambre d'amis, page 104

DÉCOLLER TOUS LES TYPES DE PAPIERS

Pour ramollir la colle d'un vieux papier, imbibez-le d'une solution d'eau chaude additionnée de lessive ou d'un produit de décollage (liquide ou en poudre).

Papiers ordinaires
Appliquez la solution d'eau chaude à deux ou trois reprises, à l'éponge ou avec un pulvérisateur pour plantes. Laissez le papier s'imbiber pendant un quart d'heure.

Décollez le papier à l'aide d'un couteau de peintre. Commencez au niveau des joints. Tenez la lame de l'outil bien à plat pour ne pas endommager le mur. Appliquez à nouveau la solution sur les parties rebelles.

Soyez très prudent : l'humidification des murs comporte des risques d'électrocution. Coupez sur le tableau d'abonné tous les circuits électriques (éclairage et prises) qui alimentent la pièce. S'il s'agit d'une installation électrique ancienne, il peut être nécessaire de couper le courant au disjoncteur principal. De toute façon, évitez de mouiller les prises, les interrupteurs et les baguettes électriques. Attendez que les murs sèchent avant de rétablir le courant.

Ramassez les déchets de papier puis lavez les murs à l'eau savonneuse.

Papiers lavables
Les papiers lavables sont recouverts d'une mince pellicule imperméable qu'il faut éliminer avant de les mouiller à l'éponge.

Grattez-les à l'aide d'une brosse métallique ou d'un couteau de peintre denté, puis humidifiez généreusement. Il est souvent nécessaire de recommencer plusieurs fois l'opération pour que tout le papier se décolle.

Papiers recouverts de peinture
Traitez-les comme les papiers lavables : griffez-les à la brosse métallique avant d'appliquer de l'eau chaude additionnée d'un produit de décollage. Vous pouvez aussi les décoller assez facilement (de même que les papiers lavables) à l'aide d'une décolleuse (voir page ci-contre). Maintenez le plateau bien à plat jusqu'à ce que la vapeur pénètre, puis décollez le papier au couteau de peintre.

Papiers vinyles
En soulevant les coins inférieurs de chaque lé et en tirant de manière régulière, vous arriverez facilement à ôter la couche de vinyle. Il ne restera plus au mur qu'une mince couche de papier que vous pouvez ensuite enlever en l'imbibant, ou conserver comme sous-couche pour le nouveau papier. Il faut, dans ce dernier cas, poncer légèrement au niveau des joints, sans trop appuyer.

Peindre sur un vieux papier
Pour obtenir une belle finition, il est préférable d'enlever un vieux papier peint. Toutefois, s'il est en bon état, il est possible de peindre par-dessus avec une peinture acrylique. Il sera, dans ce cas, plus difficile de mettre les murs à nu par la suite. N'oubliez pas que les couleurs fortes (rouge, bleu ou vert) transparaissent souvent sous la peinture, de même que les motifs métallisés. Il faut donc appliquer d'abord une sous-couche opacifiante. Ne peignez jamais sur les papiers vinyles.

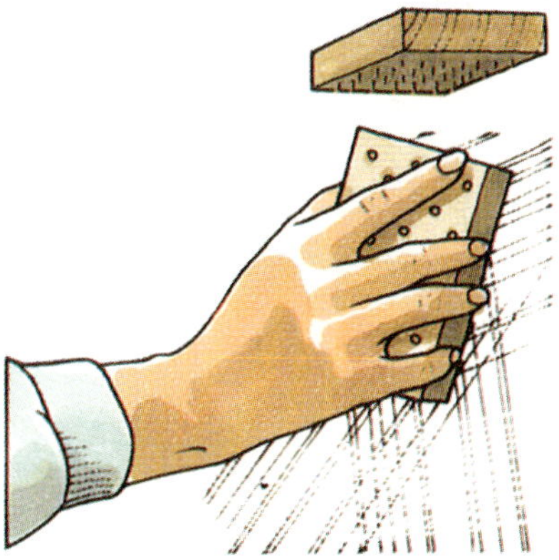

Griffe à papier peint improvisée

Enfoncez quelques clous dans un bloc de bois de 150 x 100 x 25 mm, de manière que seules les pointes dépassent.

Cirer et encaustiquer les meubles

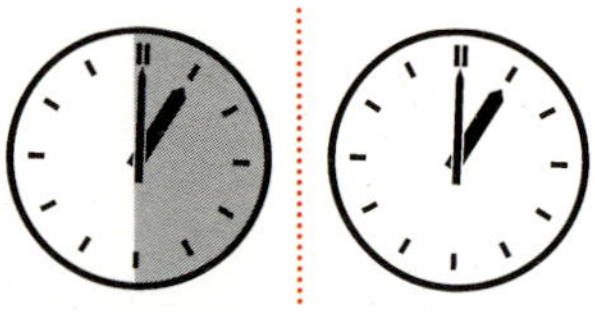

Une demi-journée

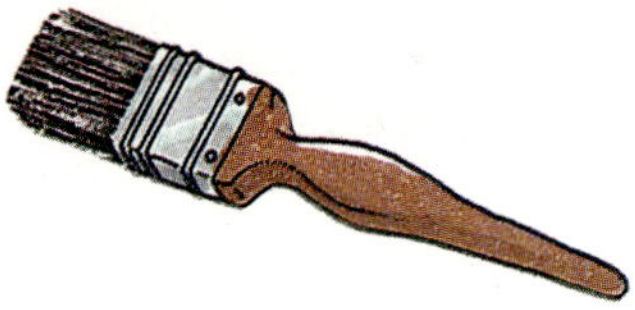

Outils indispensables

Brosse à vernir

La cire et l'encaustique sont les finitions les plus faciles à appliquer sur tous les types de meubles. L'effet obtenu est sans doute moins brillant et moins durable que celui obtenu avec un vernis, mais il est aussi plus doux et plus chaud, et met mieux en valeur la beauté naturelle du bois. De plus, l'entretien est simple, puisqu'un coup de chiffon suffit pour retrouver le brillant initial.

Cire sur bois nu

Que votre meuble soit neuf en bois blanc ou décapé par vos soins, vous devrez d'abord appliquer un bouche-pores, que vous trouverez dans le commerce également sous le nom de fond dur (ou fondur). Passez-le au pinceau, dans le sens des fibres du bois. Il donne une finition parfaite.

Nettoyage des bois

Avant de le cirer, vous devrez généralement décrasser votre meuble et le débarrasser des anciennes couches de cire. Utilisez un « décireur » (attention : ces produits sont nocifs, appliquez-les avec des gants de protection) qui élimine toutes les impuretés sans dessécher le bois. Une autre possibilité consiste à frotter la surface avec de la laine d'acier très fine trempée dans du white-spirit, puis à nettoyer avec un chiffon également imprégné de white-spirit.

Appliquer la cire

Appliquez une couche de cire à l'aide d'un chiffon doux. Attendez un quart d'heure, puis passez une seconde couche avec un tampon de laine d'acier très fine, dans le sens des fibres du bois. Passez quatre ou cinq couches de cire ; laissez sécher une nuit, puis faites briller à l'aide d'un chiffon à polir.

Si vous utilisez une pâte à encaustiquer, appliquez-la à l'aide d'une brosse queue-de-morue ou d'un tampon de laine d'acier très fine. Attendez une heure, puis appliquez une seconde couche avec un tampon, en passes circulaires, avant de lisser dans le sens des fibres. Passez une couche supplémentaire si nécessaire, puis laissez sécher une nuit. Faites briller avec un chiffon à polir.

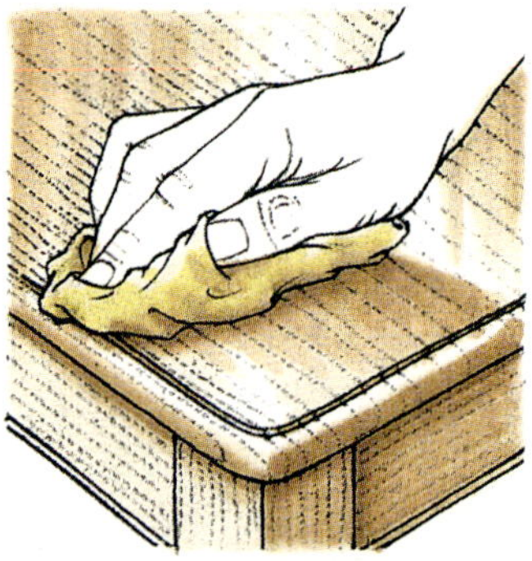

Quel type de cire ?

Une bonne cire pour meubles est un mélange de cire d'abeille et de cire végétale (tel le carnauba). Certains produits contiennent des résines qui les rendent plus brillants. Il existe des cires pratiquement transparentes, et d'autres plus ou moins foncées qui teintent le bois.

Les pâtes à encaustiquer, de même que les encaustiques liquides qui s'appliquent au pinceau ou au chiffon, sont un mélange de cire et de térébenthine.

Une finition cirée est assez durable et décorative, mais elle ne résiste généralement pas à l'eau. Il existe cependant quelques encaustiques lavables.

Entretenir les meubles de jardin

Les meubles de jardin en bois de bonne qualité durent de nombreuses années. Prenez cependant la précaution de vérifier leur état au début du printemps afin de pouvoir en profiter dès les premiers beaux jours.

Contrôlez avec soin la solidité des assemblages ; si nécessaire, resserrez les écrous et les vis. À l'aide d'un tampon abrasif de cuisine ou de laine d'acier fine, éliminez les traces de moisissure ou les suintements de résine. Examinez l'état du revêtement.

Si le vernis ou la peinture se craquelle ou se cloque, il est préférable de décaper le meuble et d'en refaire la finition avec un produit pour extérieur. S'il s'agit de meubles en teck – bois qui résiste à l'humidité –, appliquez de « l'huile de teck », facile d'utilisation, qui évite le dessèchement et le démantèlement des assemblages, et redonne au matériau un bel aspect. Une application annuelle est suffisante pour garder le bois en bon état. Vous pouvez d'ailleurs entretenir avec ce produit d'autres bois résistants à l'humidité utilisés pour la fabrication des meubles de jardin.

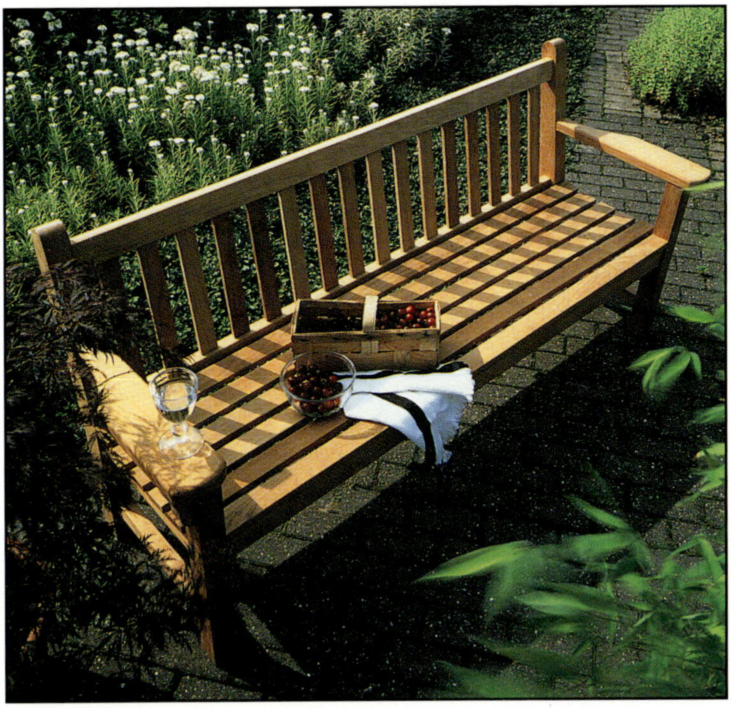

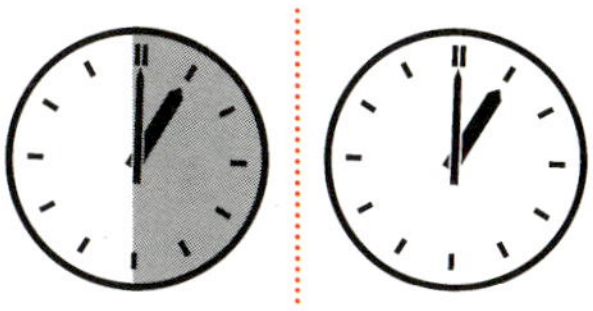

Une demi-journée

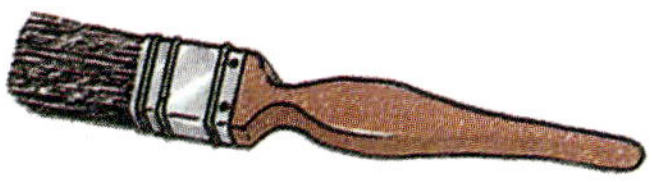

Outils indispensables

Brosse à vernir

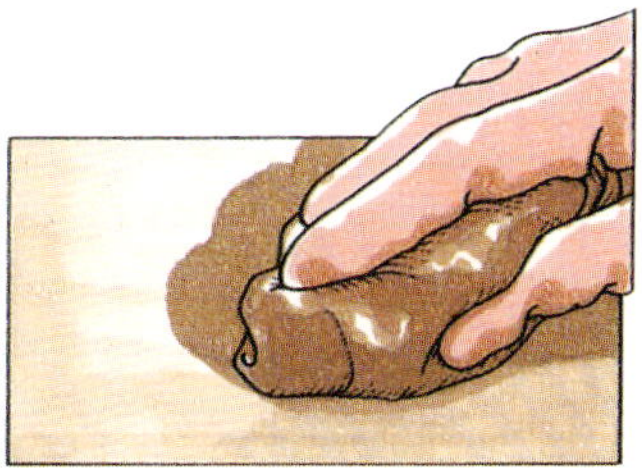

Huile pour bois

Appliquez l'huile de teck sur le bois nu, préalablement dépoussiéré et nettoyé à sec, à l'aide d'un tampon de chiffon doux et non pelucheux. Laissez sécher le chiffon à l'extérieur avant de le jeter à la poubelle.

Sur les grandes surfaces et sur les moulures, utilisez de préférence une brosse à vernir (queue-de-morue).

Appliquez généreusement une couche d'huile, dans le sens des fibres du bois. Attendez 10 à 15 minutes qu'elle pénètre en profondeur, puis essuyez l'excès avec un chiffon propre. Passez une nouvelle couche six heures plus tard, et une troisième le lendemain. Frottez ensuite avec un chiffon à polir pour que le bois prenne un léger brillant.

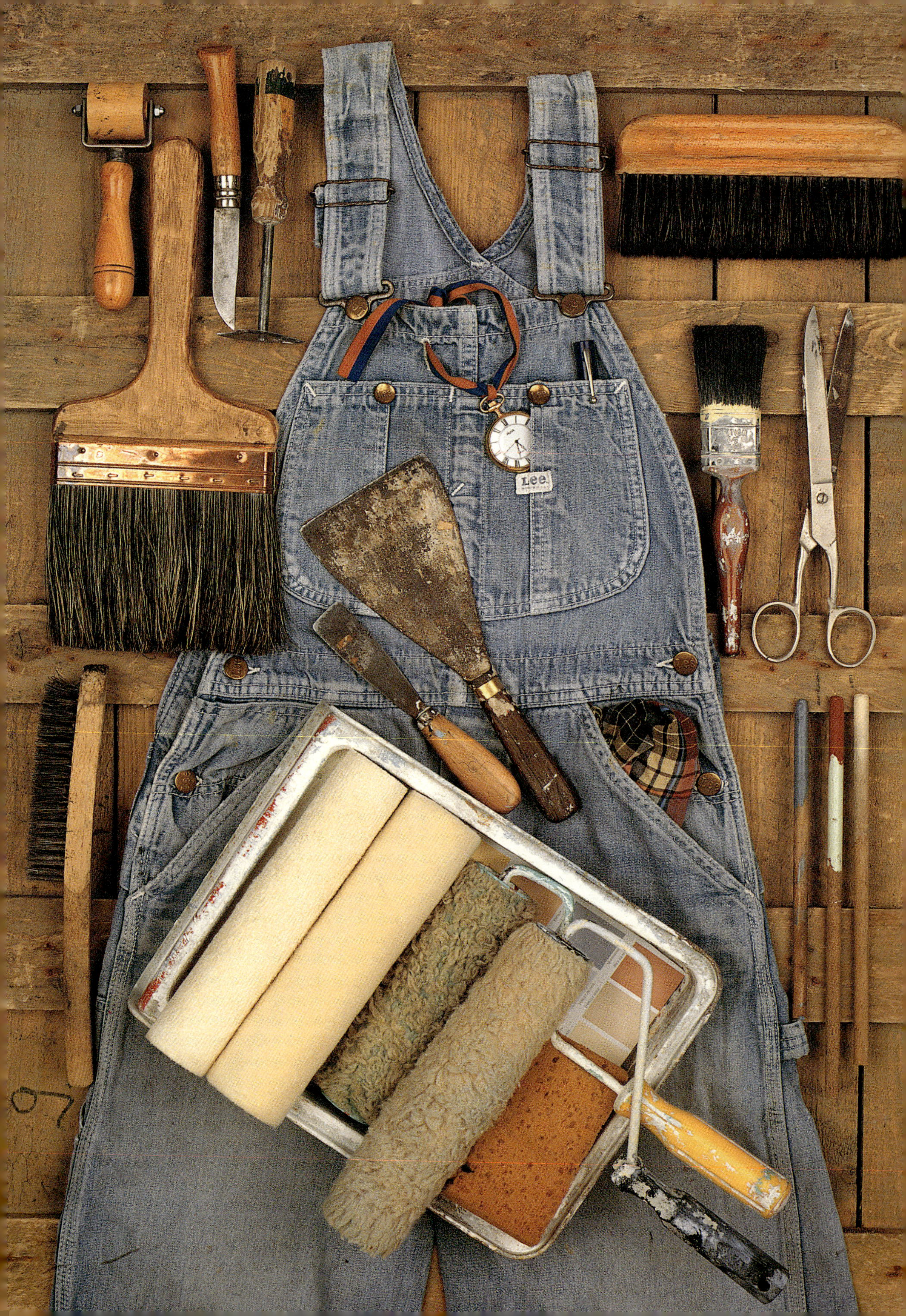
Lee

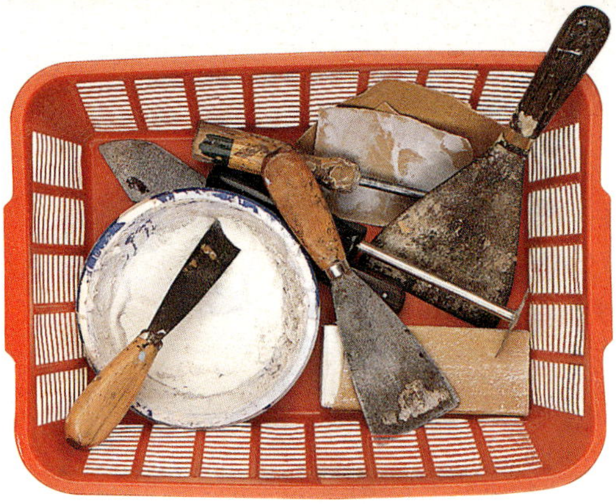

3

Une journée

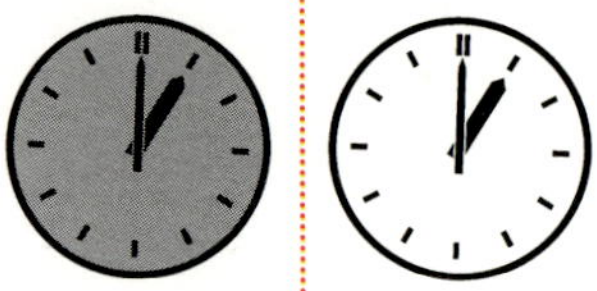

UNE JOURNÉE

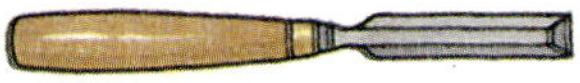
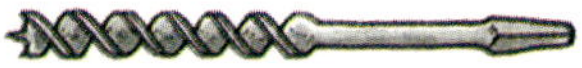
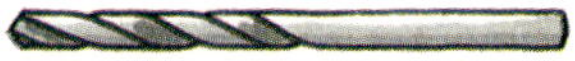
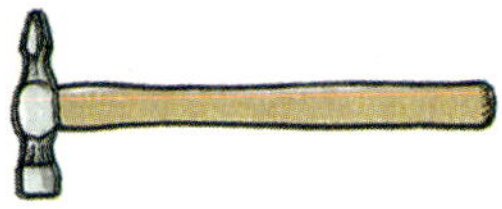

Outils indispensables

- Ciseau à bois
- Équerre
- Maillet
- Marteau
- Mèches
- Perceuse électrique
- Tournevis
- Trusquin

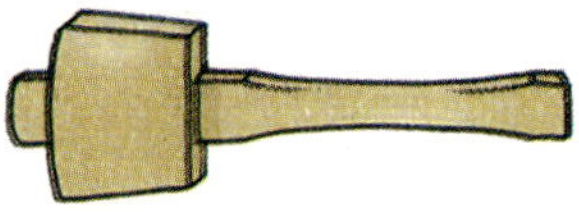
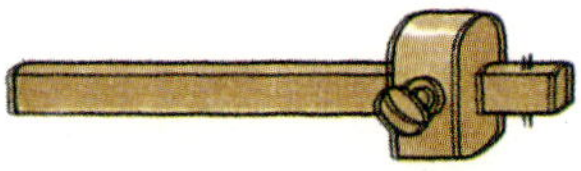
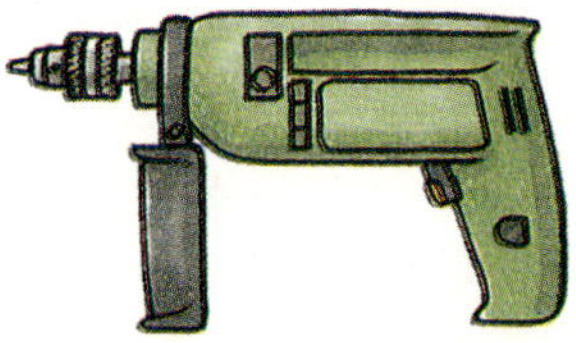
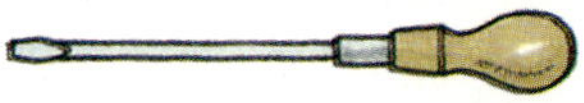
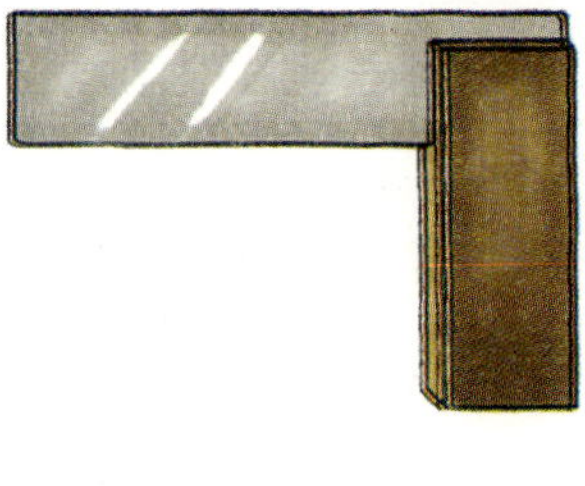

AMÉLIORER LA SÉCURITÉ DES FENÊTRES

Les fenêtres constituent souvent une voie d'accès pour les voleurs. Il est, par conséquent, préférable de prendre des précautions pour garantir leur inviolabilité, en particulier pour celles qui se trouvent au rez-de-chaussée. Il existe une large gamme de verrous pour tous les types de fenêtres, qu'elles soient en bois ou en métal ; certains modèles se déclenchent automatiquement lorsque l'on ferme la fenêtre. La pose est plus difficile sur les fenêtres métalliques, car vous devrez percer des trous filetés pour les vis.

CHOISIR UN VERROU

Choisissez un verrou adapté au type de la fenêtre. S'il s'agit d'une fenêtre classique, à deux vantaux s'ouvrant vers l'intérieur (dite « fenêtre à la française »), installez une crémone solide et renforcez-la éventuellement d'une serrure de crémone ou d'une poignée de sécurité pour crémone encastrée ; vous pouvez aussi poser des verrous individuels sur les vantaux (voir page 53). Dans le cas d'une fenêtre à un seul vantail, placez un verrou en applique ou un verrou de loquet. Enfin, pour une fenêtre à guillotine, le verrou se pose en général entre les deux châssis.

Utilisez des verrous de bonne qualité pour les fenêtres les plus vulnérables, et des modèles moins perfectionnés sur celles qui sont difficiles à atteindre.

Placez le verrou de manière à renforcer la fenêtre au maximum. Posez-le par exemple au milieu d'un montant ou d'une traverse, pour qu'il résiste mieux au forçage.

Les meilleures fermetures sont des serrures à clé. On peut acheter plusieurs serrures s'ouvrant avec la même clé, ce qui permet de n'utiliser qu'une seule clé pour toutes les fenêtres.

Pour toutes les pièces accessibles de l'extérieur, utilisez des vis indesserrables, présentant une tête lisse, sans empreinte, ou une tête n'admettant aucun outil au desserrage.

Systèmes de protection

Beaucoup de fenêtres métalliques coulissantes comportent un système de verrouillage très efficace, souvent une serrure à clé. Sur les fenêtres à la française, la crémone classique assure en général une fermeture efficace. Toutefois, la pose d'une serrure représente une sécurité et évite que les jeunes enfants ouvrent la fenêtre. Pour une fenêtre ancienne, vérifiez la solidité de la crémone et remplacez-la si nécessaire. Barres de sécurité pour volets et persiennes, entrebâilleurs de volets, grilles scellées sont également très efficaces.

Pose d'une serrure de crémone

S'il s'agit d'une fenêtre moderne à crémone encastrée, achetez une poignée de sécurité dotée d'une serrure à clé. Pour la poser, fixez-la à la place de la poignée existante et serrez les deux vis. Si la crémone est en applique, utilisez une serrure de crémone, boîte montée sur laquelle la poignée est remplacée par une clé. Elle se fixe à la place de la boîte existante, la pièce servant de gabarit pour le perçage.

Consolidation de la crémone

Sur les vieilles fenêtres, les vis qui maintiennent la crémone sont souvent rouillées. Une forte poussée effectuée de l'extérieur suffit alors pour ouvrir la fenêtre. Déposez les vis de la crémone qui maintiennent la boîte montée, les conduits, les chapiteaux et les gâches, en haut et en bas. Nettoyez les pièces et graissez l'intérieur de la boîte puis, remontez la crémone. Utilisez des vis plus grosses et un peu plus longues que les précédentes, afin qu'elles mordent dans le bois. Si la crémone est très abîmée, remplacez-la par une neuve. Au besoin, recoupez les tringles qui assurent la fermeture de la fenêtre en vous servant des anciennes comme gabarits.

Sécurité des volets

Les volets renforcent notablement la sécurité des ouvertures en interdisant l'accès au vitrage. Sur les fenêtres classiques, les volets encastrés à l'intérieur du tableau de la fenêtre et dont les charnières ne sont pas visibles, tels les volets et les persiennes métalliques pliants, sont les plus efficaces. Montés de cette manière, les volets battants traditionnels en bois deviennent indégondables. Avec leurs pentures en acier, ils sont également très solides montés en applique sur le mur extérieur s'ils sont fixés au moyen de vis indesserrables sur gonds scellés. Les volets pleins, avec écharpes de renforcement, offrent évidemment une meilleure sécurité que les persiennes. Les volets roulants, à lames en PVC ou en aluminium, sont également très efficaces et ont en outre l'avantage d'être commandés électriquement. Il est préférable de les intégrer au bâti de la fenêtre, la pose en applique étant peu esthétique (le caisson est alors très visible).

Pour renforcer la sécurité des volets ou des persiennes traditionnels en bois, utilisez des barres de sécurité. Il peut s'agir d'une simple barre en fer qui lie les deux vantaux. Toutefois, les barres les plus solides présentent six points d'ancrage : deux sur chaque vantail et deux, de part et d'autre, dans des gâches ménagées sur l'encadrement. Il existe des barres de même type pour les volets roulants.

Un entrebâilleur en métal, à une ou deux positions d'entrebâillement, vous permettra d'aérer une pièce tout en maintenant le volet fermé. Il se fixe comme une barre de sécurité.

Les grilles

Les fenêtres de cave et les petites fenêtres ouvrant sur un palier ou sur les toilettes, bien qu'étroites, permettent le passage d'un homme. La meilleure protection consiste à mettre en place une grille, qu'il vous faudra sceller dans l'encadrement (vous pouvez aussi utiliser des pattes à visser, à condition de les fixer au moyen de vis indesserrables). Il est parfois difficile de trouver une grille à la dimension d'une fenêtre ancienne, mais certains modèles proposés dans les grandes surfaces peuvent être recoupés. Il existe aussi des grilles adaptables à toutes les fenêtres : les barreaux, horizontaux, sont composés d'un tube rond qui passe à l'intérieur d'un tube carré et vient s'enfoncer sur une tige fixe.

FENÊTRE À UN SEUL VANTAIL

Il existe différents types de fermetures efficaces pour les fenêtres en bois à un seul vantail. Préférez celles que l'on ne peut ouvrir qu'au moyen d'une clé.

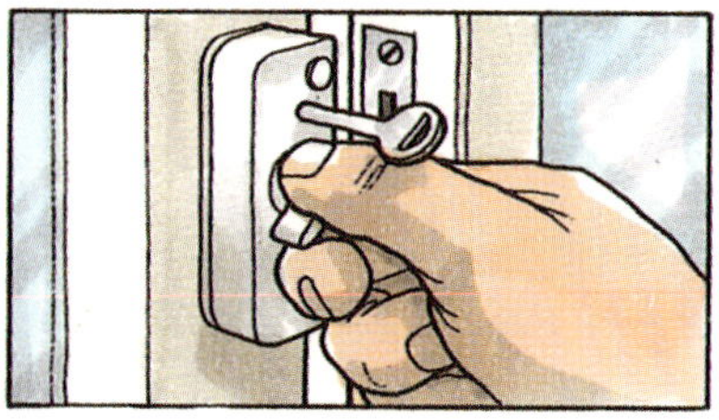

Verrou en applique

Fixez d'abord le corps du verrou sur le montant extérieur (battant mouton) de la fenêtre. La pièce elle-même sert de gabarit pour repérer la place des avant-trous, à percer à la pointe à ferrer ou à l'aide d'une mèche fine montée sur perceuse. Puis, repérez l'endroit où le pêne touche le montant dormant et entaillez le bois pour fixer la gâche. Il existe des modèles spécifiques pour fenêtres métalliques.

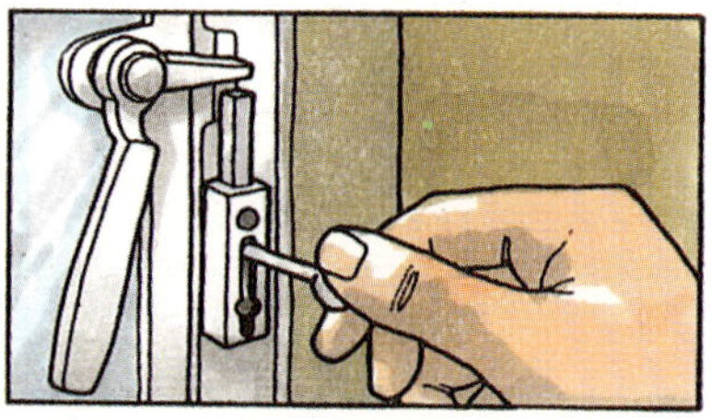

Verrouillage du loquet

Si la fenêtre comporte une simple fermeture pivotante, de type loquet, vous pouvez la bloquer au moyen d'un verrou fixé sur le montant du dormant, juste au-dessous de la mentonnière (simple plaque métallique vissée sur le montant). Le pêne du verrou, commandé par une clé, empêche le mouvement du loquet. Pour plus de sécurité, vous pouvez aussi remplacer ce type de loquet par une crémone dont les tringles pénètrent dans des gâches fixées sur les traverses hautes et basses du dormant.

FERMETURE D'UNE FENÊTRE À SOUFFLET

Les fenêtres à soufflet équipent souvent les sous-sol et les caves ; elles sont constituées d'un châssis disposé en largeur qui s'ouvre en s'abattant. La fermeture la plus simple se visse au-dessous du bras de levier, où elle est bloquée par le pêne d'un verrou qui passe dans un trou de ce levier. Certains bras de levier sont eux-mêmes munis d'un dispositif de verrouillage.

Remarquez toutefois que les verrous pour fenêtre à soufflet, avec gâche vissée sur le bâti, offrent une meilleure sécurité.

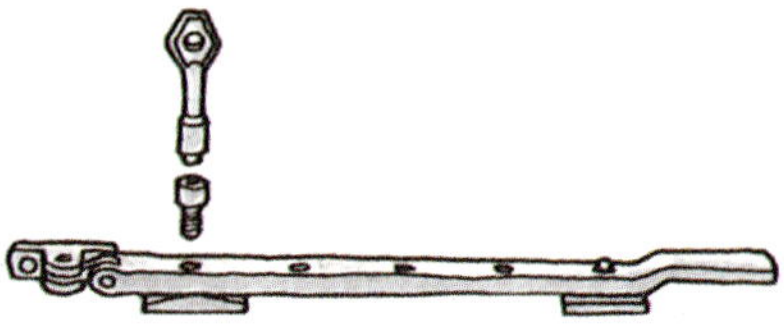

Ce type de verrou bloque le bras de levier sur le bâti dormant.

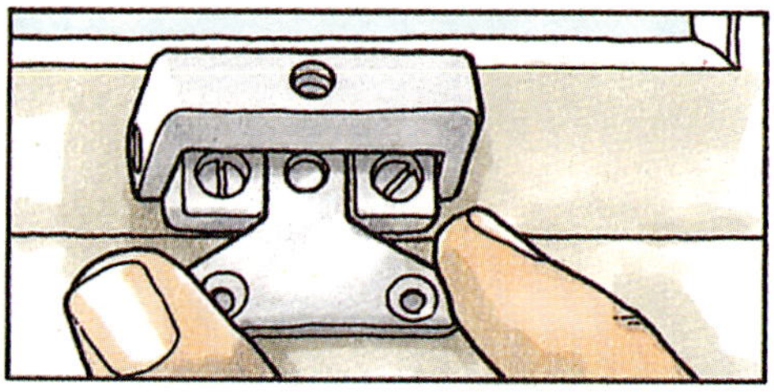

Fixez d'abord le verrou lui-même, puis vissez la gâche.

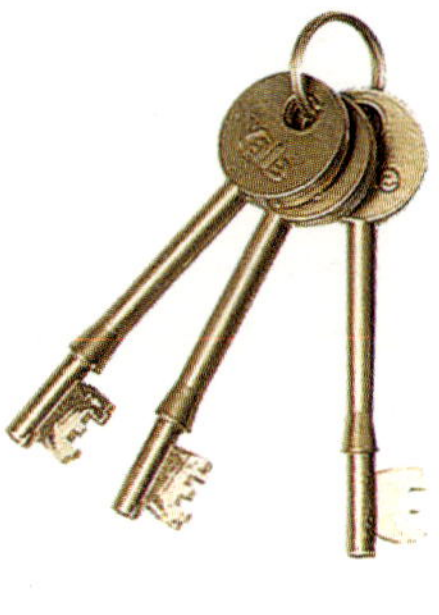

VERROUILLAGE DES FENÊTRES À LA FRANÇAISE

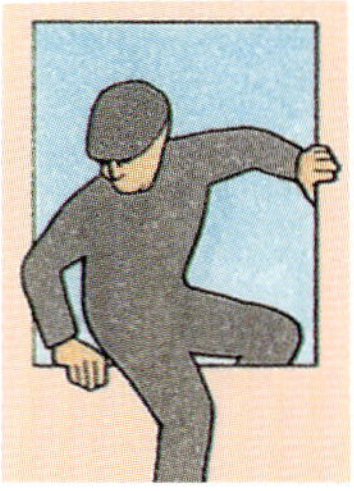

Le verrouillage des vantaux permet d'empêcher un cambrioleur ayant brisé un carreau pour atteindre la poignée d'ouvrir la fenêtre. Ce système de fermeture est d'ailleurs parfaitement adapté pour les portes-fenêtres.

S'il s'agit d'une fenêtre à un seul vantail, utilisez deux verrous cylindriques encastrables, l'un en haut et l'autre en bas.

Pour les fenêtres classiques, à deux vantaux, chacun d'entre eux doit être maintenu par deux verrous, l'un sur la traverse haute et l'autre sur la traverse basse. Il est préférable de démonter le vantail pour encastrer les verrous.

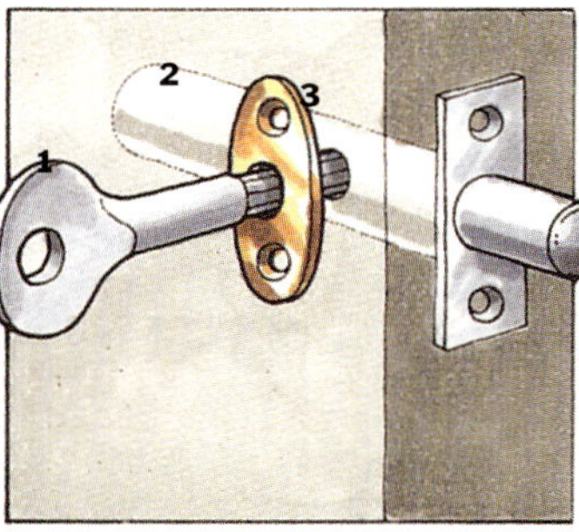

Verrou de fenêtre
1 Clé
2 Cylindre
3 Entrée de clé
4 Plaque de gâche

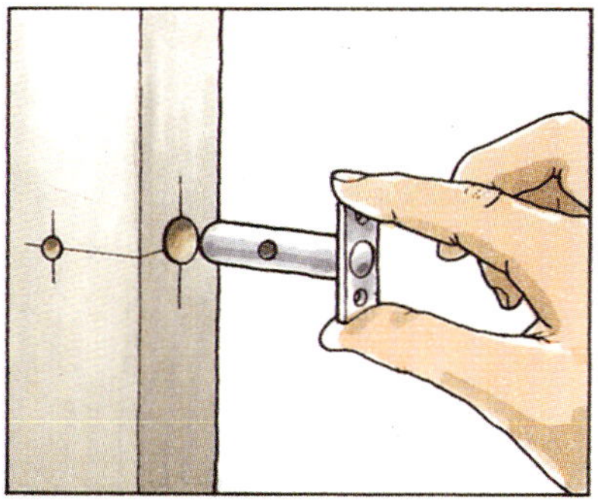

1 Percez un trou de même diamètre que le cylindre du verrou dans le chant de la traverse du vantail. À l'aide d'une équerre, repérez, sur le parement de la traverse, l'endroit correspondant au trou pour la clé. Percez avec une mèche à bois, puis encastrez le verrou.

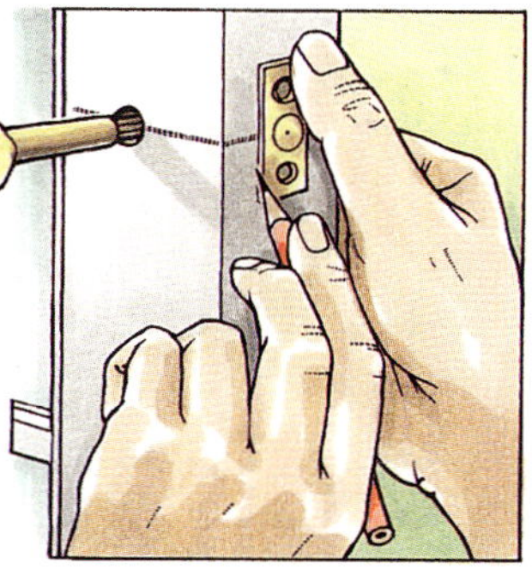

2 Enfoncez la clé pour maintenir le verrou en place et effectuez le tracé pour la plaque têtière. Entaillez à l'aide d'un ciseau à bois, puis vissez la plaque têtière (elle maintiendra le verrou). Actionnez le pêne pour repérer l'endroit où il touche le montant, et percez à ce niveau, assez profondément pour que le pêne pénètre entièrement. Fixez ensuite la plaque de gâche.

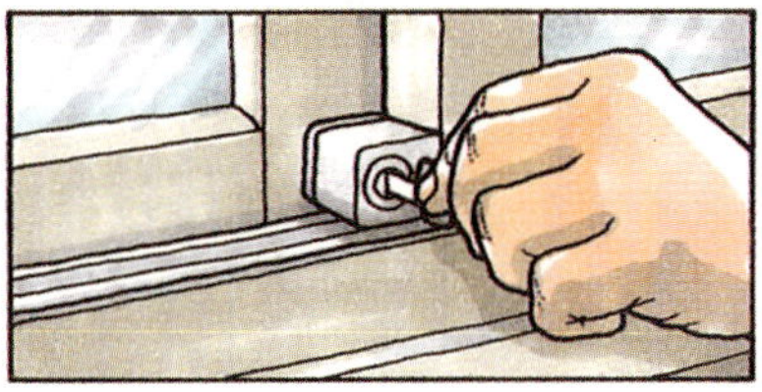

TOUR DE MAIN

Fermeture des fenêtres coulissantes

Les fenêtres coulissantes ne sont pas toujours équipées d'un système de verrouillage à clé. Dans ce cas, il est préférable d'acheter deux verrous – un pour le haut et un pour le bas –, qui empêcheront le mouvement des châssis. Ils sont très faciles à fixer.

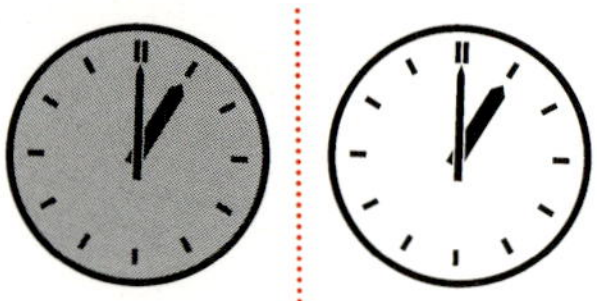

UNE JOURNÉE

POSER DU PAPIER PEINT AU PLAFOND

Malgré les apparences, il n'est pas très difficile de tapisser un plafond. Pour l'essentiel, la technique est la même que pour les murs. Toutefois, le lé de papier est plus long, et il faut le soutenir en hauteur au cours de la pose. Il est préférable de disposer d'un petit échafaudage, mais il est possible de s'en tirer avec un simple escabeau. Si possible, travaillez avec une autre personne, qui tiendra le papier plié pendant que vous collerez l'extrémité du lé. Pour un meilleur résultat, effectuez un tracé préalable.

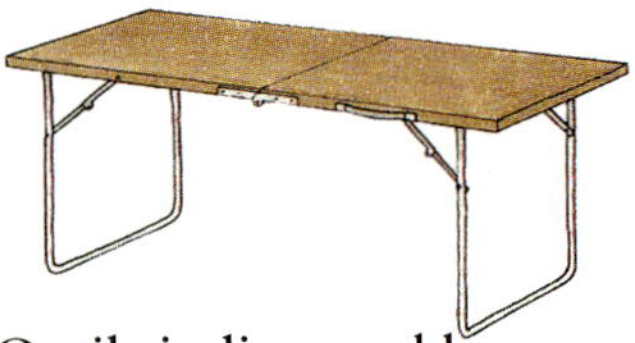

Outils indispensables
- Brosse à encoller
- Brosse à maroufler
- Ciseaux
- Cutter
- Mètre-ruban
- Roulette à joints
- Table de tapissier

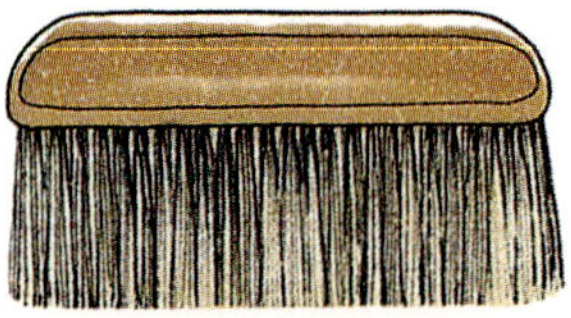

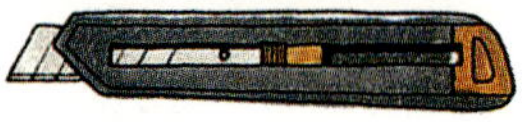

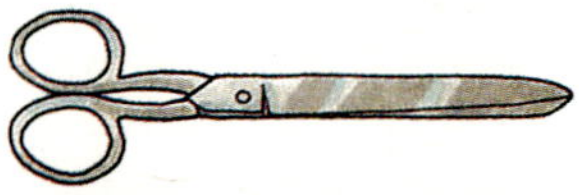

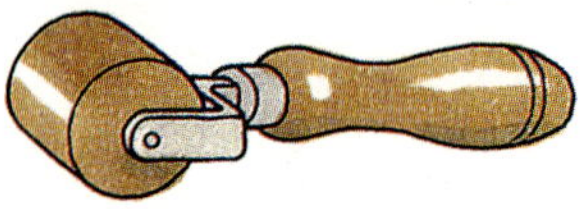

Voir également :
Encollage du papier, page 107

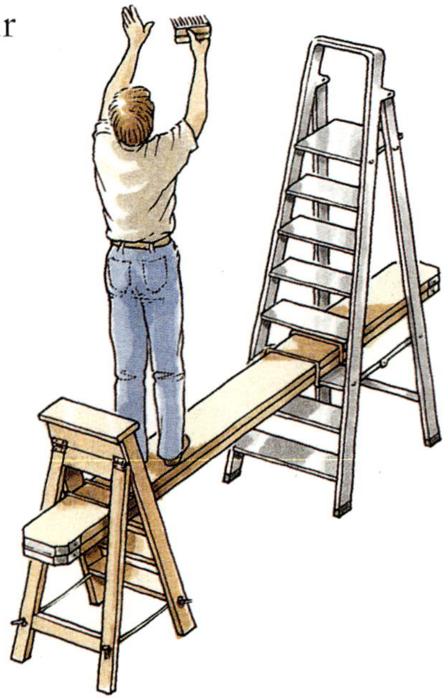

Tracé au plafond

Montez une plate-forme presque aussi longue que la pièce en plaçant des planches longues et solides sur des tréteaux. Ce dispositif vous permettra de travailler plus commodément. Vous pouvez aussi installer une planche entre deux escabeaux (ci-dessus).

Tracez au plafond des lignes parallèles, espacées de la largeur du papier. Théoriquement, les lés doivent être disposés perpendiculairement à la fenêtre, de manière que les joints ne soient pas soulignés par la lumière. La réalité est souvent autre : la pose s'effectue souvent dans le sens de la largeur de la pièce, car des lés plus courts sont plus faciles à manipuler et à coller.

Tracez la première ligne à la craie à une distance du mur égale à la largeur du lé moins 2 cm, de manière que le papier déborde légèrement sur le mur.

Pose du papier

Encollez le lé de papier, que vous aurez préalablement coupé à la dimension du plafond plus une marge de quelques centimètres, et pliez-le en accordéon. Placez-le sur un support, par exemple un balai protégé par du carton, pour que votre “assistant” puisse le présenter dans les meilleures conditions.

Collez l’extrémité du papier sur le plafond, en la laissant déborder de quelques centimètres sur le mur, et alignez le lé sur la ligne préalablement tracée. Appliquez soigneusement (marouflez) du centre vers les bords pour chasser les bulles d’air. Marquez l’angle du mur en poussant avec la brosse. Continuez la pose en dépliant et en marouflant le papier, tandis que votre aide progresse avec le balai.

Passez au lé suivant. Collez-le contre le premier, à joint vif (bord à bord). Passez la roulette sur le joint, sans trop appuyer pour ne pas chasser la colle. Si nécessaire, effectuez une coupe en longueur pour le dernier lé, arasez dans les angles des murs.

Tapissage du plafond
Travailler à deux simplifie la tâche.

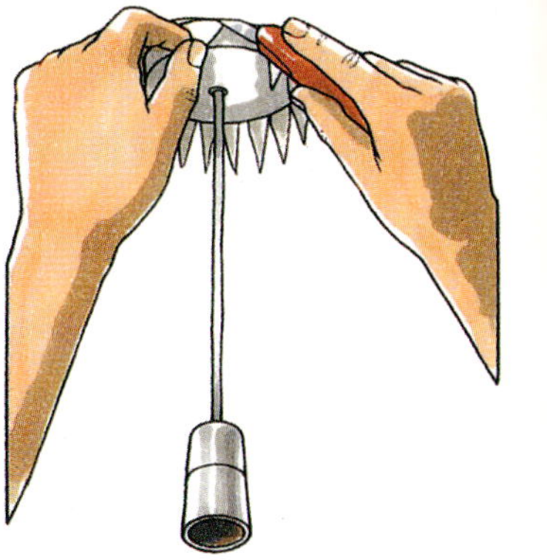

Coupe autour d’un socle de luminaire

Effectuez une coupe en croix dans le papier pour passer le luminaire ; s’il est trop gros, il vous faudra le démonter. Marouflez le papier autour du socle et achevez de coller le lé. Effectuez des coupes en V autour du socle, marouflez et arasez au cutter.

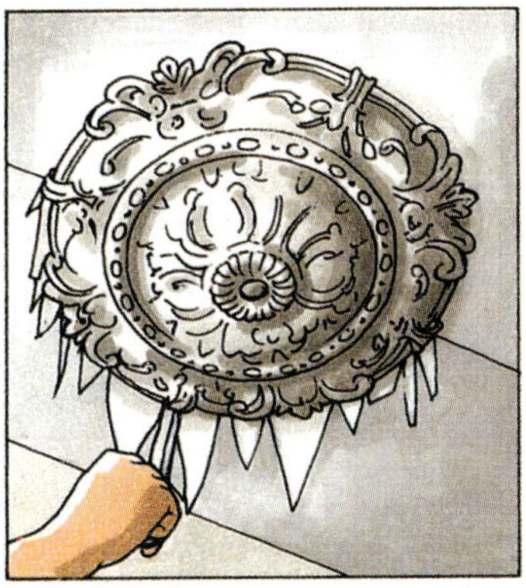

Découpe autour d’une rosace

Disposez les lés de papier de manière qu’un joint passe au milieu de la rosace. Au moment de la pose, ouvrez quelques entailles au cutter afin de coller le papier sans être dérangé par la rosace. Après avoir collé le lé, revenez à celle-ci. Effectuez des découpes en V, marouflez et arasez.

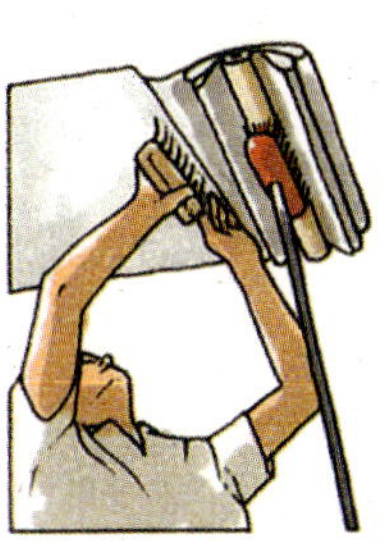

Support du lé de papier
Utilisez un balai dont la brosse est protégée par du carton ou clouez un tasseau en T à l’extrémité d’un long manche.

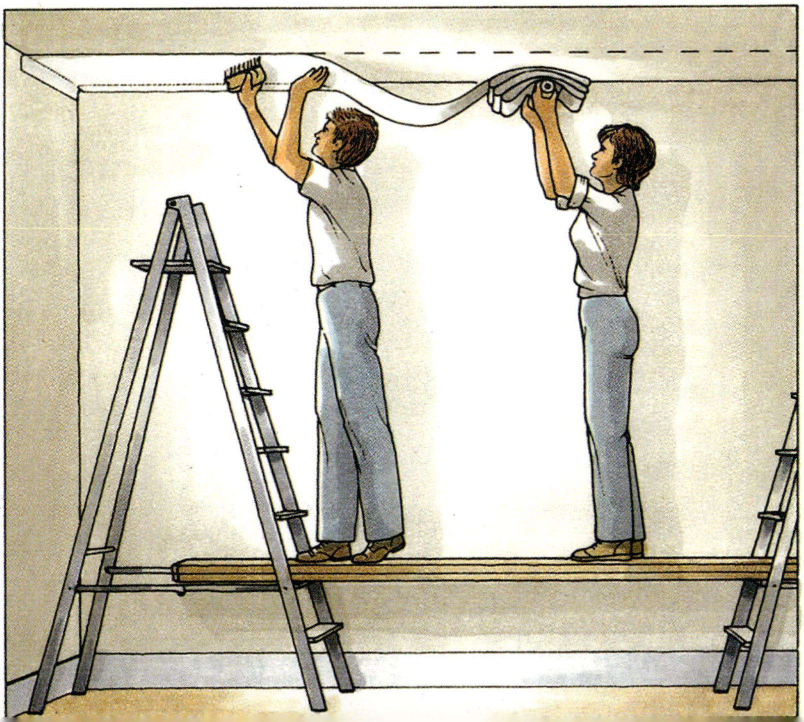

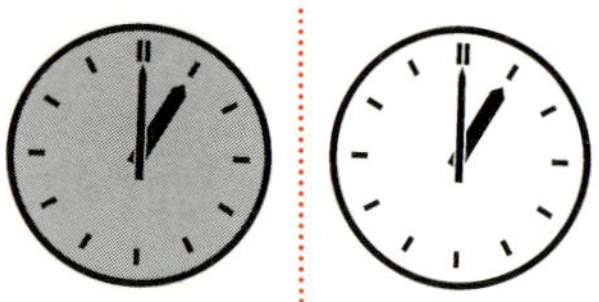

Une journée

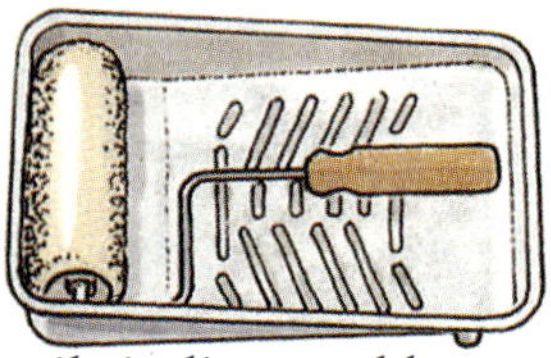

Outils indispensables

Pinceaux

Rouleau (tampon) à peindre

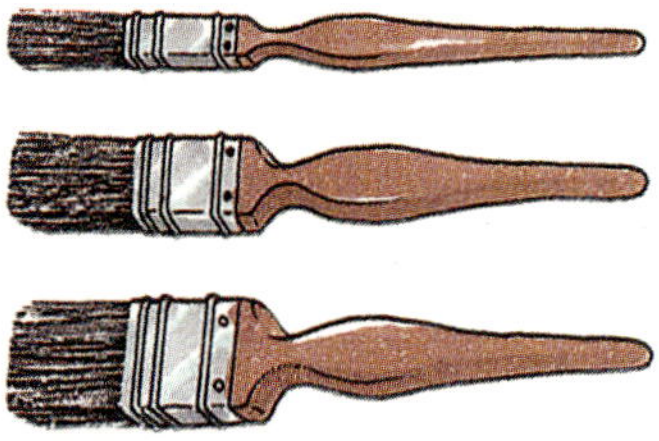

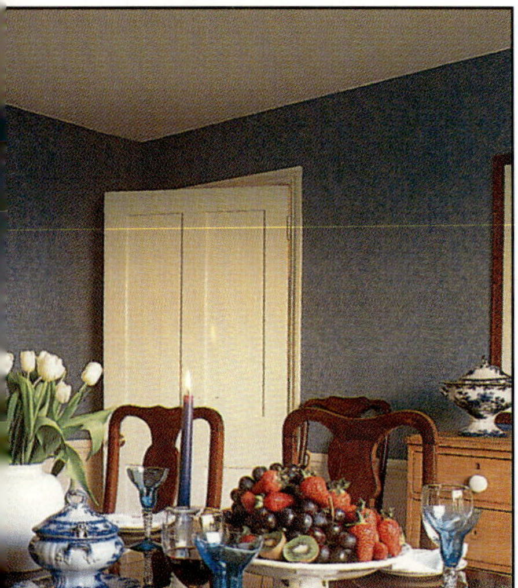

Un plafond peint dans des tons clairs donne une impression d'espace (ci-dessus). Une couleur sombre confère un aspect plus luxueux (à droite), rehaussé par la corniche peinte en blanc.

Voir également :
Peindre la salle de séjour, page 92
Poser du papier peint au plafond, page 54

Peindre un plafond

Même les meilleurs peintres laissent toujours tomber quelques gouttes de peinture. C'est pourquoi il faut toujours peindre le plafond avant les murs et protéger soigneusement le sol avec des bâches de plastique. Vous travaillerez plus commodément en utilisant un échafaudage, tel que celui décrit aux pages précédentes pour la pose de papier au plafond. Vous obtiendrez une plus belle finition si vous peignez sur un papier d'apprêt soigneusement collé.

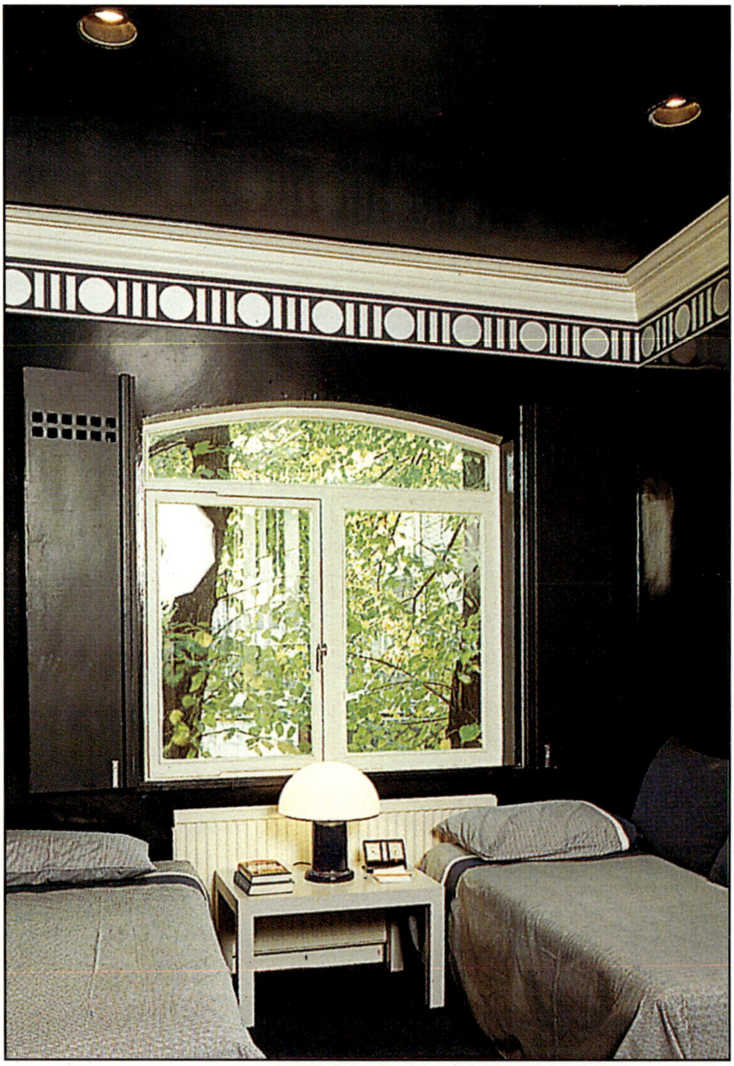

PRÉPARATION ET PEINTURE

Lessivez le plafond, puis laissez-le sécher. Si son revêtement est un peu poudreux ou farinant, appliquez un fixateur universel incolore. En cas de taches, vous pouvez appliquer d'abord une sous-couche. Utilisez une peinture monocouche, qui ne coule pas et masque les microfissures.

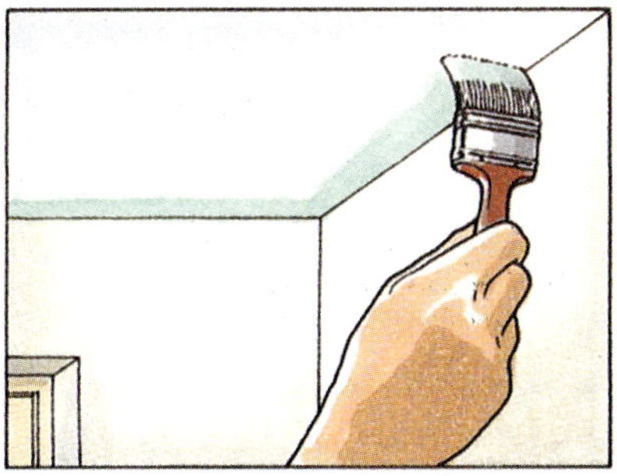

1 Commencez dans l'angle de la pièce qui se trouve près de la fenêtre. Au pinceau, appliquez de la peinture sur une bande de 5 à 10 cm de largeur. Débordez de plusieurs centimètres sur le mur si celui-ci doit être tapissé de papier peint.

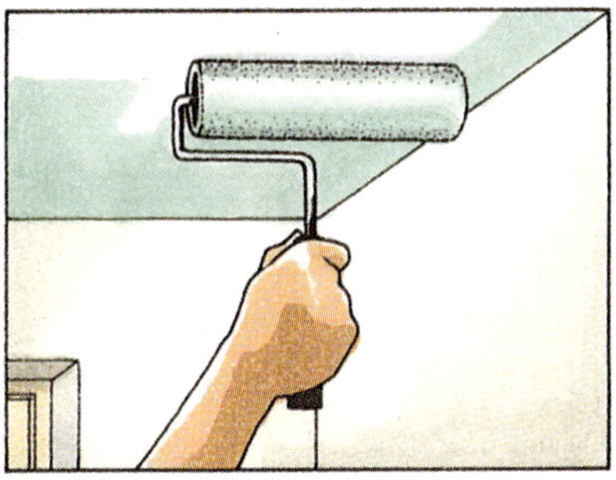

2 Peignez le plafond au rouleau ou au tampon, par bandes successives de 60 cm de largeur environ, perpendiculairement au panneau de la fenêtre. Lissez bien pour que les raccords entre les bandes ne soient pas visibles.

Si vous utilisez une peinture ordinaire, vous devrez en général passer une seconde couche.

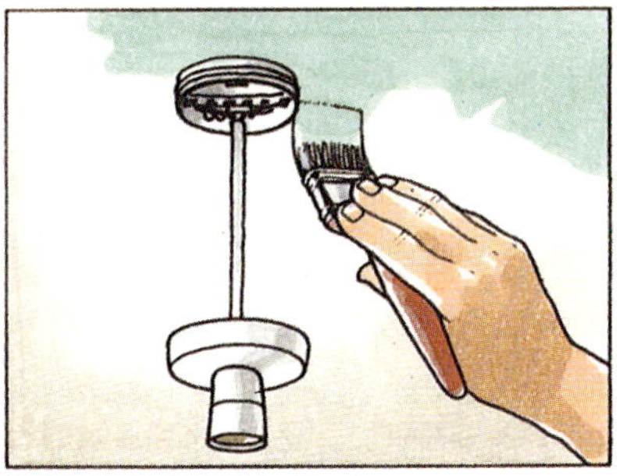

3 Coupez le courant au tableau d'abonné et dévissez le socle du luminaire afin de peindre sans difficulté. Si le démontage est trop difficile, protégez le socle avec du ruban de masquage et peignez autour à l'aide d'un petit pinceau.

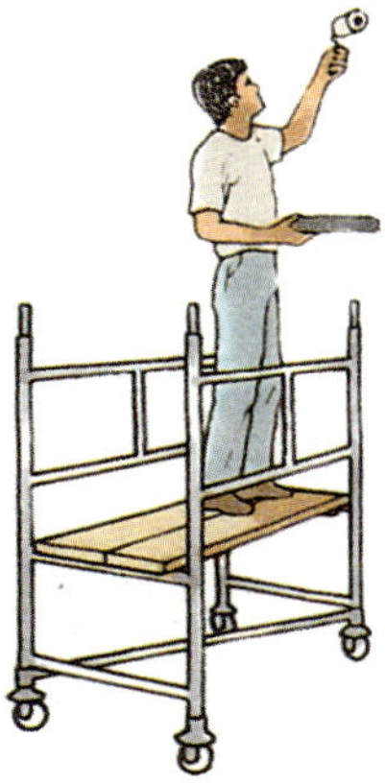

TOUR DE MAIN

Peindre en hauteur

Pour peindre de grandes surfaces, louez un petit échafaudage : il vous fera gagner un temps précieux (un modèle monté sur roulettes se déplace plus rapidement). Un échafaudage solide est indispensable pour peindre le plafond d'une cage d'escalier en toute sécurité. Vous pouvez éviter tout risque en utilisant un manche télescopique, à l'extrémité duquel vous fixerez le pinceau ou le rouleau.

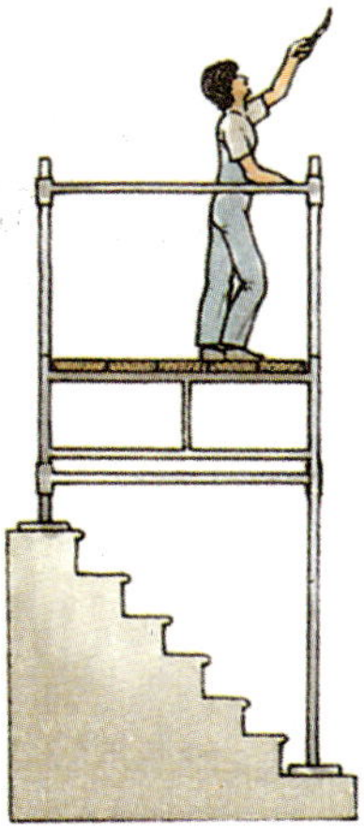

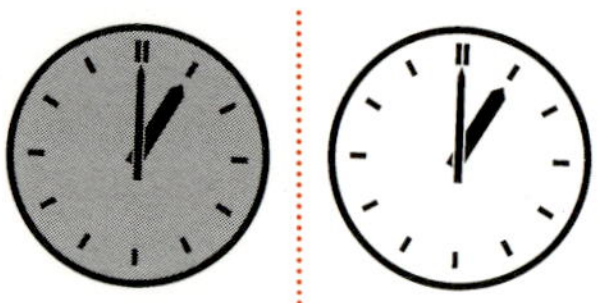

UNE JOURNÉE

RÉNOVER UN ESCALIER QUI GRINCE

Il n'est rien de plus agaçant qu'une marche qui grince. Pour remédier au vieillissement des assemblages à l'origine de ce problème, il faut consolider l'escalier par l'intérieur. Cependant, si votre escalier est garni de plâtre en sous-face, vous devez intervenir directement sur les marches.

Profitez de cette occasion pour vérifier aussi les lames du plancher de palier.

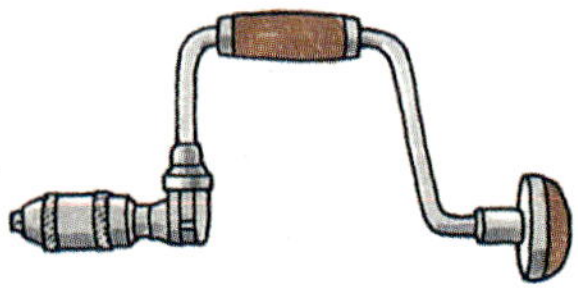

Outils indispensables

- Chasse-clou
- Ciseau à bois
- Cutter
- Fraise à bois
- Maillet
- Marteau
- Mèche à bois
- Perceuse électrique
- Scie égoïne
- Tournevis

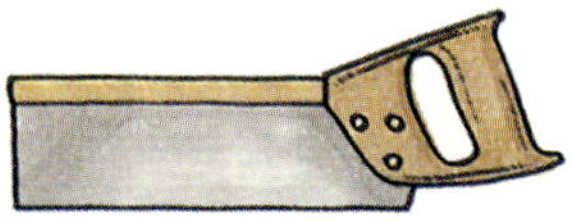

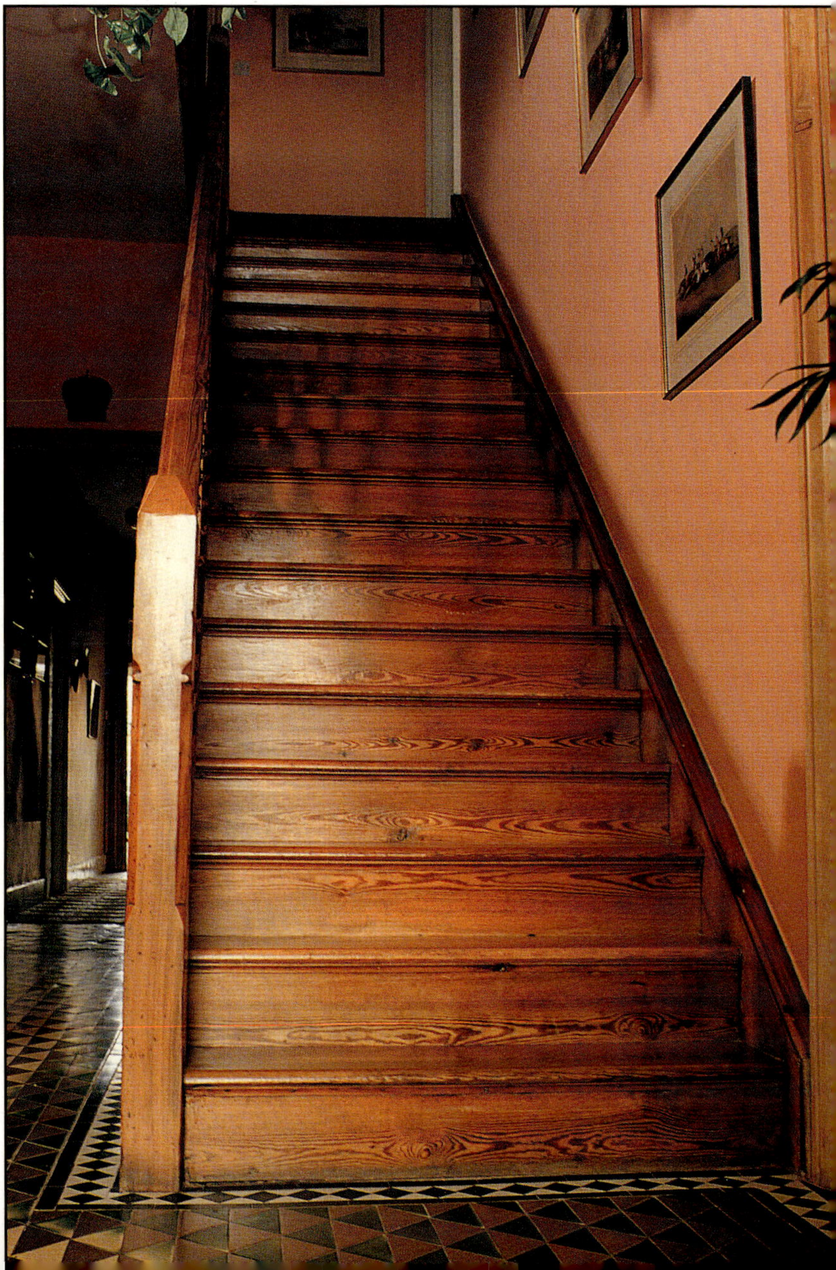

Un bel escalier en bois réclame un minimum d'attention et d'entretien. Traitez tous les problèmes, tels que grincement et affaissement avant la pose du tapis.

CONSOLIDER L'ESCALIER PAR L'INTÉRIEUR

Placez-vous sous l'escalier, et demandez à une autre personne de gravir lentement l'escalier en comptant les marches à haute voix. Marquez à la craie celles qui grincent et qui craquent. Demandez à votre aide de se déplacer sur ces marches afin de repérer le ou les endroits nécessitant une intervention.

Consolider les assemblages

Si l'extrémité d'une marche ou d'une contre-marche (partie verticale) est en partie sortie de son logement, vérifiez les coins de serrage qui bloquent l'assemblage.

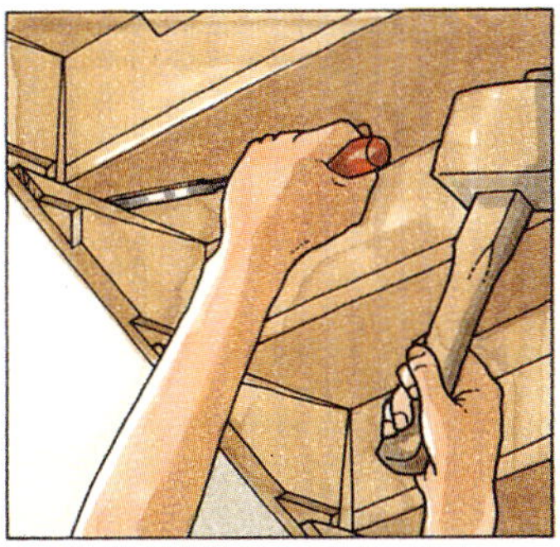

1 Extrayez le coin à l'aide d'un ciseau à bois. Nettoyez-le au papier de verre ; remplacez-le par un neuf s'il est endommagé.

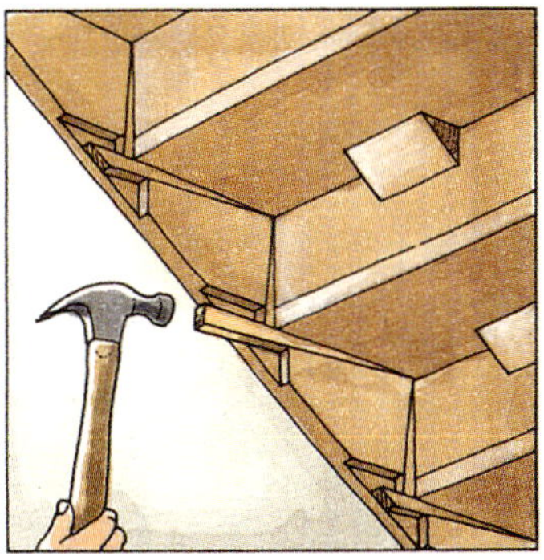

2 Appliquez de la colle à bois dans l'assemblage et remettez le coin en place avec un marteau.

Remplacer les équerres

Vérifiez l'état des équerres de renforcement qui se trouvent dans l'angle des marches et des contre-marches. Si elles sont en partie décollées, déposez-les pour éliminer la vieille colle.

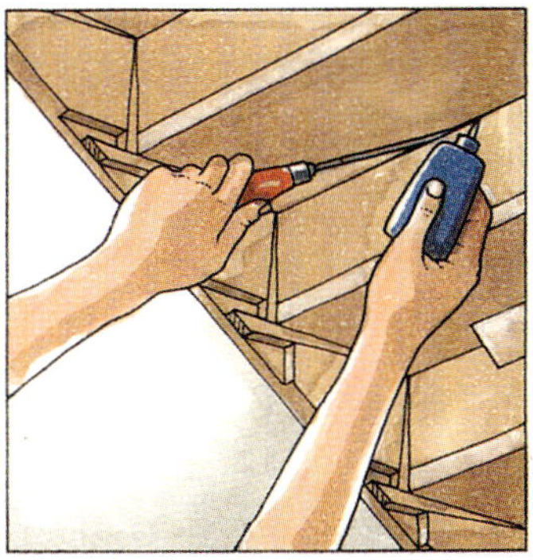

1 Ouvrez l'assemblage en faisant levier avec un ciseau, et injectez un peu de colle. Serrez ensuite l'assemblage à l'aide de vis à tête fraisée de 40 mm.

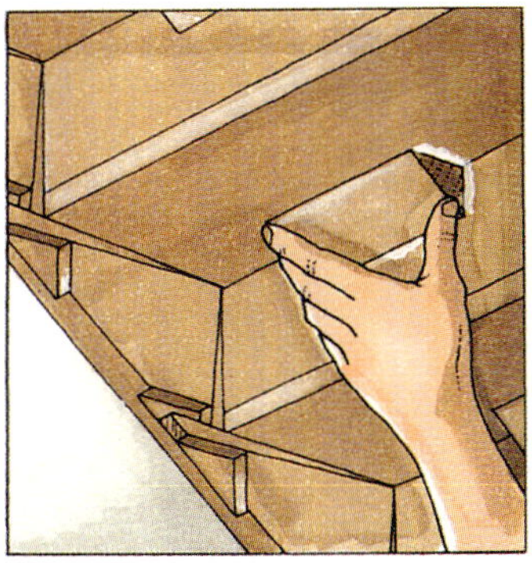

2 Placez l'équerre encollée dans l'angle. Il est en général nécessaire d'enfoncer des clous tête homme pour maintenir l'équerre en place en attendant que la colle sèche (évitez de marcher sur la marche concernée pendant le séchage). Si des équerres manquent, découpez-en de nouvelles dans un tasseau de bois de 50 x 50 mm.

CONSOLIDER L'ESCALIER PAR L'EXTÉRIEUR

Retirez le tapis s'il y a lieu, puis montez et descendez lentement l'escalier. Déplacez-vous sur toute la largeur de chaque marche qui grince ou qui craque et notez à la craie les parties concernées.

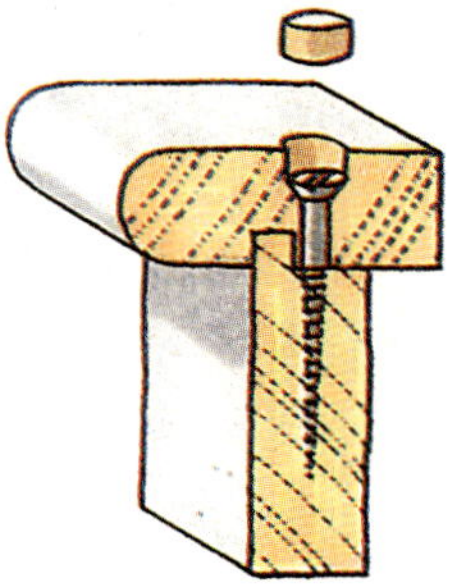

Visser le nez de l'escalier

L'assemblage de la marche et de la contre-marche se fait généralement par l'encastrage d'une languette dans une rainure. Parfois, les deux éléments sont simplement posés l'un sur l'autre (assemblage à plat joint), avec renfort de moulure quart-de-rond. Pour consolider cet assemblage, la meilleure solution est de percer des avant-trous pour des vis à bois de 40 mm, dans l'axe de la contre-marche. Fraisez l'entrée, puis injectez de la colle dans les trous. Faites travailler l'assemblage pour que la colle pénètre, avant de serrer les vis. Au besoin, cachez les têtes des vis grâce à des petits cylindres de bois de même couleur que l'escalier, collés en place.

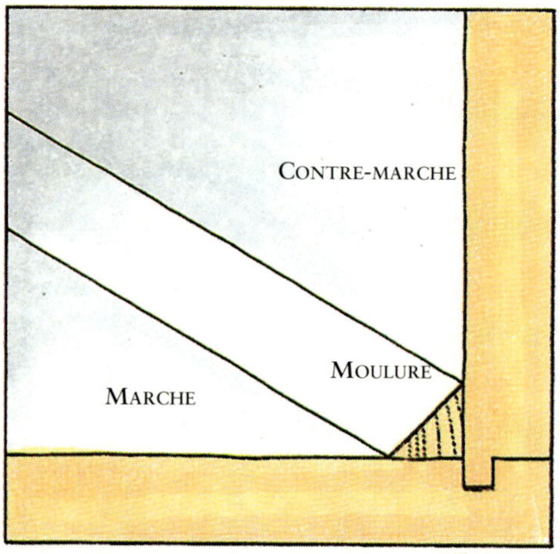

Collage d'un renfort en fond de marche

Coller un assemblage desserré

Il est difficile de consolider par l'extérieur les assemblages de fond des marches. On peut y injecter de la colle à bois très liquide, mais il n'est pas possible de visser pour resserrer l'assemblage.

La seule solution consiste donc à renforcer l'assemblage à l'aide d'une moulure triangulaire de 15 mm de section, collée et éventuellement vissée dans l'angle de la marche et de la contre-marche. Prenez garde toutefois à ne pas réduire la profondeur de la marche à moins de 22 cm, ce qui rendrait l'escalier dangereux. Éventuellement, coupez la moulure à la largeur du tapis de l'escalier.

Si l'escalier n'a ni tapis ni moquette, collez une moulure sur chaque marche, en lui appliquant une teinture adaptée.

TOUR DE MAIN

Votre parquet grince

Le travail du bois et le vieillissement du bâtiment font jouer tous les assemblages. Les lames de parquet se mettent alors à grincer, en frottant contre leurs propres clous ou contre les lames voisines.

Tâchez d'abord de repérer les clous qui maintiennent les lames sur les lambourdes, enfoncés dans les rainures. Enfoncez-les davantage en vous aidant d'un chasse-clou pour qu'ils tiennent mieux. Au besoin, enfoncez de nouveaux clous tête homme après avoir repéré la place des lambourdes.

Si cette opération est insuffisante, utilisez des vis fines. Enfoncez-les dans les rainures si celles-ci sont assez larges. Dans le cas contraire, enfoncez-les dans la lame elle-même après fraisage de l'avant-trou, et dissimulez les têtes avec de la pâte à bois.

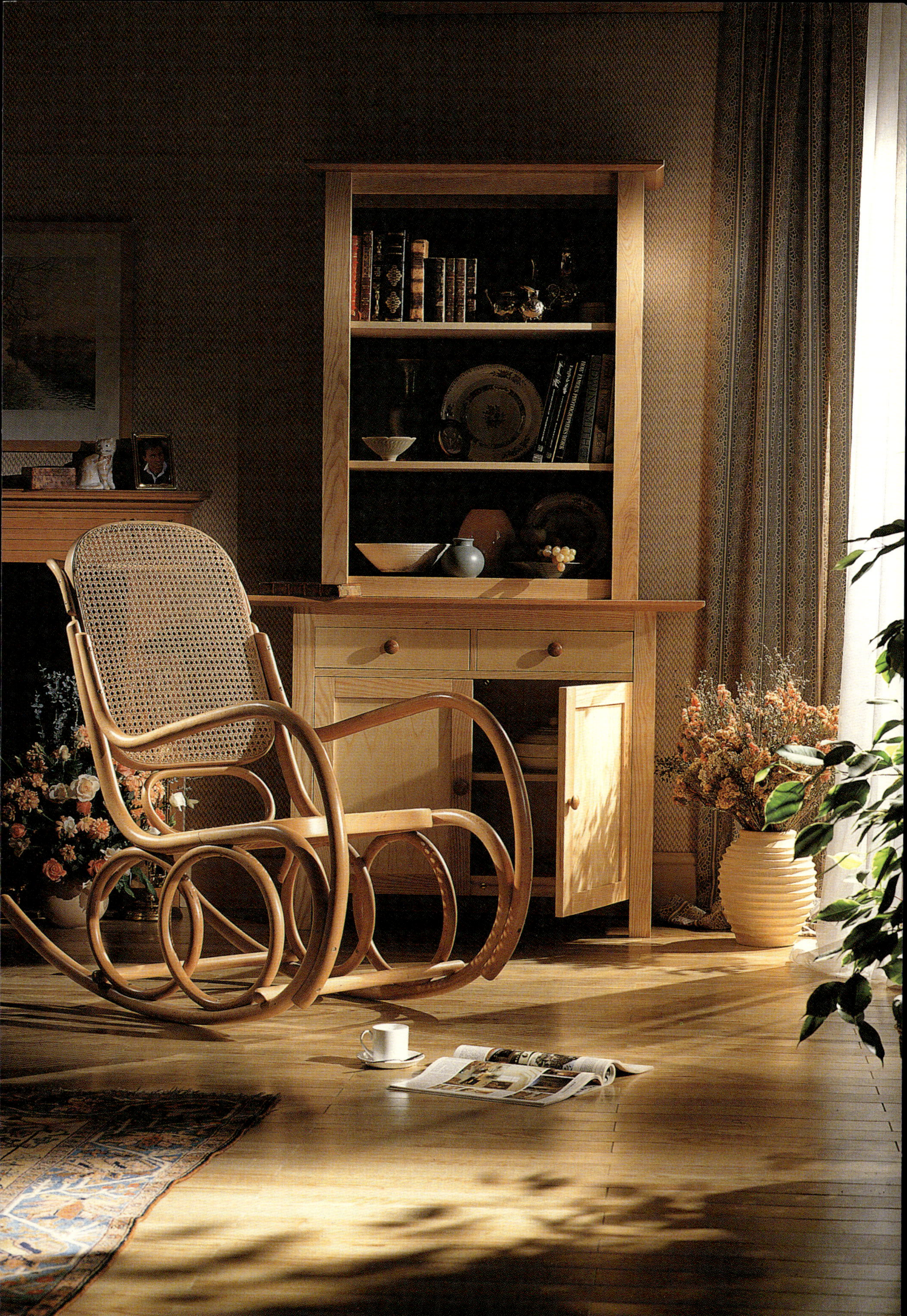

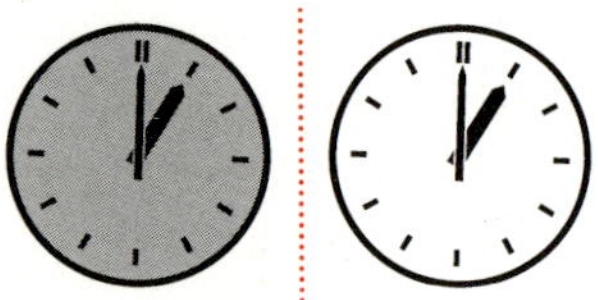

Une journée

Isoler les portes

Les interstices au niveau des portes causent des pertes de chaleur parfois importantes et des courants d'air très désagréables. Pour y remédier, le calfeutrage, c'est-à-dire le colmatage de ces fuites thermiques, est facile à réaliser et assez économique. Localisez les interstices en passant la paume de la main – légèrement humidifiée, pour mieux sentir le froid – tout autour de la porte.

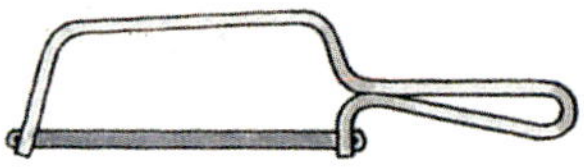

Outils indispensables

- Ciseaux
- Marteau
- Mèches à bois
- Perceuse électrique
- Scie à métaux
- Tournevis

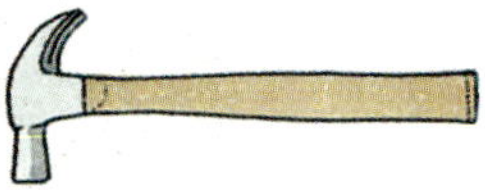

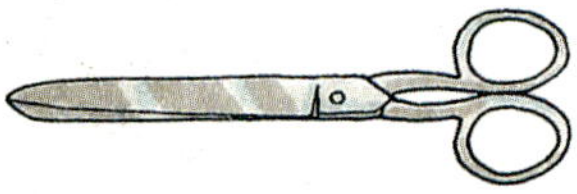

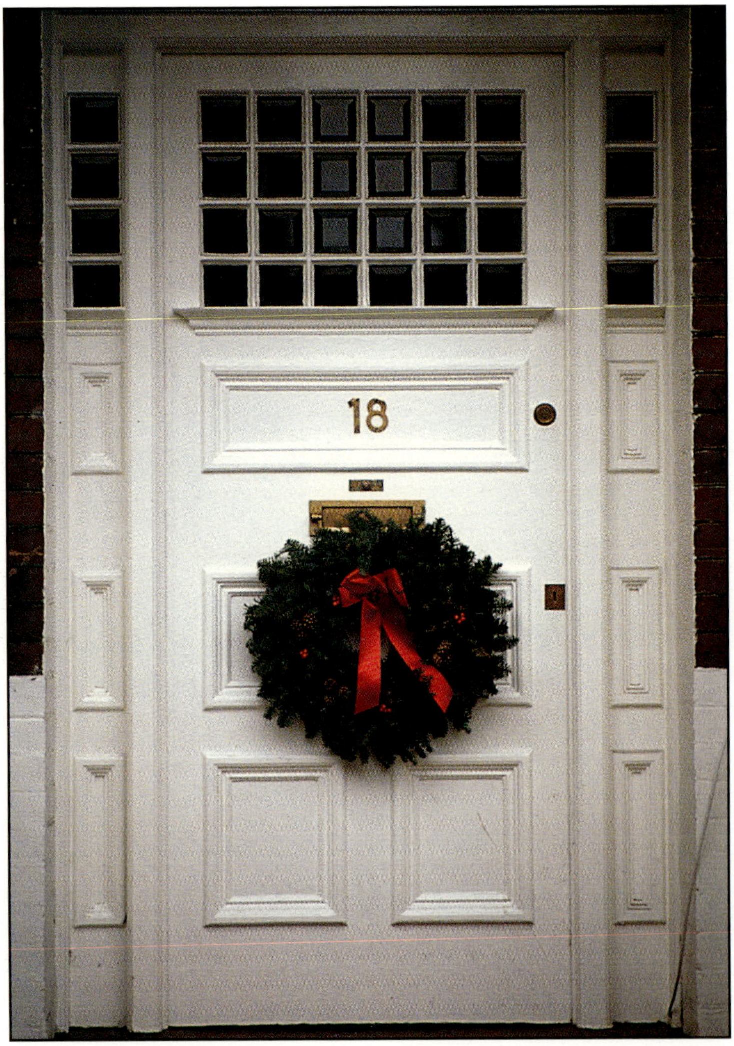

Le calfeutrage concerne essentiellement les portes donnant sur l'extérieur. Cependant, il peut être nécessaire de calfeutrer des portes intérieures donnant sur des locaux non chauffés (sous-sol ou grenier).

COLMATER LES FUITES SOUS UNE PORTE

L'espace entre le sol et la porte est souvent très important, surtout dans les bâtiments anciens. C'est donc par là que vous devez commencer l'isolation pour éliminer les courants d'air et les pertes de calories. Achetez une plinthe isolante de même largeur ou légèrement plus large que la porte, et recoupez-la.

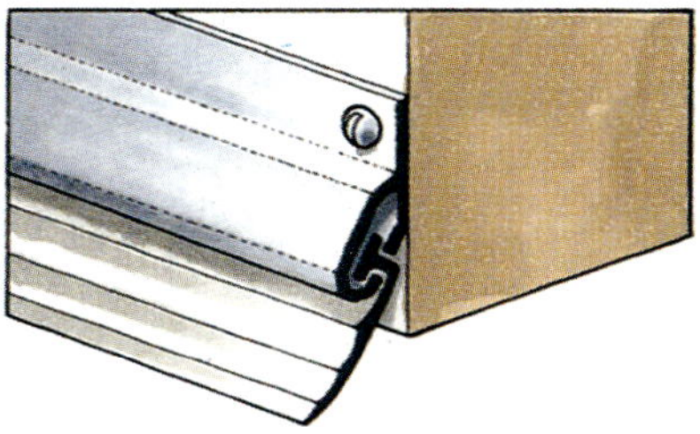

Bas de porte souples

Les plinthes isolantes les plus simples et les moins chères sont de simples boudins de tissu ou d'élastomère qui forment un joint isolant entre la porte et le sol. Certains modèles sont autocollants et se fixent d'une simple pression. D'autres sont montés sur une lame de profilé PVC (polychlorure de vinyle), elle aussi autocollante. Vous trouverez également des bourrelets de feutre gainé à clouer ou à agrafer. Ces bas de porte sont en général assez peu durables.

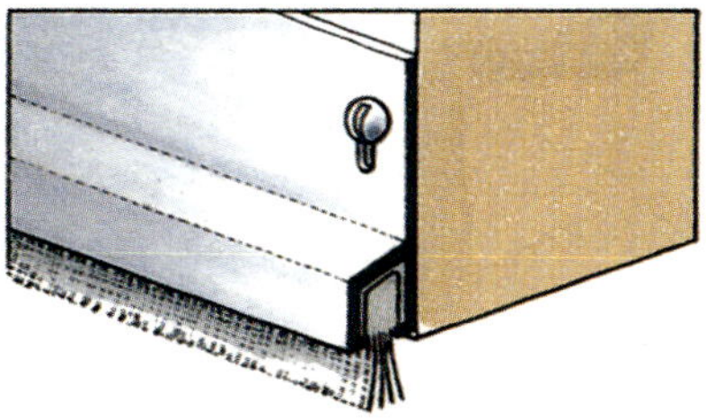

Plinthes à brosse

Ce type de plinthe, dotée d'une brosse dense en matière synthétique, présente des hauteurs variables selon les modèles. Elles sont particulièrement adaptées aux sols irréguliers. La monture se fixe en général par vissage sur la porte.

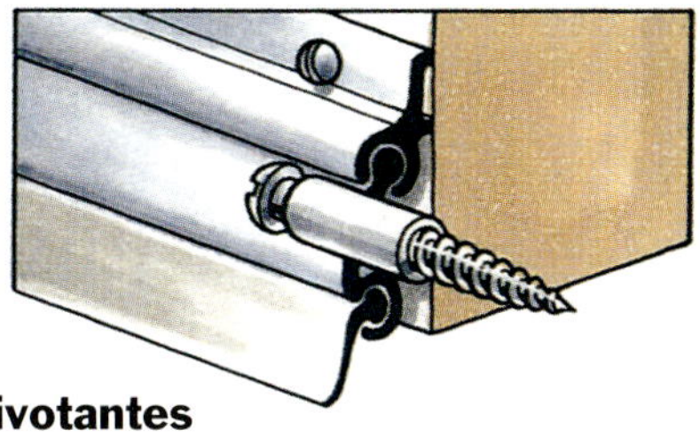

Plinthes pivotantes

Sur les plinthes pivotantes, l'isolation est assurée soit par un joint élastomère, soit par une brosse ; l'armature métallique est dotée d'un système à ressort qui la relève lorsque la porte s'ouvre. Ces plinthes peuvent s'installer sur les portes extérieures ou intérieures. Elles conviennent pour tous les types de sol et de revêtement, y compris la moquette.

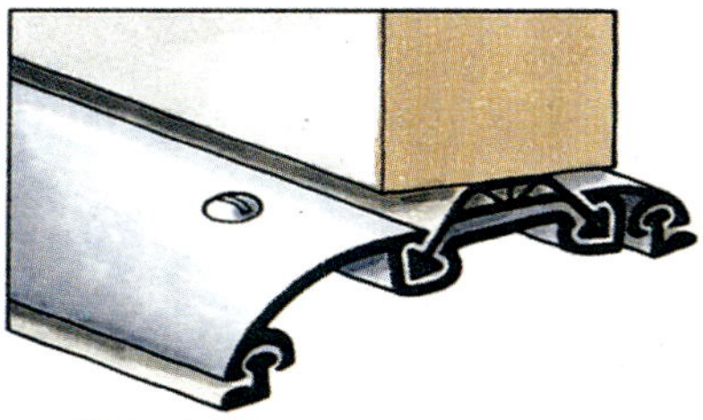

Barres de seuil isolantes

Composées d'un profilé en aluminium et d'un joint en vinyle, ces barres se fixent sur le sol. Le joint est pressé contre le chant inférieure de la porte lorsque celle-ci est fermée, ce qui assure une bonne isolation. Il existe des modèles pour intérieur et pour extérieur – ces derniers comportent un butoir métallique qui empêche l'eau (de pluie, par exemple) de pénétrer et assure ainsi l'étanchéité.

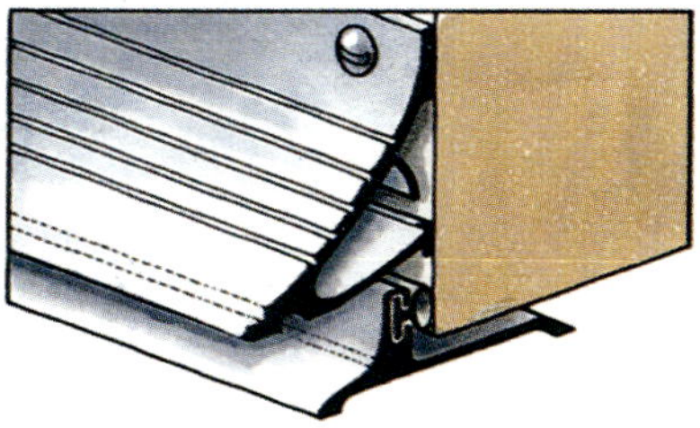

Plinthes automatiques

Prêtes à poser, ces plinthes se présentent sous la forme d'un boîtier métallique (souvent avec finition « bois »). Un joint isolant s'abaisse quand on ferme la porte. Ces modèles sont profilés de manière à assurer également l'étanchéité de votre porte.

POSER UN JOINT AUTOUR D'UNE PORTE

Pour pouvoir s'ouvrir et se fermer aisément, une porte doit présenter un jour d'au moins 2 mm entre le battant et le dormant. Vous pouvez posez plusieurs types de joints qui empêcheront l'air froid d'utiliser ce chemin.

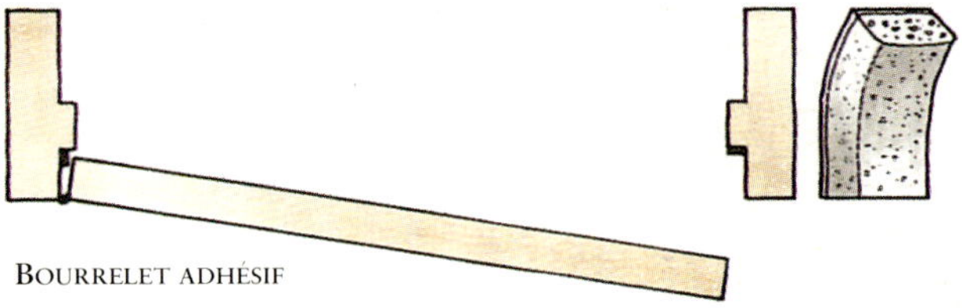

BOURRELET ADHÉSIF

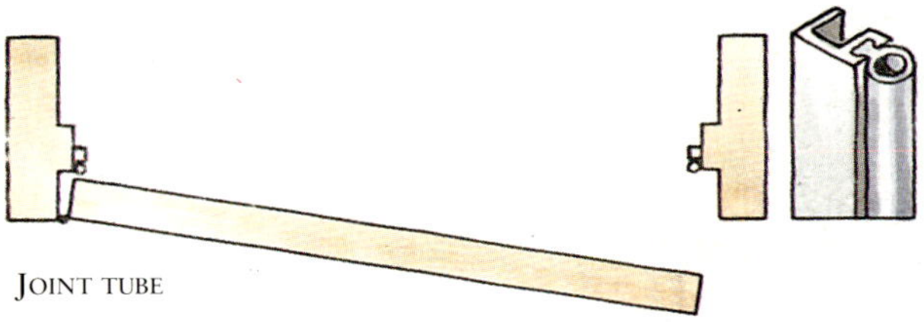

JOINT TUBE

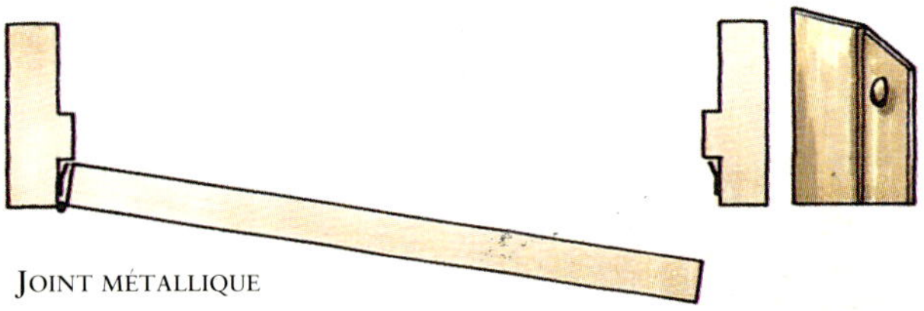

JOINT MÉTALLIQUE

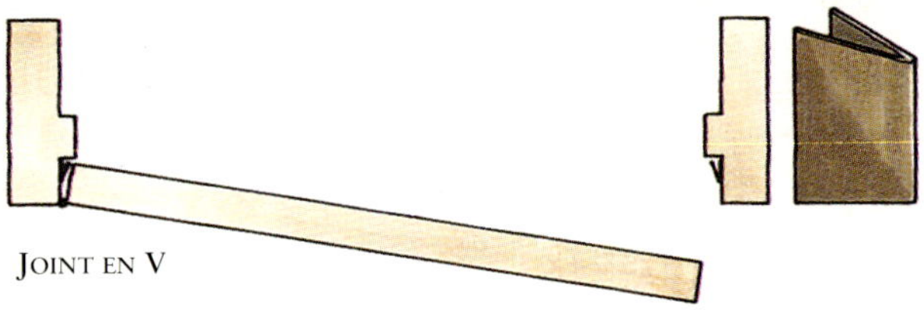

JOINT EN V

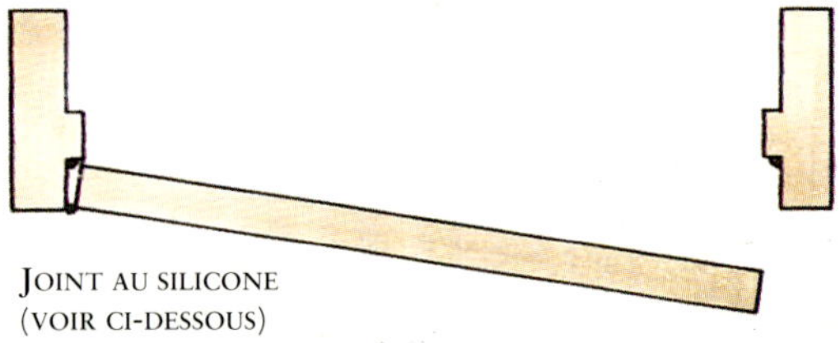

JOINT AU SILICONE
(VOIR CI-DESSOUS)

DE HAUT EN BAS

Bourrelet adhésif

Le bourrelet adhésif se colle dans la feuillure du dormant de la porte. Le joint, compressé lorsque le battant est fermé, donne une très bonne isolation. Le modèle le moins cher, composé de mousse polyuréthanne, peut durer deux ou trois hivers ; il est surtout destiné à l'isolation intérieure. Les joints en PVC (aussi appelés cellules fermées) ou en caoutchouc élastomère sont de meilleure qualité et durent plus longtemps. Nettoyez bien la feuillure de la porte avant de les coller : lavez les peintures saines ou l'aluminium avec un détergent et rincez à l'eau claire ; poncez les peintures écaillées. Après isolation, vous pourrez rencontrer une résistance à la fermeture, mais ce défaut disparaît rapidement.

Joint tube

Il s'agit d'un petit tube, le plus souvent en caoutchouc élastomère, placé dans la feuillure du dormant de la porte. Écrasé par le battant, il assure l'isolation. Certains modèles sont adhésifs, d'autres doivent être fixés par agrafage. Ce type d'isolation convient notamment pour les huisseries irrégulières.

Joint métallique

Constitué d'une lame de métal ou de matière plastique dure formant ressort, ce joint de calfeutrage à la fois discret et efficace convient pour les huisseries récentes dont l'interstice est régulier. Clouez la base du joint vers l'extérieur de la feuillure du dormant. Lorsqu'il est fermé, le battant appui sur la lame (côté charnière, la lame métallique est écrasée), isolant ainsi votre porte.

Joint en V

C'est une variation du modèle précédent. En métal ou en matière plastique (polypropylène extrudé), il se place dans la feuillure, la pointe du V tournée vers l'extérieur. Il est en général autocollant.

TOUR DE MAIN

Joint moulé

Le joint au silicone présente l'avantage d'épouser les irrégularités du matériau ; en outre, il est très durable. Nettoyez le dormant avec application et dégraissez à l'acétone. Appliquez ensuite le joint dans les feuillures du dormant avec un pistolet extrudeur. Placez dessus des bandes de démoulage et fermez la porte. Gardez dans cette position pendant 24 heures, puis retirez les bandes de démoulage et coupez l'excédent de joint à l'aide d'un cutter.

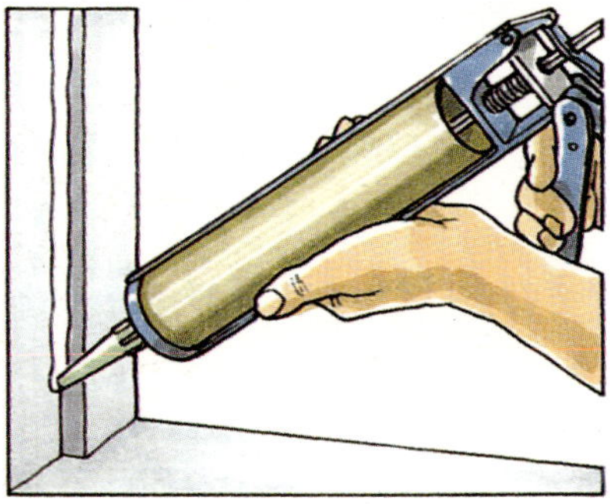

Isoler l'entrée de clé et la boîte aux lettres

Ne négligez pas ces petites ouvertures qui sont responsables de pertes de chaleur importantes. Protégez l'entrée de clé par un cache pivotant.

Si la porte est équipée d'une fente pour le courrier, placez un rabat articulé côté intérieur (certains modèles comportent une brosse isolante) ou montez une boîte « passe-porte ».

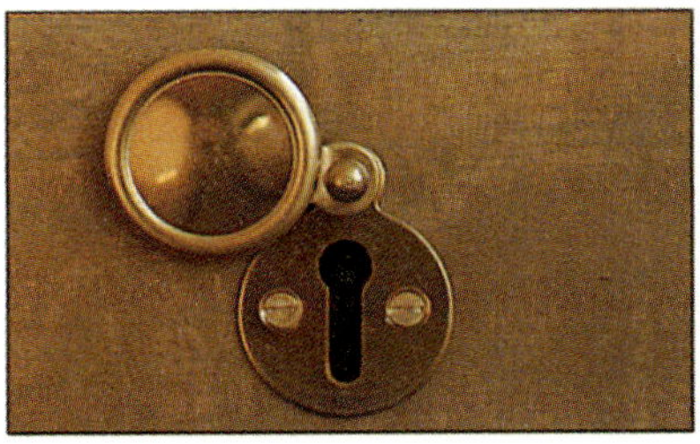

Cache d'entrée de clé
Le cache pivote et masque le trou.

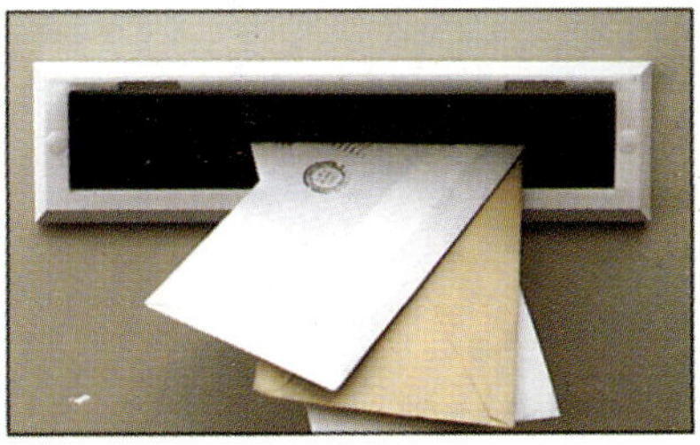

Rabat isolant
Une brosse isolante, montée sur le passe-porte, fait barrage à l'air froid.

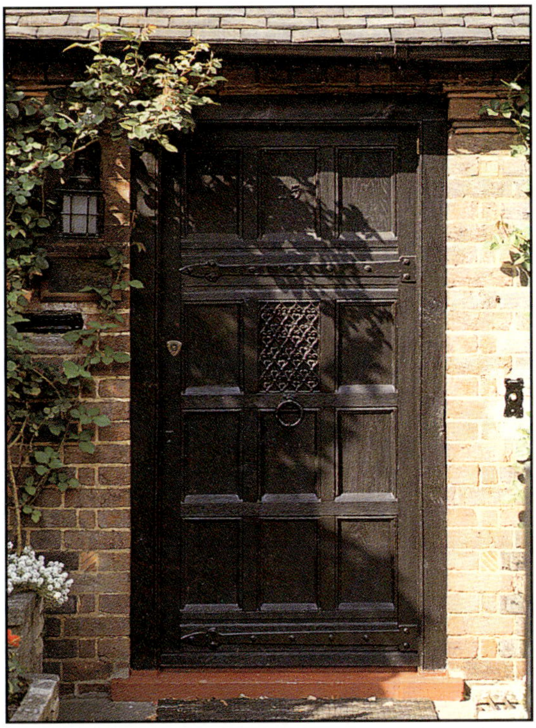

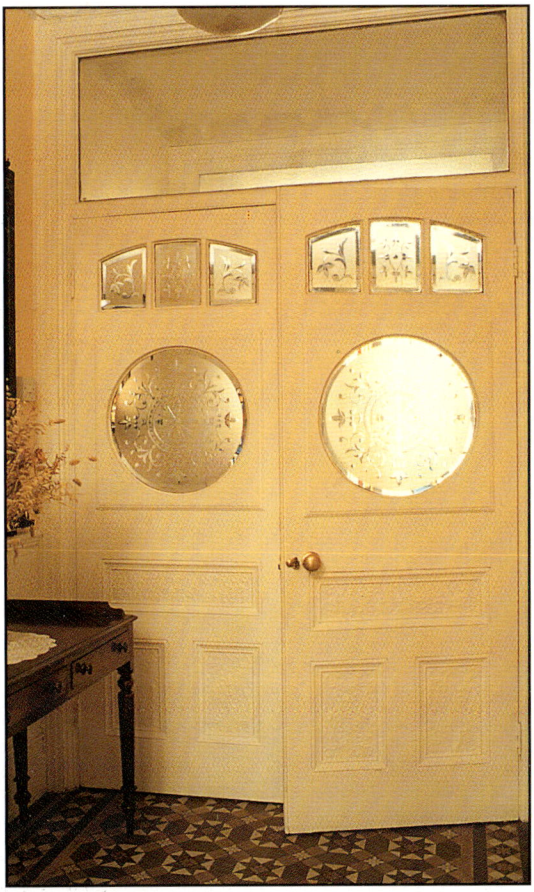

Une fois les portes d'entrée principales isolées, pensez à isoler les portes intérieures, sources de courants d'air importants.

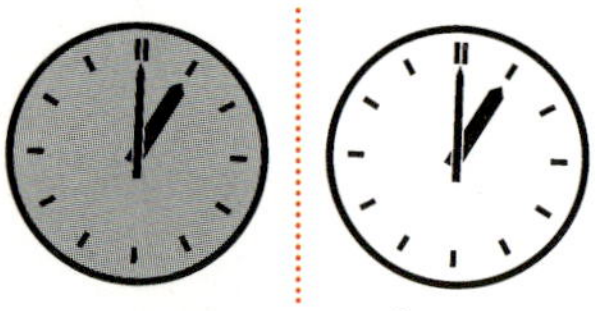

UNE JOURNÉE

CALFEUTRER LES FENÊTRES

Les fenêtres sont à l'origine de fuites thermiques parfois importantes, en particulier dans les anciens bâtiments, où les huisseries sont irrégulières. Comme pour les portes, le calfeutrage consiste à placer des joints isolants entre le dormant et les vantaux.

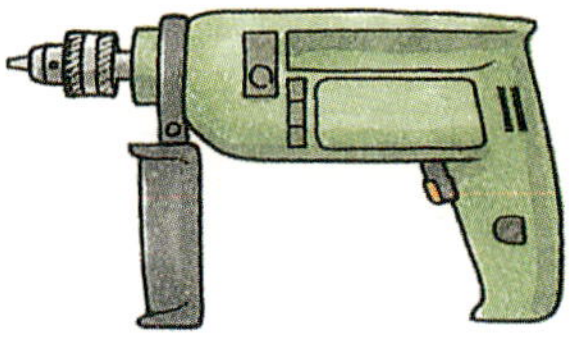

Outils indispensables

- Ciseaux
- Marteau
- Mèche à bois
- Perceuse électrique
- Scie à métaux
- Tournevis

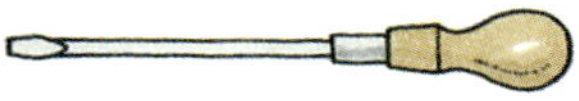

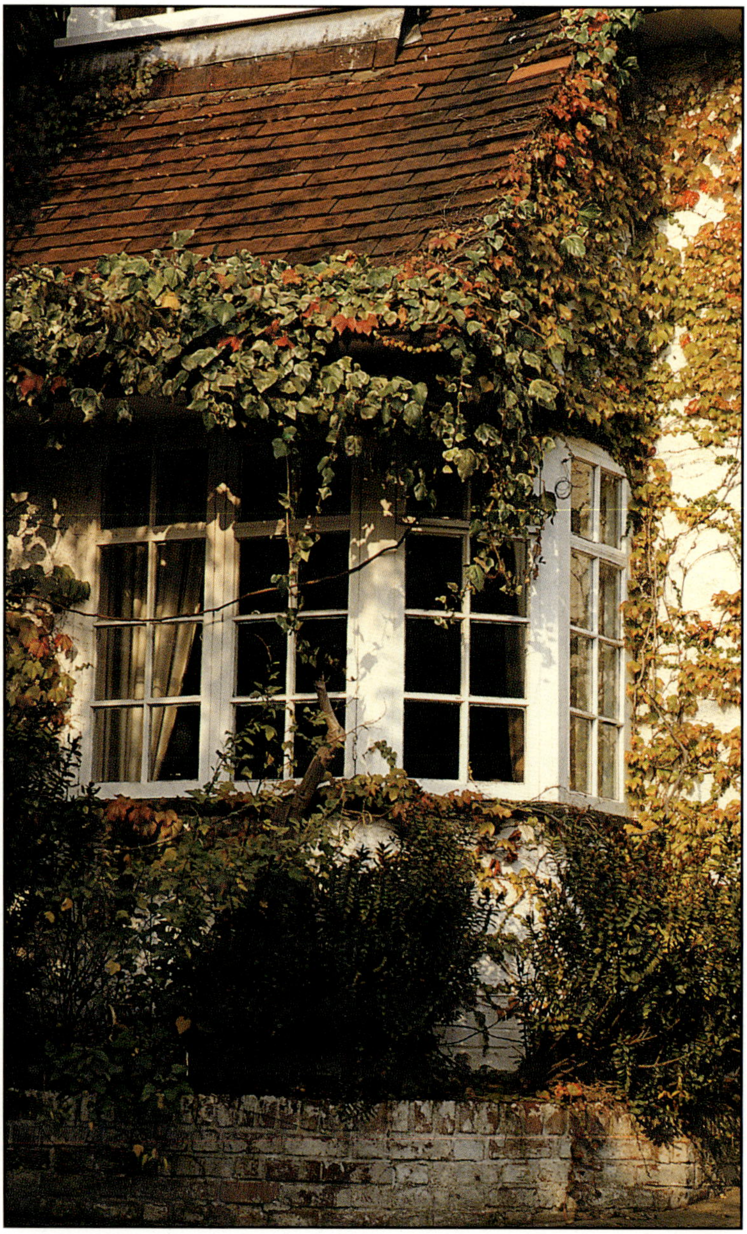

Il existe une large gamme de joints pour calfeutrer les fenêtres. Les moins chers sont en général peu durables. Comme pour les portes, on les pose dans les feuillures sur lesquelles viennent s'adapter les vantaux.

Voir également :
Isoler les portes, page 62

Calfeutrer une fenêtre à deux vantaux

Quel que soit le type de joint isolant que vous posez, commencez par nettoyer soigneusement les feuillures du dormant. Si elles sont très encrassées, grattez avec une lame. Si vous mettez en place un joint collé, dégraissez à l'acétone (ou au trichloréthylène). En général, il n'est pas nécessaire de prévoir un joint dans la gorge entre les deux vantaux. Par ailleurs, il est préférable de ne pas calfeutrer entièrement la fenêtre afin de permettre le renouvellement de l'air dans la pièce.

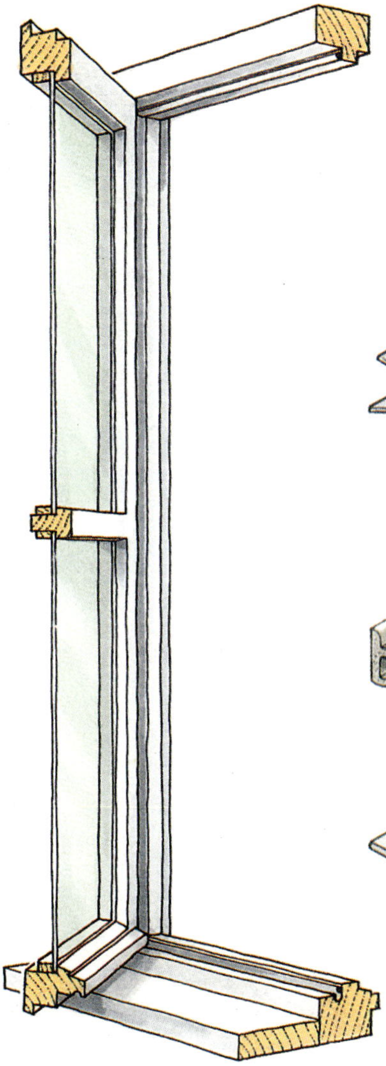

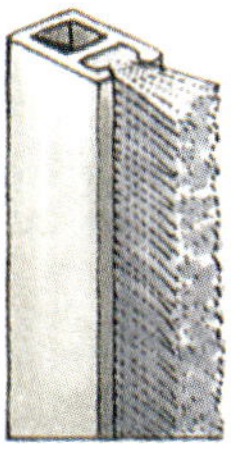

1
JOINT À BROSSE

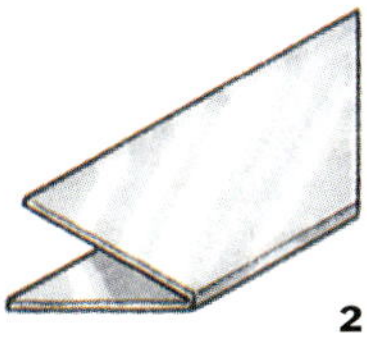

2
JOINT EN V

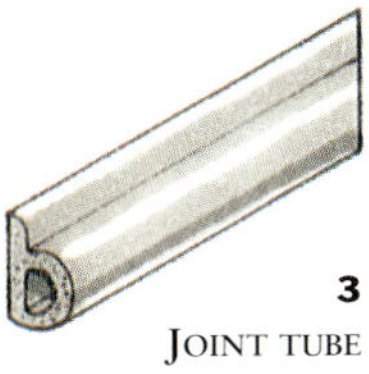

3
JOINT TUBE

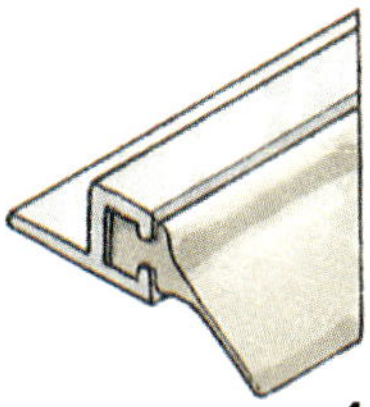

4
JOINT À LAME SOUPLE

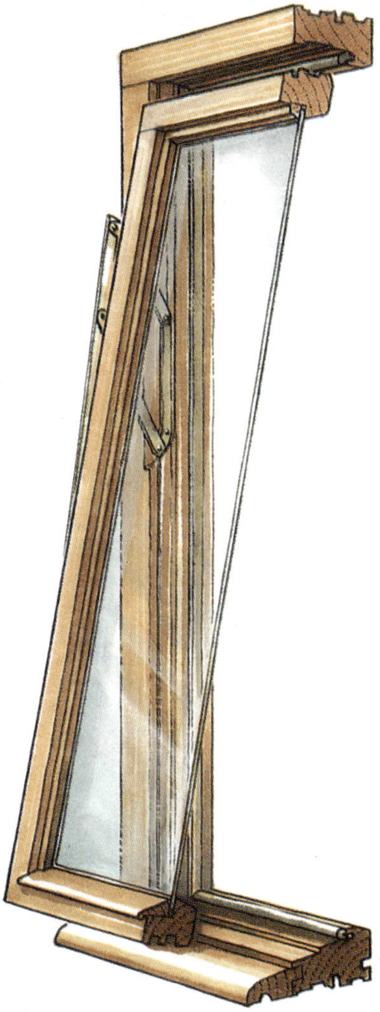

Calfeutrer une fenêtre à soufflet

Dans ce cas également, le calfeutrage consiste à placer des joints isolants dans les feuillures du dormant, y compris du côté de l'articulation du châssis (que celui-ci s'ouvre vers le haut ou vers le bas). Utilisez de préférence un joint en V ou un joint tube, adhésif ou à agrafer.

TOUR DE MAIN

Boucher les trous

Les interstices entre l'huisserie de la fenêtre (ou de la porte) et la maçonnerie ne sont pas une chose rare. Si vous êtes confronté à ce problème, utilisez une mousse expansive polyuréthanne, présentée en bombe, pour obstruer les orifices.

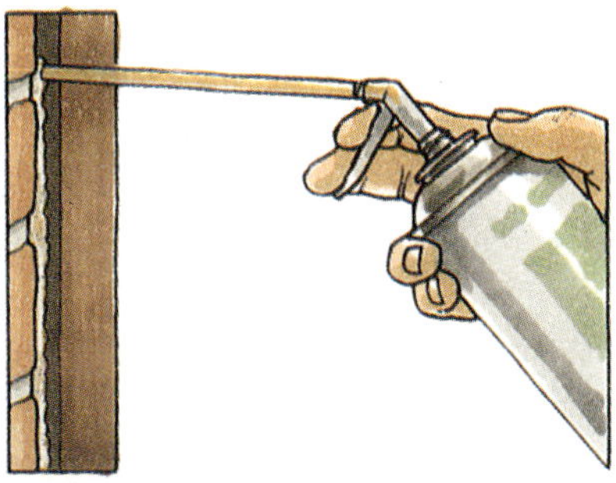

La mousse polyuréthanne en bombe est efficace et facile d'utilisation.

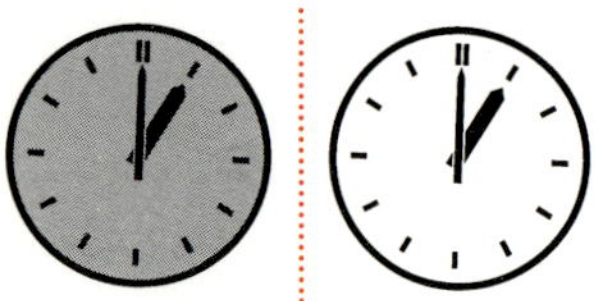

Une journée

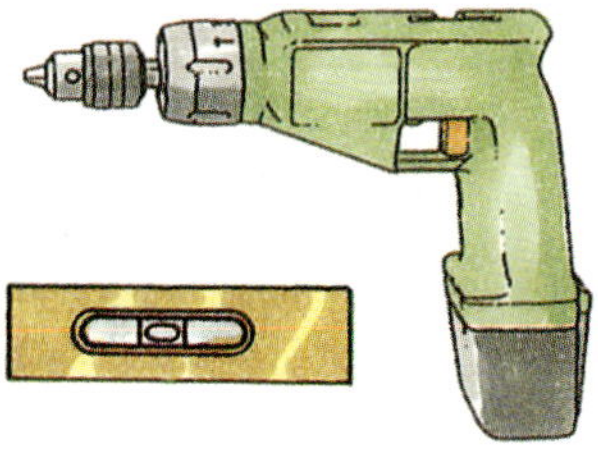

Outils indispensables

- Fil à plomb
- Marteau
- Mèche à maçonnerie
- Mèches à bois
- Niveau à bulle
- Perceuse électrique
- Scie égoïne
- Tournevis

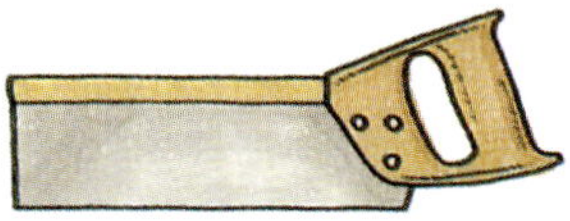

Il vous faudra à peu près une journée de travail pour installer un rayonnage dans une chambre d'enfant ou une salle de séjour.

Installer de nouvelles étagères

Les étagères sont nécessaires dans pratiquement toutes les pièces de la maison : pour les livres, le rangement, ou simplement la présentation d'objets. Quels que soit leur style et la nature des murs ou des cloisons, il est aujourd'hui assez facile de les mettre en place.

Il existe de nombreux types d'étagères, depuis les utilitaires, en métal, en résine ou en bois que l'on installe dans les caves et les garages, aux rayonnages en pin massif ou en hêtre destinés aux livres, et aux élégantes étagères en verre, qui mettront en valeur vos objets précieux.

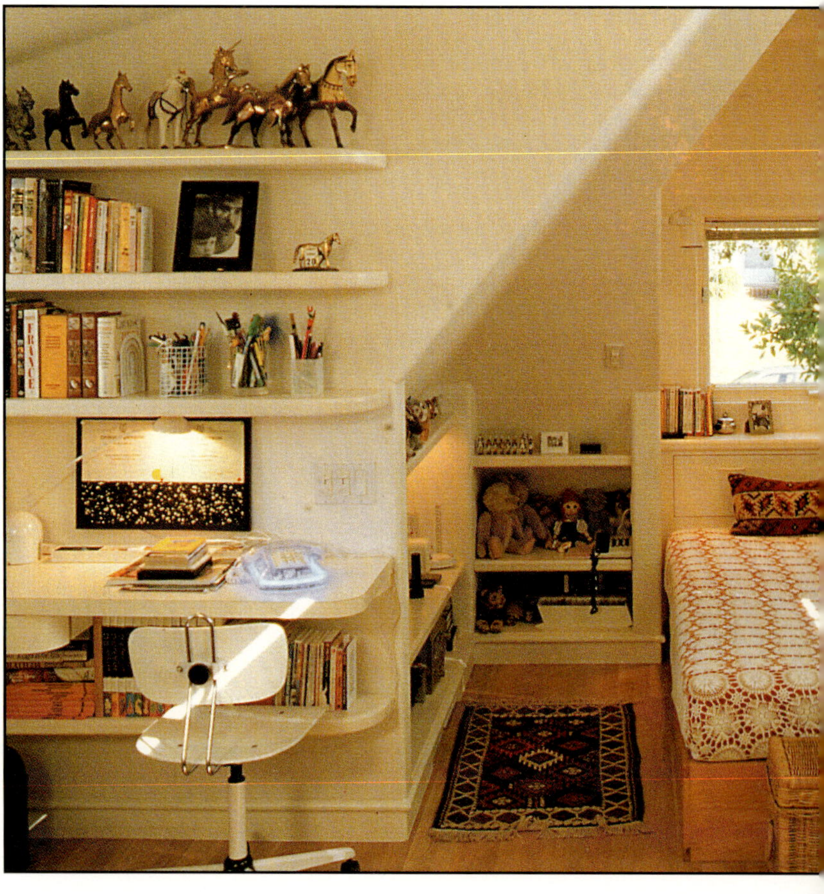

QUEL MATÉRIAU UTILISER ?

Les étagères déjà coupées et prêtes à poser sont soit en bois massif – le plus souvent du pin –, soit en panneaux dérivés du bois, en général replaqués de mélaminé ou de bois. Vous trouverez aussi dans le commerce des tablettes en verre ou en métal, notamment en fil d'acier. Si ces modèles ne vous conviennent pas, fabriquez vos propres étagères en utilisant les matériaux suivants.

Bois massif

Le sapin blanc du nord, de couleur très claire, comporte davantage de petits nœuds que le sapin de pays (ou pin des Landes).

Vous trouverez aussi d'autres essences sous forme de bois raboté : chêne, hêtre, sipo, koto, framiré. Celles-ci sont très belles, mais assez chères.

Latté

Constitué de lattes de bois collées, le latté est replaqué sur les deux faces d'acajou, de pin ou de chêne.

Ce procédé donne un panneau de qualité, solide, de belle finition, mais dont il faut habiller les chants d'une bande de placage. Attention : pour que la résistance soit satisfaisante, la longueur de l'étagère doit être dans le sens des lattes.

Contreplaqué

Très solide et très stable, le contreplaqué est fait de feuilles de bois contrecollées, à fils croisés. Comme pour le latté, les chants doivent être plaqués.

Panneau de particules, dit aussi « aggloméré »

Moins cher que les autres dérivés du bois, le panneau de particules est aussi moins résistant. Il peut être replaqué de bois, de mélaminé ou de stratifié.

Médium

Composé de fibres très fines amalgamées, le médium (MDF) montre une très bonne résistance à la flexion et convient donc parfaitement pour les étagères. Il présente une belle finition et il n'est pas nécessaire de plaquer les chants.

Verre

Très élégant, le verre est idéal pour présenter des objets. Achetez un verre spécial pour étagères, plus résistant, après avoir pris des mesures précises. La découpe et le polissage des chants sont assurés par le vendeur.

POUR QUE LES ÉTAGÈRES NE FLÉCHISSENT PAS

Pour que vos étagères restent droites, vous devez choisir le bois massif, le latté ou le médium, et respecter pour chaque épaisseur de matériau un espacement maximum entre deux supports. Le panneau de particules décoratif est largement utilisé, car son prix est inférieur à celui des autres matériaux. Il demande néanmoins un plus grand nombre de supports. Pour améliorer la résistance, rapprochez ces derniers vers le centre de l'étagère.

Matériau	Épaisseur	Charge légère	Charge moyenne	Charge lourde
Bois massif	20 mm	80 cm	75 cm	70 cm
Latté	18 mm	80 cm	75 cm	70 cm
Aggloméré	18 mm	75 cm	60 cm	45 cm
Médium	18 mm	80 cm	75 cm	70 cm
Verre	6 mm	70 cm	Inapproprié	Inapproprié

Recommandations

Ce tableau présente l'espacement des supports à adopter pour les différents matériaux. Pour renforcer la résistance de l'étagère, rapprochez les supports, utilisez des renforts intermédiaires, posez un renfort (baguette métallique, par exemple) sur le chant avant ou optez pour un matériau plus épais.

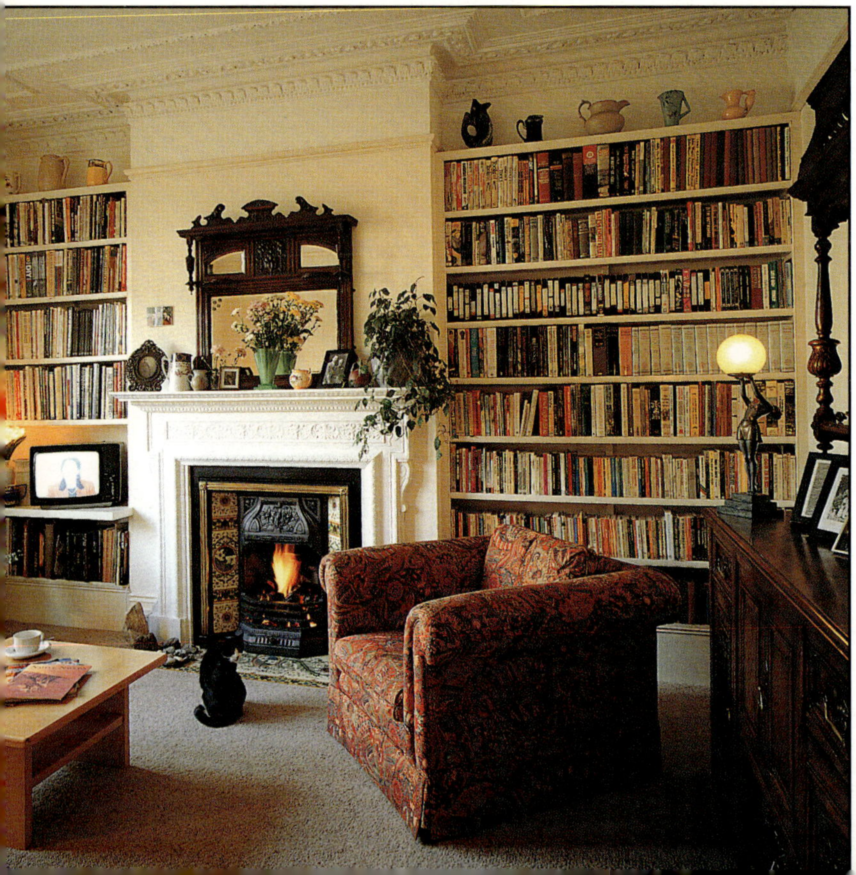

Renforcer vos étagères

Fixés sous les étagères ou sur leur chant de parement, les tasseaux, les moulures et les profilés métalliques leur donnent une plus grande résistance. Un tasseau vissé sur le mur suffit à améliorer notablement la portée. Les renforts sur chants modifient l'aspect de l'étagère, ceux en métal étant les plus discrets.

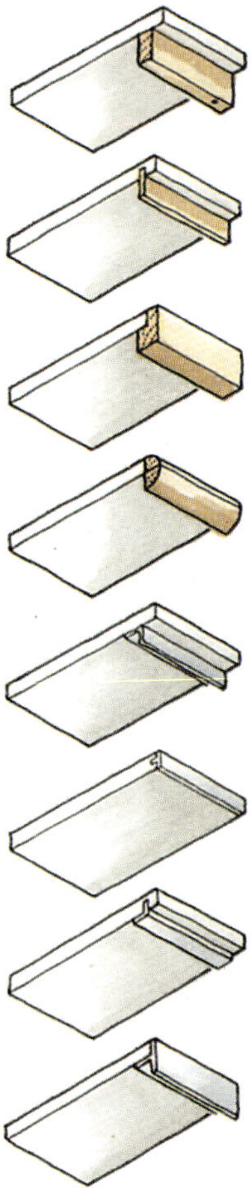

DE HAUT EN BAS
Tasseau de bois
Bande de contreplaqué
Tasseau sur chant
Baguette demi-rond
Profilé métallique
Profilé métallique en T
Profilé métallique (cornière)
Profilé en T sur chant

Choisir les meilleurs supports pour vos étagères

Choisissez les supports en fonction du type de l'étagère et du style de votre ameublement. Une étagère isolée (tablette) reposera le plus souvent sur des consoles ou des équerres, en métal ou en bois. Il existe aussi des supports invisibles : deux tiges métalliques vissés sur le mur s'enfoncent dans des trous percés dans la tablette. Les systèmes de supports à crémaillère et à consoles métalliques offrent une grande polyvalence, et on peut les fixer sans utiliser les murs latéraux. Bien que discrets, ils conviennent surtout aux ameublements de style contemporain.

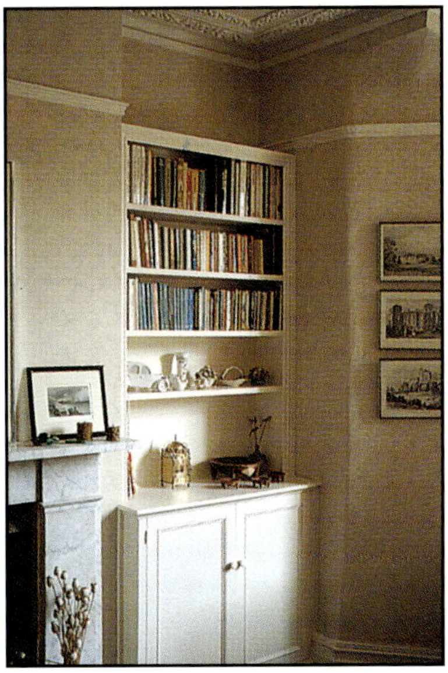

Consoles et équerres

Vous trouverez dans le commerce de très nombreux modèles adaptés à différents types d'étagères, utilitaires ou décoratives, depuis les consoles en acier embouti, avec nervure de renforcement – très solides mais peu décoratives –, jusqu'aux consoles « rétro », également en métal, et aux équerres en bois, éventuellement décorées de moulures. Les consoles pliantes permettent de rabattre la tablette et sont très utiles lorsque l'espace est limité. Il existe également des équerres « crocodiles », discrètes et solides, qui serrent la tablette entre leurs mâchoires (pour bois ou verre).

Les consoles métalliques qui s'adaptent sur des supports verticaux à crémaillère ou rainurés fixés au mur, sont discrètes et très pratiques. Elles permettent de varier la hauteur ou l'écartement des étagères et d'en rajouter de nouvelles. Vous trouverez des systèmes de rayonnage à crémaillères pour les greniers et les sous-sol, et d'autres beaucoup plus décoratifs, pour les chambres et les salles de séjour.

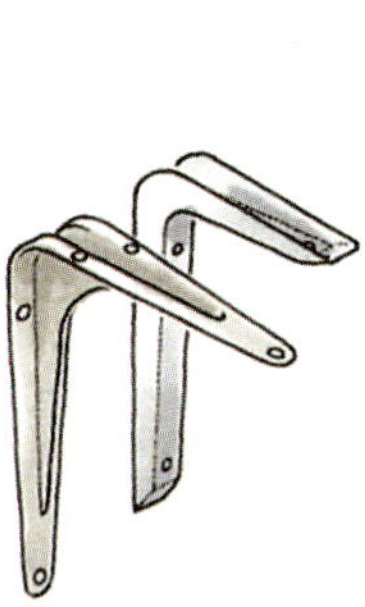

Console en acier à nervure

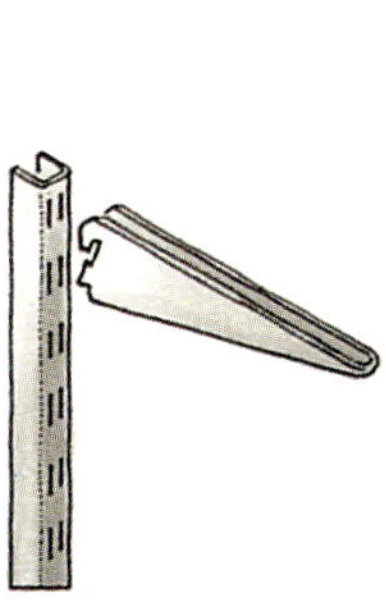

Console pour montant à crémaillère

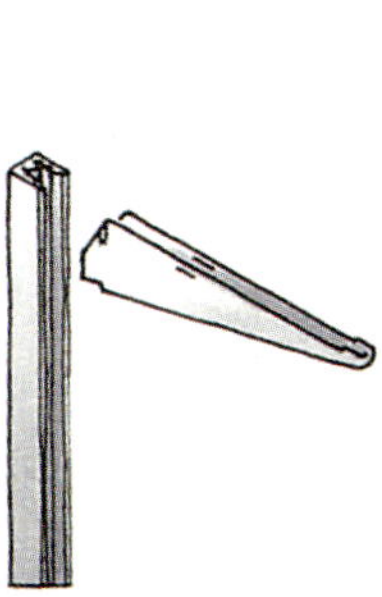

Console pour montant rainuré

Construire un rayonnage

L'avantage des rayonnages sur mesure est que vous pouvez choisir le matériau en fonction du style de votre appartement. Ils permettent en outre d'occuper au mieux l'espace disponible.
Un rayonnage classique est constitué de planches verticales qui soutiennent les étagères par l'intermédiaire de tasseaux, de quarts-de-rond vissés ou de clés enfoncées dans des trous. Vous pouvez aussi monter le rayonnage au moyen d'assemblages à mi-bois : à l'aide d'une scie et d'un ciseau à bois, découpez sur chaque planche une entaille de même profondeur, de manière à pouvoir les emboîter. Assemblez les différents éléments. Clouez ou vissez sur les montants la planche de base et la planche supérieure.

Fixer les étagères sur les murs et les cloisons

Le type de fixation et la position des étagères dépendent pour une grande part de la nature des murs ou des cloisons. Un mur maçonné peut recevoir des supports sur toute sa surface (avant de percer, vérifiez qu'aucune canalisation encastrée ne s'y trouve). Sur une cloison à montants de bois, vissez les supports sur les montants. Si cela est impossible, vous devrez utiliser des chevilles adaptées pour fixer vos étagères (sur plaque de plâtre, par exemple) et limiter la charge.

Les vis des consoles subissent une traction importante, en particulier celles placées en hauteur. Si elles sont trop petites ou si les chevilles ne sont pas adaptées, la console risque d'être arrachée. L'effort que doivent supporter les vis des tasseaux latéraux de support ou les équerres de fixation des rayonnages reposant sur des montants est moins important.

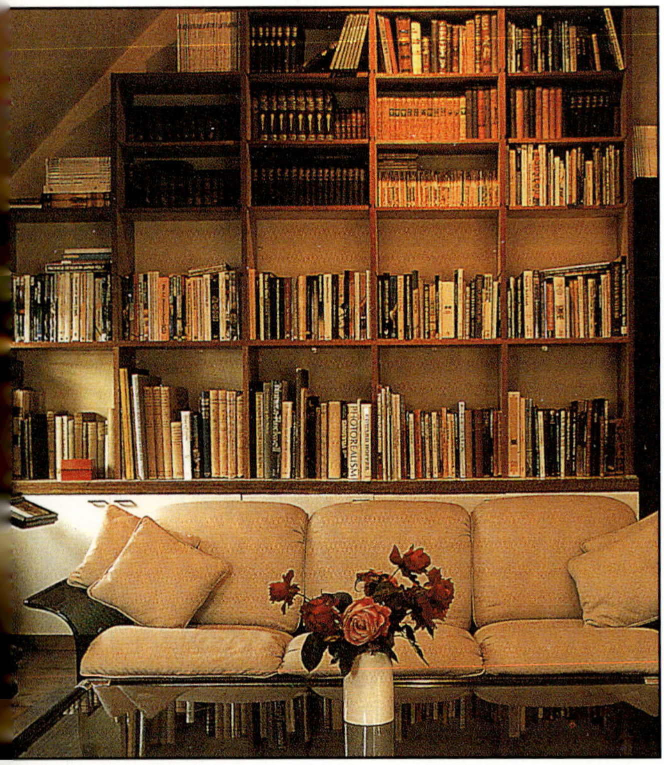

Pour fixer les consoles ordinaires sur les murs en maçonnerie, utilisez des vis à bois de 50 mm de longueur et des chevilles correspondantes. Pour les lourdes charges, tels les supports de poste de télévision, prenez la précaution d'utiliser des boulons de scellement. Ces supports spéciaux sont d'ailleurs, en général, fournis avec ce type de fixation.

Fixer des consoles individuelles

Pour fixer les deux consoles d'une tablette, tracez d'abord sur le mur deux lignes verticales après avoir calculé l'espacement. Placez l'une des consoles à la hauteur souhaitée et repérez l'emplacement des trous à percer pour celle-ci.

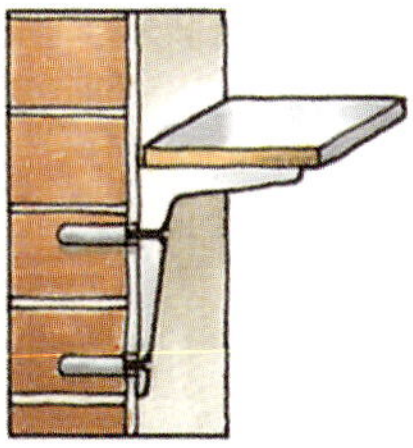

1 *Percez le mur à l'aide d'une mèche à maçonnerie. Enfoncez les chevilles et vissez la première console en place. Posez dessus la tablette et réglez l'horizontalité avec un niveau à bulle. Repérez les trous à percer pour la seconde console.*

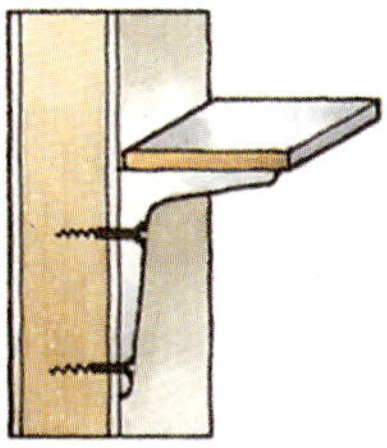

2 *Sur une cloison à montants de bois, commencez par repérer ces derniers. Percez des avant-trous à l'aide d'une pointe carrée. Lubrifiez les vis qui pénètrent difficilement. Si vous utilisez des chevilles à expansion sur une paroi creuse, percez des trous pour les insérer avant de serrer.*

Si vous mettez en place un rayonnage sur un ensemble de consoles, tracez des verticales à l'aide d'un fil à plomb ou d'un niveau à bulle et posez-les de manière à respecter cet alignement. Alignez également les tablettes verticalement avant de les fixer aux consoles.

Fixer un rayonnage

Percez et vissez avec soin, car un seul support mal fixé peut entraîner la chute de tout le rayonnage.

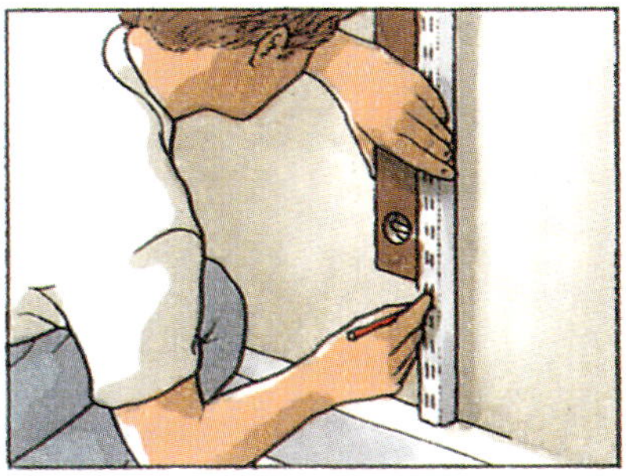

1 Pour obtenir un montant parfaitement vertical, fixez-le par la vis supérieure, et laissez-le pendre. Repérez la position des autres trous, puis percez. Vérifiez la verticale avec un fil à plomb ou un niveau à bulle.

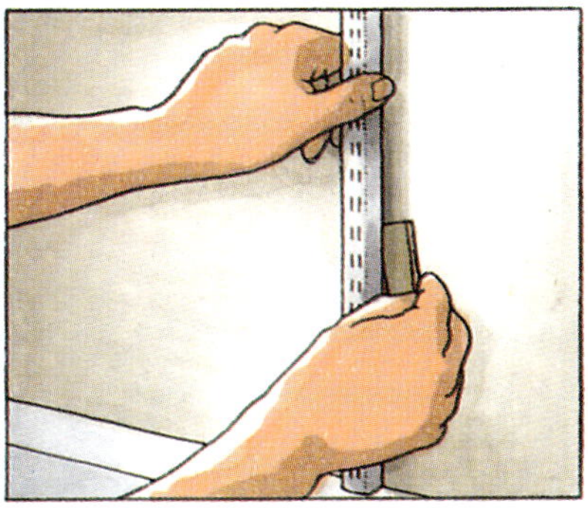

2 Si le mur n'est pas d'aplomb, ne déformez pas le montant à crémaillère pour l'adapter à son profil : les consoles ne seraient plus horizontales ! Placez plutôt de petites cales de bois derrière le montant pour que celui-ci soit parfaitement vertical.

Pour vérifier l'aplomb, maintenez deux montants sur le mur, avec une console sur chacun d'eux. Demandez à un aide de poser une étagère sur les deux consoles et de vérifier l'horizontalité (dans la largeur et dans la longueur) à l'aide d'un niveau à bulle.

Marquez sur le mur le trou supérieur à percer pour le second montant, et vissez ce dernier comme le premier. Placez les consoles sur les crémaillères et posez les étagères. Le léger espace entre le mur et les étagères permet de faire passer les fils électriques.

Rayonnage en renfoncement

Un renfoncement ou l'espace compris entre le conduit d'une cheminée et le mur permet de placer des étagères soutenues par des tasseaux latéraux. Si les murs et les angles ne sont pas parfaitement droits, vous devrez rectifier chaque étagère à la scie ou au rabot. Coupez des tasseaux d'une longueur égale à la largeur des étagères. Pour chacune, fixez un premier tasseau au mur, placez l'étagère dessus et réglez l'horizontalité avec le niveau ; repérez l'emplacement du second tasseau et fixez-le avant de mettre l'étagère en place.

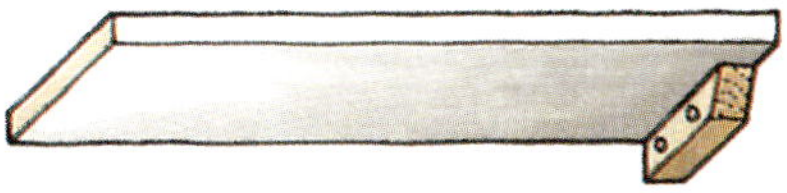

Coupez l'extrémité avant des tasseaux à 45° (coupe d'onglet) afin qu'ils soient moins visibles et pour éviter de vous blesser en rangeant des livres. Pour les mêmes raisons, utilisez des vis à tête fraisée.

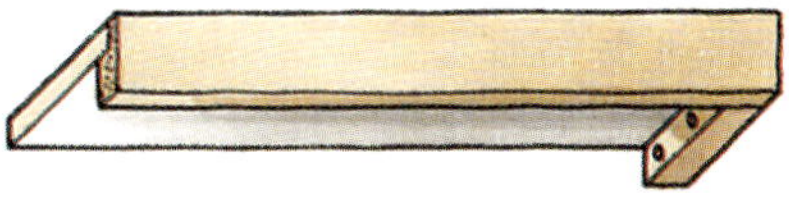

Pour donner une plus belle finition, vissez ou clouez une planchette sur le chant avant de l'étagère : elle dissimulera les tasseaux de support.

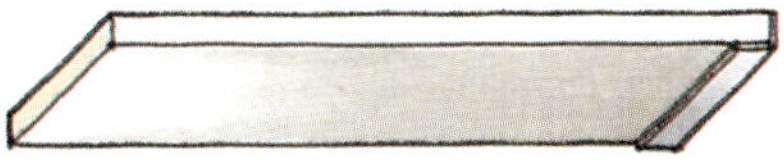

Vous pouvez aussi utiliser de la cornière métallique comme support en la fixant avec des vis à tête fraisée. Elle est très solide et moins visible que les tasseaux.

Refaire un plâtre endommagé

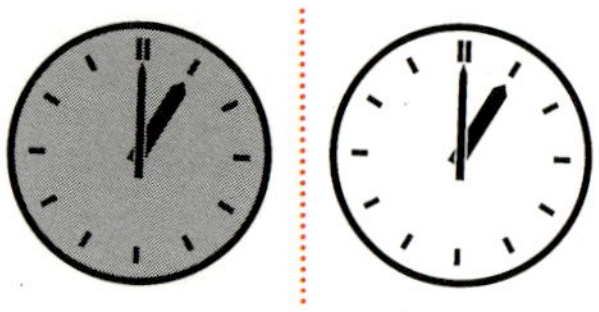

Une journée

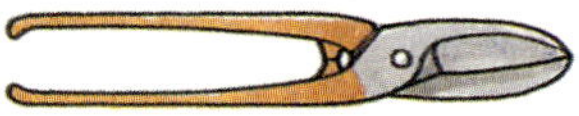

Outils indispensables

- Cisaille à tôle
- Ciseau à brique
- Couteau à enduire
- Grattoir
- Marteau
- Pinceau
- Plâtoir

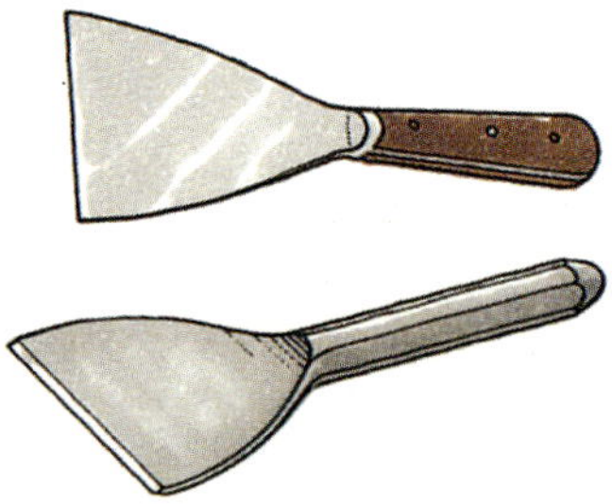

Quelle que soit la finition que vous envisagez, le plâtre et l'enduit des murs et du plafond doivent être en parfait état, sans trous ni fissures. Le rebouchage est un travail très salissant, aussi prenez un maximum de précaution afin de ne pas laisser de marques de semelles blanches dans tout l'appartement. Mettez en place des bâches de protection en matière plastique, surtout si le sol est moquetté ; protégez également les meubles si vous travaillez en hauteur ou au plafond. Le rebouchage est relativement facile et vous vous en tirerez sans difficulté, même si vous n'avez aucune expérience dans ce domaine. En revanche, si le plâtre est très abîmé et qu'il se détache, il est nécessaire de le refaire : faites alors appel à un professionnel. Les enduits de rebouchage actuels adhèrent remarquablement au plâtre et présentent un retrait faible ou nul après séchage. Choisissez un enduit maigre, beaucoup plus facile à mettre en œuvre, sauf pour les locaux humides.

Lissage de l'enduit
Pour une finition satisfaisante, l'enduit doit toujours être parfaitement lisse et plan, que la surface du trou à reboucher soit petite ou grande. Utilisez une latte pour enlever l'excès, et terminez à la truelle.

Nivelage
Utilisez une latte de bois bien dressée, plus large que la réparation. Tirez-la vers le bas à deux mains.

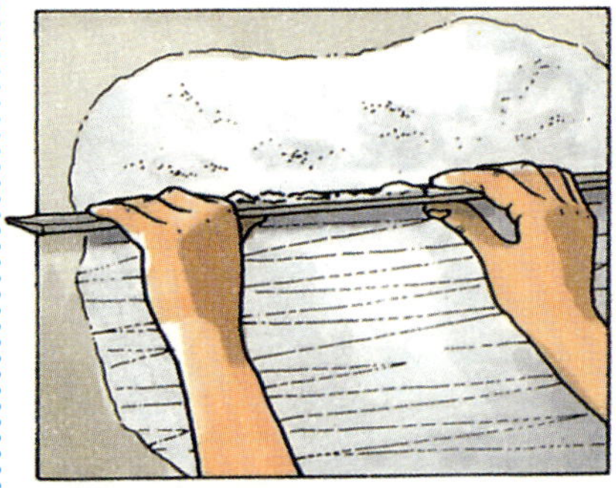

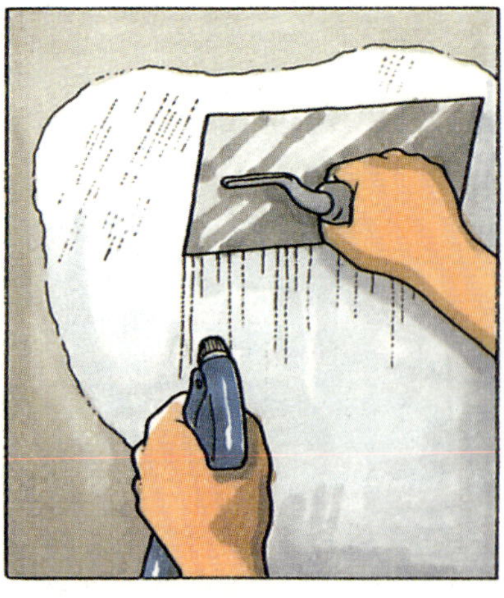

Des plâtres lisses et en parfait état sont la condition indispensable pour une finition réussie.

REBOUCHER FISSURES ET TROUS

Vous pouvez masquer les microfissures avec certaines peintures d'apprêt ou de finition. Cependant, dès qu'une fissure atteint une taille plus importante, il est indispensable de la reboucher.

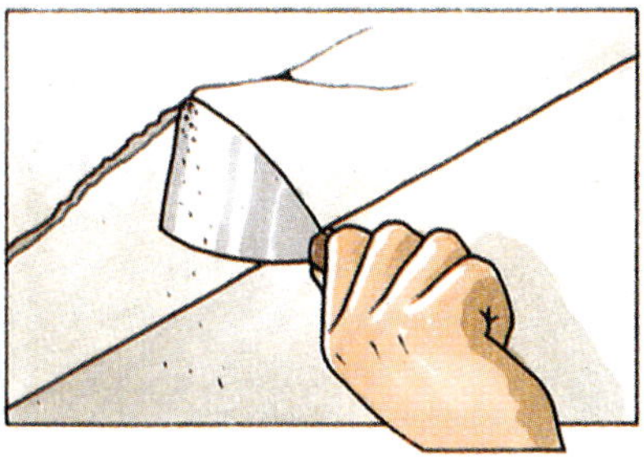

1 Élargissez la fissure à l'aide d'un couteau de peintre ou d'un grattoir triangulaire. Élargissez davantage le fond. Si vous utilisez un enduit de rebouchage intérieur en poudre, préparez le mélange dans les proportions recommandées et gâchez. Il existe aussi des enduits en pâte.

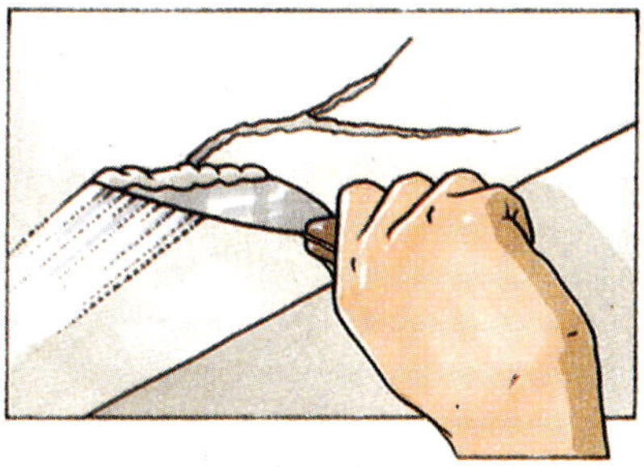

2 Mouillez généreusement la fissure avec un pinceau et appliquez la préparation au couteau à enduire. Poussez sur la lame pour que le produit pénètre en profondeur, et lissez pour éliminer l'excès. Laissez toutefois une légère surépaisseur pour compenser le retrait au séchage (inexistant avec certains enduits : renseignez-vous auprès de votre revendeur). Vous aplanirez ultérieurement à l'aide d'une cale à poncer. Si la fissure est profonde, appliquez l'enduit en plusieurs fois.

Bouchez les petits trous dans le plâtre de la même façon que les fissures, en les élargissant bien au grattoir.

TOUR DE MAIN

Pour faire disparaître définitivement les fissures de vos murs intérieurs, utilisez un produit de revêtement anti-fissures pour façade, qui laisse une couche souple et élastique dissimulant les irrégularités.

DANS LES ANGLES

Des fissures apparaissent parfois entre deux murs, ou entre le mur et le plafond. Agrandissez la fissure, puis appliquez de l'enduit de rebouchage avec le doigt. Après séchage, poncez à l'aide d'une cale à poncer.

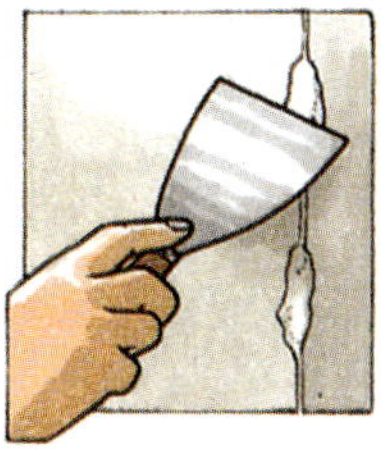

1 Pour réparer un angle extérieur ébréché, mouillez le plâtre, puis appliquez un enduit en pâte assez épaisse au couteau de peintre, en travaillant des deux côtés.

2 Attendez que l'enduit durcisse et frottez avec un doigt trempé dans l'eau pour redonner à l'angle son aspect initial. Après séchage, poncez au papier de verre.

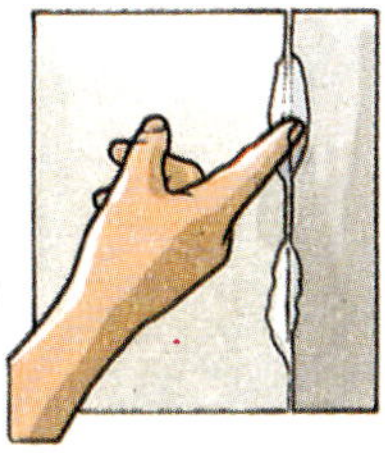

RÉPARER UNE CLOISON DE PLÂTRE SUR LATTIS

On trouve encore dans certains bâtiments anciens des cloisons creuses constituées d'une charpente en bois garnie de lattes de bois fines et serrées servant de support au plâtre. Vous pouvez boucher de petits trous avec de l'enduit, comme pour un mur plein. En revanche, si la cloison a été enfoncée par un choc et que des lattes sont brisées, un treillis métallique fin fixé dans le trou devra servir de support à l'enduit de rebouchage.

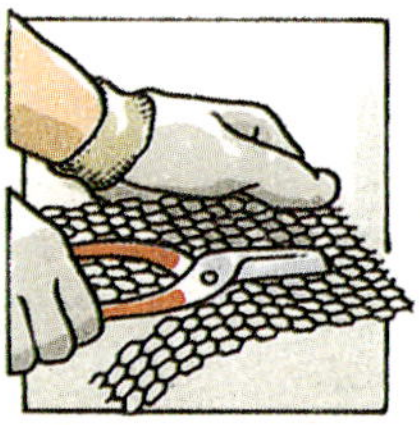

1 Ôtez les morceaux et découpez les bords du trou avec un ciseau à brique. Débitez un morceau de treillis un peu plus grand que le trou, à la cisaille.

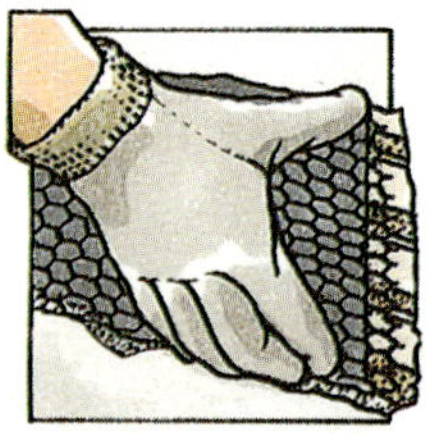

2 Mettez le treillis en place. Faites rentrer ses bords sous le plâtre sain, en évitant de le déformer trop.

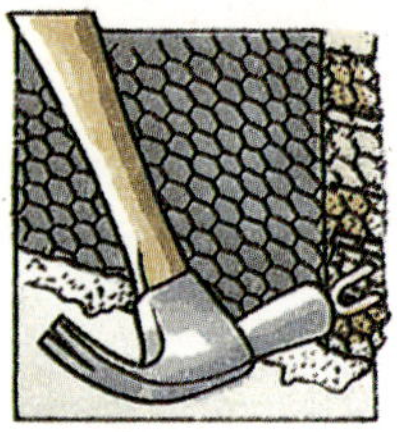

3 Aplatissez le treillis contre les lattes à petits coups de marteau. Si possible, clouez-le sur un montant.

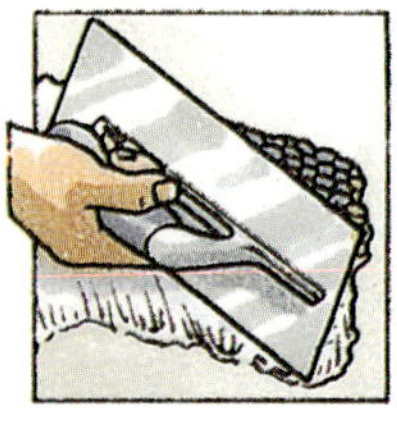

4 Appliquez du plâtre de Paris sur le treillage. Laissez sécher une heure ; appliquez une seconde couche et lissez.

BOUCHER UN TROU SUR PLAQUE DE PLÂTRE

Rebouchez les trous d'un diamètre inférieur à 7 cm à l'aide d'une bande adhésive en fibres de verre.

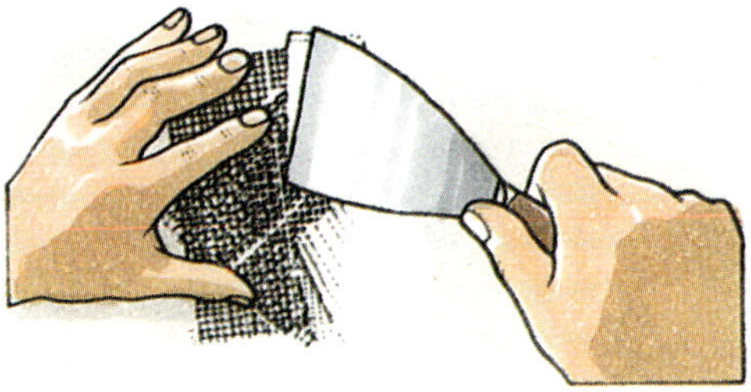

1 Collez des morceaux d'adhésif, en étoile, de manière à couvrir le trou complètement. Appliquez de l'enduit et lissez.

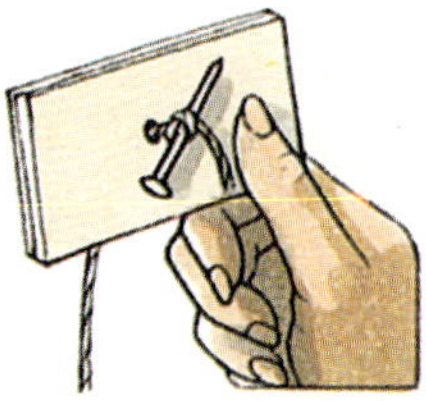

2 Vous pouvez aussi utiliser une chute de plaque de plâtre assez large pour couvrir le trou, mais suffisamment étroite pour qu'elle passe à l'intérieur. Percez un trou au milieu ; passez-y une ficelle, à l'extrémité de laquelle vous attacherez un clou.

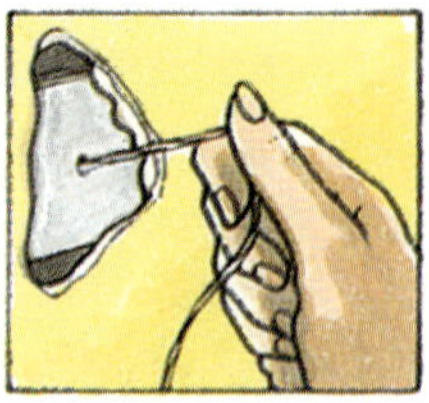

3 Appliquez de l'enduit sur les bords de la chute et introduisez-la sous la plaque de plâtre. Tirez la ficelle pour que le morceau se bloque et se colle sur la face intérieure de la plaque. Remplissez le trou d'enduit, en laissant une petite dépression ; laissez sécher. Coupez la ficelle et achevez d'enduire avant de lisser.

REBOUCHER UN GROS TROU

Si une plaque de plâtre en cloison ou en plafond présente un gros trou, ne le rebouchez pas uniquement à l'enduit.

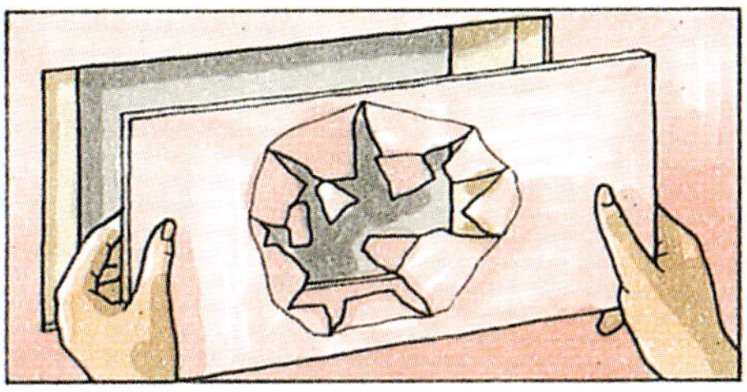

1 À l'aide d'une règle et d'un cutter, découpez la plaque jusqu'aux montants de bois les plus proches, de part et d'autre du trou. Coupez un panneau de plaque de plâtre aux mêmes dimensions que le trou et clouez-le sur les montants de la cloison avec des pointes galvanisées.

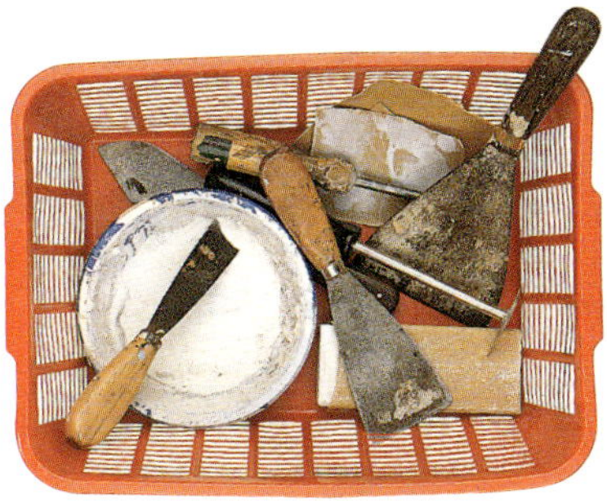

2 À l'aide d'une truelle ou d'un plâtoir, appliquez du plâtre fin sur le panneau, en pressant bien sur les bords pour le faire pénétrer. Attendez que le plâtre prenne, et lissez. Si nécessaire, appliquez une seconde couche pour obtenir une surface parfaitement lisse.

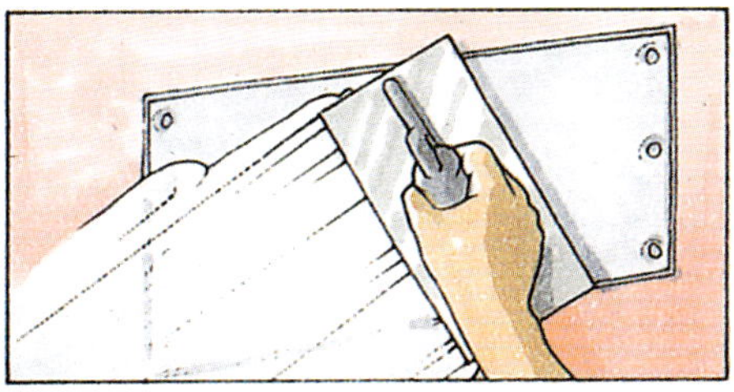

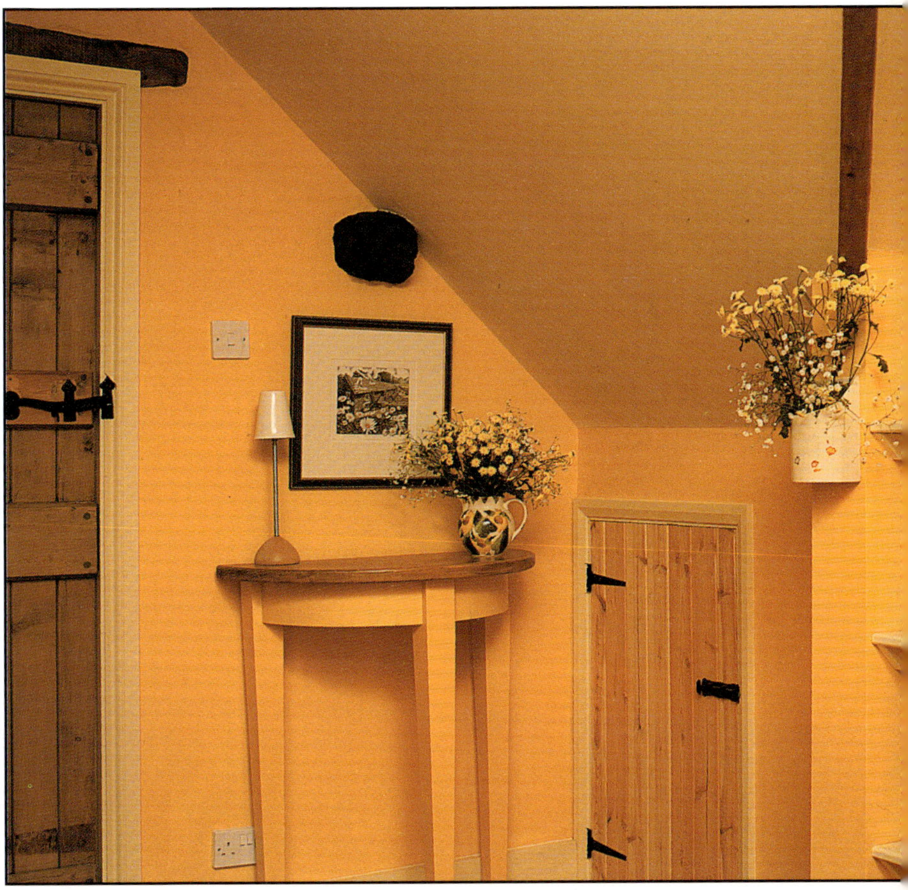

Les plaques de plâtres sont solides, mais se montrent plus vulnérables aux chocs sur les plafonds en pente, dans les angles sortants et dans les renfoncements.

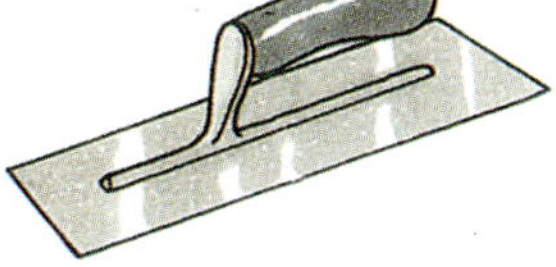

Plâtoir en métal

ISOLER LES COMBLES

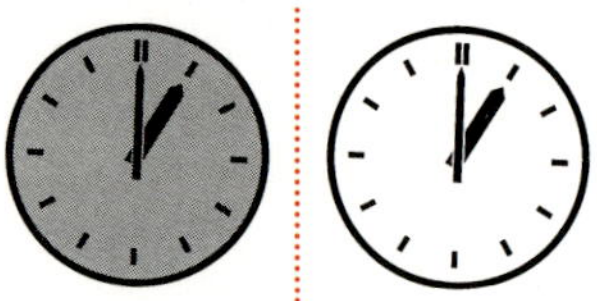

UNE JOURNÉE

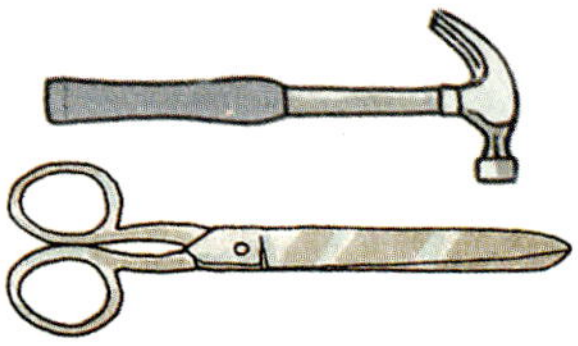

Outils indispensables

Pour la laine de verre :

- Grand couteau de cuisine
- Grosse paire de ciseaux

Pour la vermiculite :

- Balai
- Ciseaux
- Marteau
- Raclette niveleuse
- Tournevis

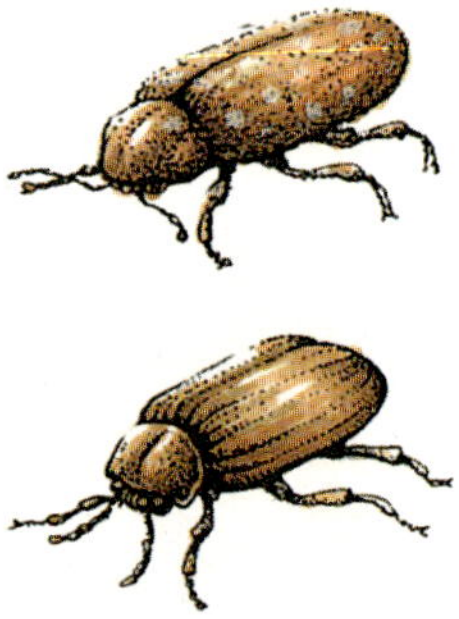

Éliminez les insectes parasites
Il en existe de nombreuses sortes : certains percent des trous dans le bois, d'autres le dévorent. Parmi les plus courants : l'horloge de la mort (en haut) et la vrillette (en bas).

Voir également :
Isoler les tuyaux, page 20

Un quart des pertes thermiques d'une maison traditionnelle s'effectue par le toit. L'isolation doit donc commencer par le haut. On peut isoler la toiture elle-même : c'est bien entendu une affaire de professionnels. Si les combles sont habités ou si vous désirez les aménager, vous pouvez isoler sous toiture. Si les combles sont accessibles mais étroits, et s'il n'est pas possible de les aménager (combles perdus), l'isolation sera facile et peu onéreuse car elle s'effectue sur le plancher.

Utilisez un matériau aux normes (laine de roche, laine de verre ou vermiculite expansée). Prévoyez une épaisseur suffisante pour assurer une isolation satisfaisante : le coefficient de résistance thermique doit être égal ou supérieur à 4 (correspondant à une épaisseur de 160 mm de laine de verre).

PRÉPARATION

Faites vérifiez votre charpente par un spécialiste : elle doit être saine et ne pas être attaquée par des insectes parasites. Attention en particulier aux termites, qui sévissent à l'heure actuelle dans de nombreuses régions.

Contrôlez, s'il y a lieu, l'état du câblage électrique qui passe sur le plancher des combles. Ne recouvrez jamais de laine de verre les boîtes de dérivations.

S'il n'y a pas d'éclairage dans les combles, utilisez une baladeuse aux normes ; n'utilisez pas d'ampoule nue sur une douille, car cela peut être très dangereux.

La fibre de verre est irritante pour la peau : portez donc des gants de protection. Protégez-vous aussi des poussières en utilisant un masque, et portez de vieux vêtements.

Poser de la laine isolante en rouleau

La laine de verre et la laine de roche ont un coefficient d'isolation comparable ; elles sont vendues en rouleaux d'une largeur de 1,20 m pour une épaisseur de 160 mm (coefficient 4) ou de 200 mm (coefficient 5). L'épaisseur recommandée varie selon les régions : une laine de verre de 160 mm d'épaisseur convient en région parisienne, mais une épaisseur de 100 mm suffit dans le Sud de la France.

Bouchez les trous éventuels dans le sol des combles, en particulier autour des tuyaux, à l'aide de mastic au silicone.

Ôtez l'emballage des rouleaux dans les combles, de manière que la laine, comprimée, reprenne son épaisseur normale.

Prenez garde à ne marcher que sur les solives (pièces de charpente sur lesquelles est fixé le plafond) ou sur des planches posées entre elles, afin de ne pas endommager le plafond de la pièce située au-dessous.

L'isolation doit être continue, d'un mur à l'autre. Il est possible de dérouler la laine de verre entre les solives : vous pourrez ainsi, par la suite, poser un plancher et utiliser les combles pour le rangement ou pour l'habitation. Vous pouvez aussi la disposer perpendiculairement aux solives, en serrant bien les longueurs les unes contre les autres pour éviter toute fuite thermique. Cette méthode donne les meilleurs résultats.

La laine de verre ou la laine de roche comprennent en général un pare-vapeur, feuille de papier kraft imperméabilisé qui évite que l'humidité remonte et imprègne l'isolant. Cette face doit être placée vers le dessous, contre le sol des combles.

Découpez la laine de verre à l'aide d'un grand couteau ou d'une paire de ciseaux adéquats. N'oubliez pas de poser l'isolant dans les recoins, car toute surface laissée à nue entraîne des pertes de chaleur.

Évitez de recouvrir les câbles électriques ; fixez-les plutôt sur les solives. Surtout, ne recouvrez jamais les boîtes de dérivations, ni les autres appareils électriques.

Isolation avec la laine de verre

Commencez par boucher les trous autour des canalisations (**1**). Placez l'extrémité du rouleau contre la toiture et arasez (**2**), en laissant les prises d'air dégagées s'il y a lieu (**3**). Déroulez l'isolant entre les solives et coupez l'autre extrémité avec des ciseaux (**4**). Fixez les câbles électriques aux solives ou faites-les passer sur l'isolant.

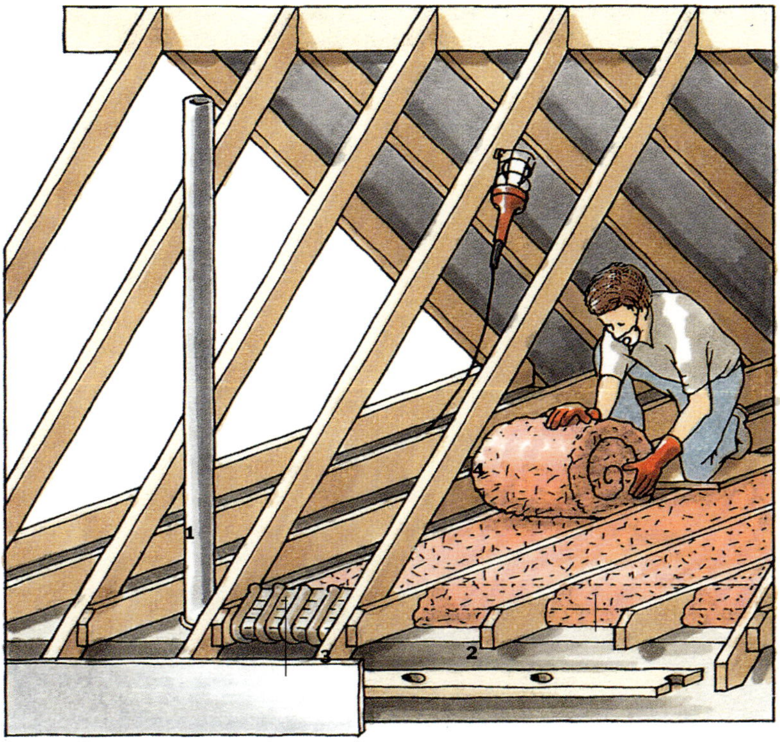

Isoler par épandage de vermiculite

La vermiculite est constituée de mica expansé. Elle se présente en fines paillettes brillantes constituant un excellent isolant, léger, incombustible et imputrescible. Il doit être épandu sur le sol des combles sur une épaisseur de 150 mm environ. Vous le trouverez en sacs de 100 litres, qui ne pèsent que 8 kg. Il existe d'autres matériaux isolants de même type, en particulier la laine de roche en flocons, le polystyrène expansé en granulés ou le liège expansé en particules. Comme pour les couvertures de laine de roche et de verre, ne recouvrez pas les câbles électriques.

Bouchez les trous autour des tuyaux et le long des murs pour éviter l'écoulement de la vermiculite et la condensation.

L'isolation doit permettre l'aération de la toiture. Fixez des plaques de contreplaqué entre les solives, près de l'extrémité, pour que les prises d'air restent dégagées.

Versez la vermiculite entre les solives et étalez-la en couche homogène à l'aide d'un balai. Si les solives sont hautes, utilisez une raclette de contreplaqué, clouée sur un tasseau, pour régler l'épaisseur de la couche à 150 mm. Isolez la trappe d'entrée des combles en construisant sur sa partie supérieure une sorte de boîte (un coffrage), avec quatre panneaux de bois d'une hauteur suffisante. Versez 150 mm de vermiculite dans cette boîte.

Stabilisation

Très légère, la vermiculite est soulevée et dispersée par le moindre souffle. Pour la stabiliser, saupoudrez un peu de plâtre au-dessus, puis humidifez avec un vaporisateur. Le plâtre durci forme une pellicule qui maintient l'isolant.

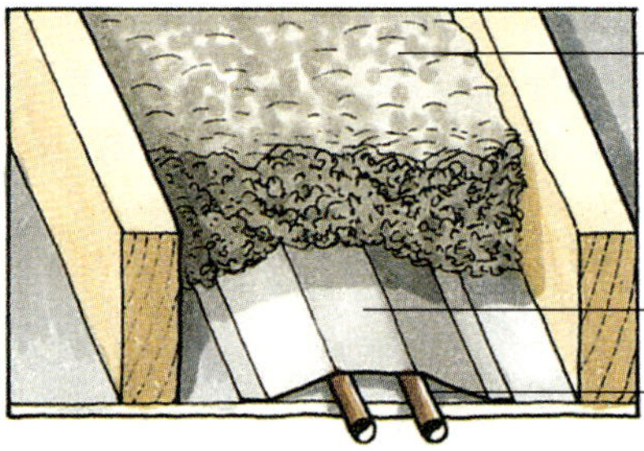

Isolation des tuyaux

Vous protégerez les canalisations d'eau (distribution d'eau sanitaire ou chauffage central) passant entre les solives contre le gel en les couvrant d'une couche de laine de verre ou d'une coquille de calorifugeage.

Si vous utilisez de la vermiculite, couvrez les solives entre lesquelles courent les tuyaux d'une feuille de carton et versez l'isolant par-dessus. Ils bénéficieront ainsi de la chaleur de la pièce du dessous.

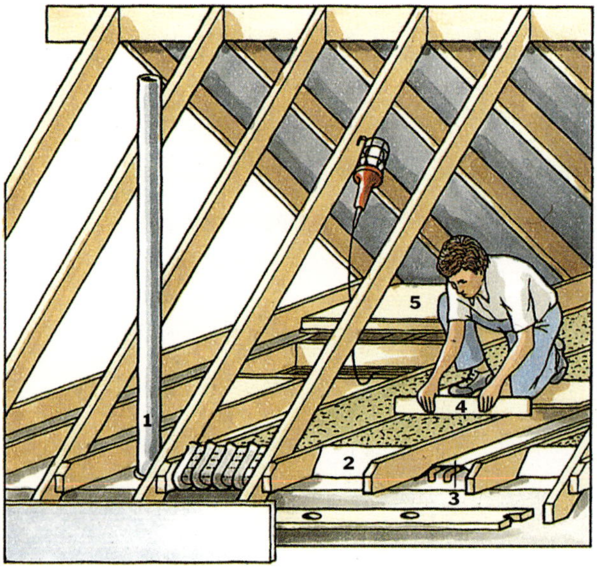

Isolation à la vermiculite

Bouchez les trous autour des canalisations (**1**). Placez des plaques de contreplaqué (**2**) pour ne pas boucher les prises d'air et couvrez les tuyaux d'un carton (**3**). Utilisez une raclette pour niveler l'isolant (**4**). Isolez également la trappe (**5**).

POSER UN DOUBLE-VITRAGE

Il existe sur le marché de nombreux systèmes pour doubler les vitrages. Le plus simple et le moins onéreux est de loin le film plastique isolant que l'on colle sur le châssis de la fenêtre. Il se montre remarquablement efficace et s'enlève à la fin de l'hiver. De plus, il ne pose aucun problème de sécurité, car on peut le déchirer facilement en cas d'urgence.

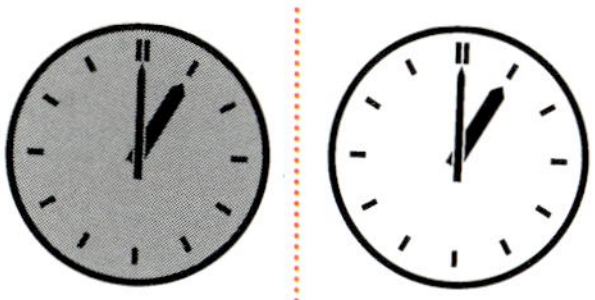

UNE JOURNÉE

Une heure suffit pour tendre un film plastique sur une fenêtre, mais l'isolation de toutes les fenêtres de l'appartement demande une journée entière.

Outils indispensables

- Ciseaux
- Cutter
- Sèche-cheveux

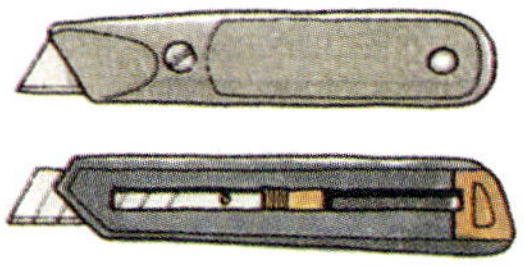

Doublage du vitrage avec un film isolant

Un film plastique collé sur le châssis de la fenêtre isole les vitres sans empêcher l'ouverture. En revanche, il ne bloque pas les courants d'air, et il faut également calorifuger. S'il s'agit d'une fenêtre que vous n'ouvrez pas en hiver, collez le film sur le dormant, vous l'isolerez ainsi complètement.

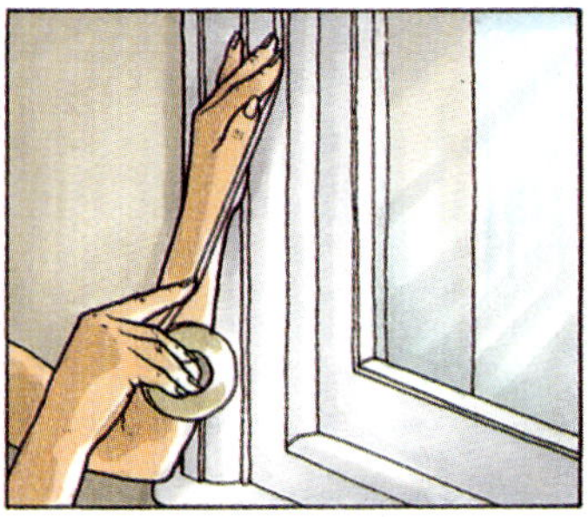

1 *Nettoyez le bois de la fenêtre et découpez le film plastique aux dimensions, en laissant une marge de tous les côtés. Collez une bande adhésive double-face sur le bois ; ôtez la protection.*

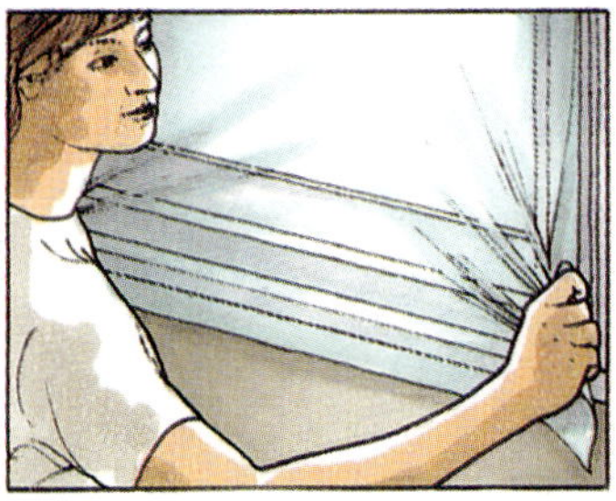

2 *Fixez le film sur la traverse haute. Tendez-le sans le déformer et fixez-le sur les côtés et en bas du vantail ou du dormant. N'appuyez que légèrement sur l'adhésif, car vous devrez rectifier la position du film en le tendant.*

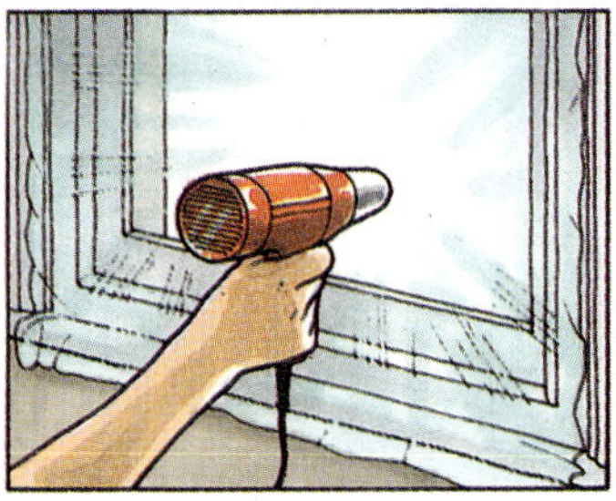

3 *Supprimez les rides et les faux-plis à l'aide d'un sèche-cheveux réglé à température maximum. Tenez la buse à 1 cm du film et chauffez celui-ci dans un mouvement régulier, en commençant par le haut.*

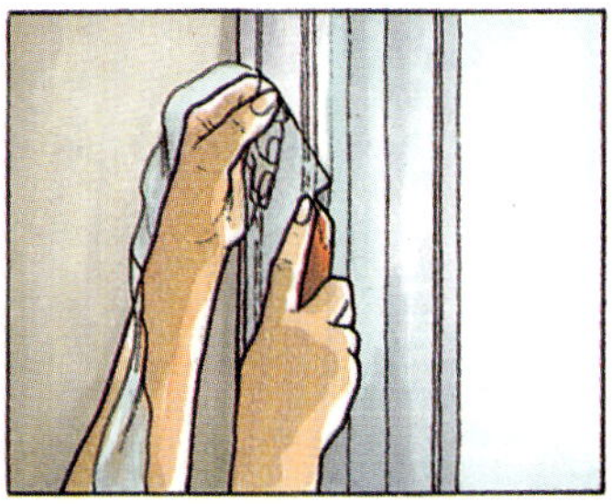

4 *Une fois le film bien tendu, coupez l'excédent au cutter.*

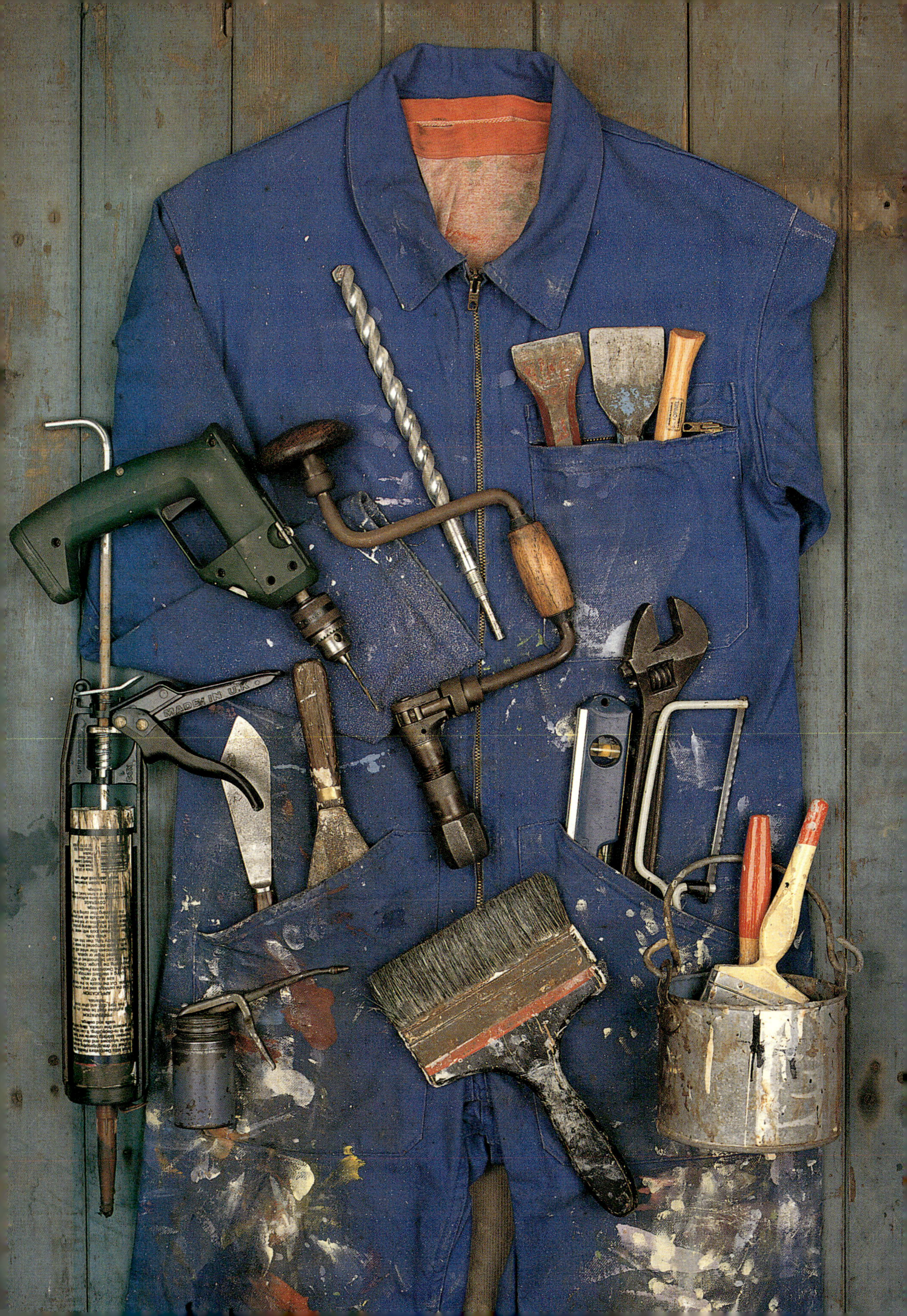
MADE IN U.K.

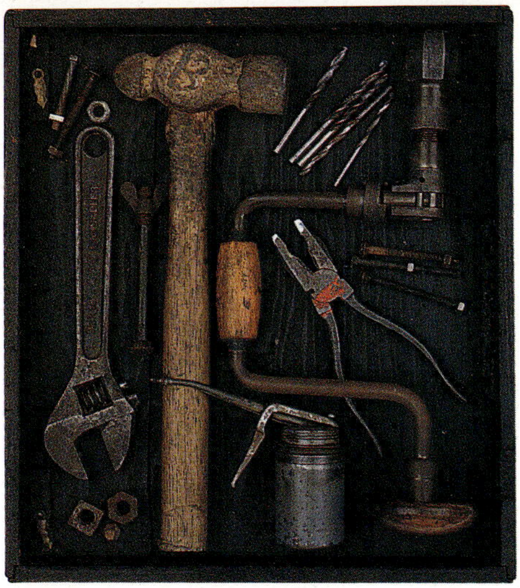

4

UN WEEK-END

DALLER UNE PETITE TERRASSE

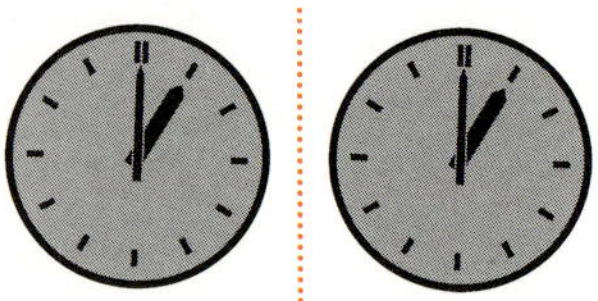

UN WEEK-END

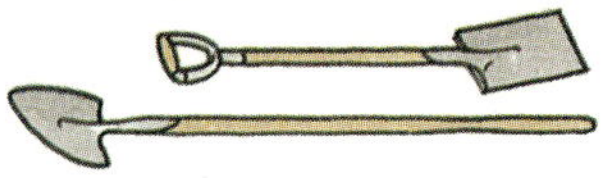

Outils indispensables

- Brosse ou balai
- Ciseau à brique
- Lunettes de protection
- Marteau
- Masque anti-poussière
- Niveau à bulle
- Pelle
- Planche
- Pulvérisateur de jardin
- Râteau
- Rouleau à gazon
- Scie à matériaux
- Truelle

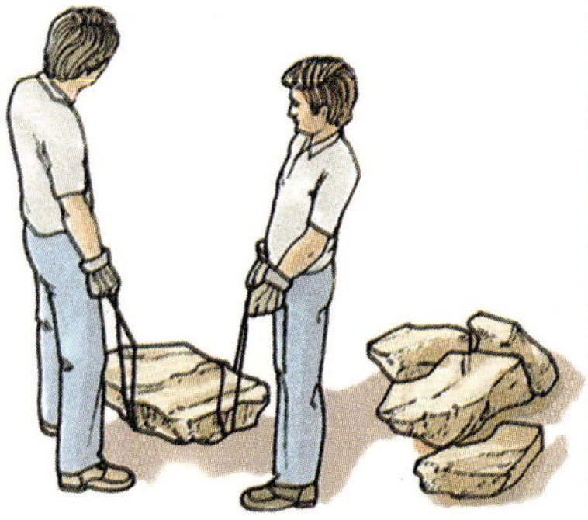

Les dalles pour extérieur sont le plus souvent carrées, mais il en existe aussi de forme rectangulaire, hexagonale, trapézoïdale ou circulaire. Pour chaque forme, plusieurs « appareillages » – c'est-à-dire plusieurs manières de disposer les dalles – sont possibles.

Une petite terrasse de plain-pied, entourée d'arbustes à fleurs et de plantes vivaces, est un lieu rêvé pour profiter du jardin et du soleil. Des dalles de béton vendues dans les grandes surfaces de bricolage vous permettront de venir facilement à bout de ce travail en un week-end, si vous ne souhaitez pas revêtir une grande surface. Elles sont commercialisées dans diverses teintes ; certaines ont l'aspect de la pierre alors que d'autres présentent des motifs décoratifs. La surface peut être lisse, sablée, rugueuse, irrégulière comme la pierre naturelle ou encore gravillonnée.

La réalisation de cet ouvrage n'est pas plus difficile que le carrelage d'un sol, surtout s'il n'y a pas de coupes à effectuer. La préparation du sol doit être particulièrement soignée afin d'obtenir une finition de bonne qualité, et pour que le revêtement dure longtemps.

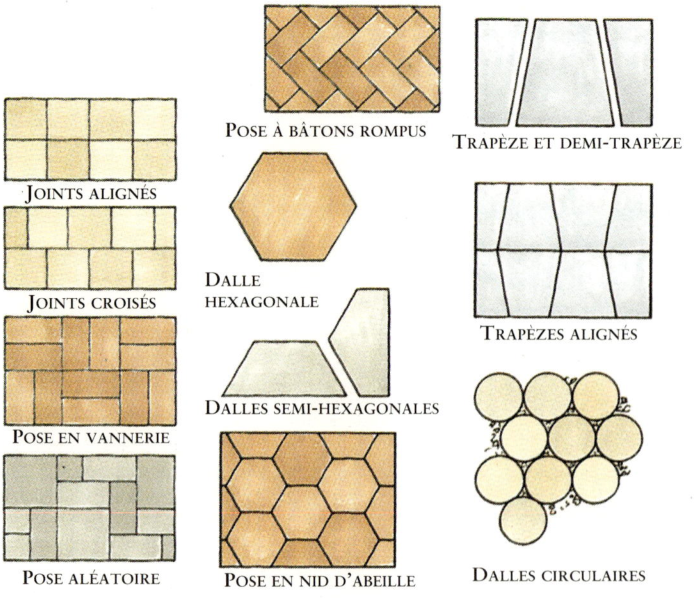

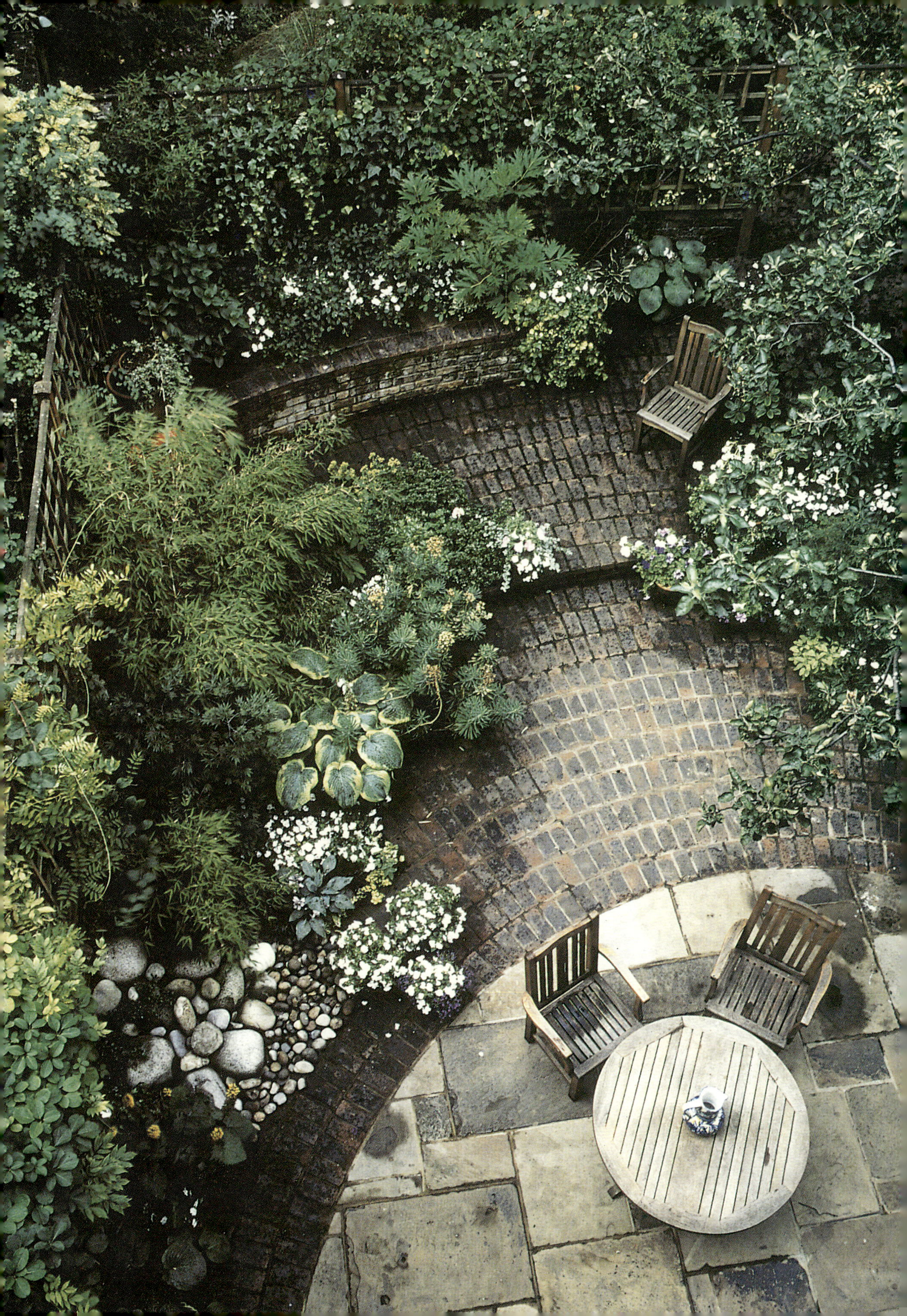

Calculer les dimensions

Vous vous éviterez un fastidieux travail de coupe en calculant les dimensions de la terrasse de manière à utiliser un nombre entier de dalles en longueur et en largeur. Si la terrasse part de la maison, la première rangée sera en général jointive au mur, mais il peut être préférable de laisser une marge de 10 à 15 cm pour une bordure gravillonnée. Celle-ci assurera un meilleur drainage au bas du mur et permettra en outre de planter des grimpantes au pied de la façade. Prévoyez de toute façon une pente de l'ordre de 10 à 15 mm par mètre, dirigée vers l'écoulement ou vers le jardin, pour éviter l'accumulation d'eau.
Une terrasse attenante à une façade doit se trouver au moins 15 cm au-dessous de la membrane d'étanchéité horizontale du bâtiment (il s'agit en général d'une couche de bitume ou d'une bâche de plastique posée lors de la construction), pour éviter la pénétration de l'humidité dans les murs.

Les joints

N'oubliez pas de prendre en compte la largeur des joints dans le calcul des dimensions de votre terrasse. Ils ont en général 5 à 10 mm de largeur, parfois davantage, surtout pour les dalles « rustiques ». Il existe des dalles à rives chanfreinées, c'est-à-dire taillées en biseau, que l'on peut poser à joints vifs (bord à bord). Délimitez la surface à daller à l'aide d'un cordeau et de piquets, et vérifiez précisément les dimensions avant de commencer le travail.

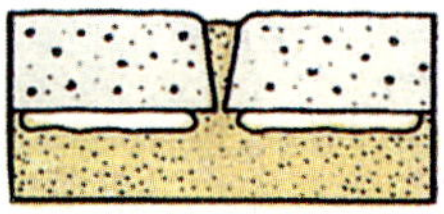

Dalles à rives chanfreinées à poser bord à bord

Préparer le sol

Le dallage doit reposer sur une surface stable et nivelée ; la profondeur et la nature de ces fondations dépendent essentiellement du type de sol de votre terrain.

Petite surface et dalles légères

Désherbez et creusez sur une profondeur égale à l'épaisseur des dalles plus 5 cm. (Les trois premiers centimètres correspondent à la couche de sable, et les deux autres centimètres à une dénivellation qu'il est préférable de ménager entre le dallage et la pelouse, afin de ne pas gêner le passage de la tondeuse.) Tassez à l'aide d'un rouleau à gazon bien lesté. Étalez ensuite le sable au râteau, puis nivelez et tassez à l'aide d'une planche ou d'un outil spécial appelé dame.

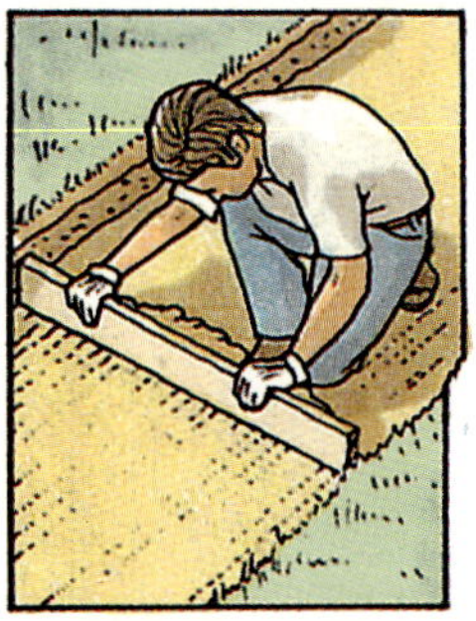

Nivelez le sable à l'aide d'une planche

Sur sol argileux ou tourbeux

Ce type de sol est instable. Il faut donc assurer de bonnes fondations, surtout si les dalles sont lourdes. Creusez à 10 cm de profondeur pour étaler une couche de pierraille et de gravats de ciment – cette couche de fondation est appelée hérisson – avant de niveler avec le sable.

Si vous souhaitez que l'aire soit carrossable, coulez une dalle de béton sur un hérisson de 15 cm de profondeur.

METTRE LES DALLES EN PLACE

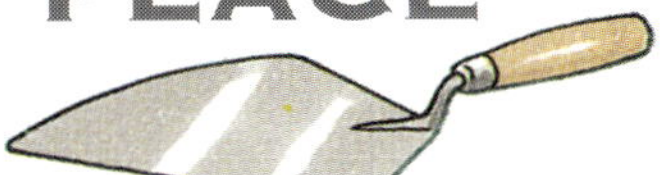

Une fois les fondations prêtes, tirez un cordeau qui servira de guide pour la pose des deux premières rangées. Commencez à un angle et progressez alternativement en longueur et en largeur. Mettez les dalles en place. Quand leur position est correcte, soulevez-les l'une après l'autre pour les caler avec du mortier que vous aurez préparé à l'avance en mélangeant une part de ciment à quatre parts de sable.

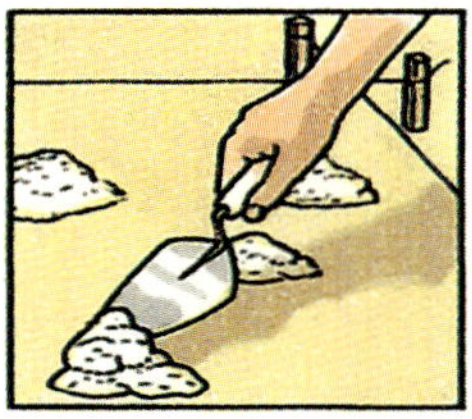

1 À l'aide d'une truelle, déposez une petite quantité de mortier aux quatre coins et au centre de la dalle. (Notez qu'il est possible de poser les dalles directement sur lit de sable, sans ajout de mortier.)

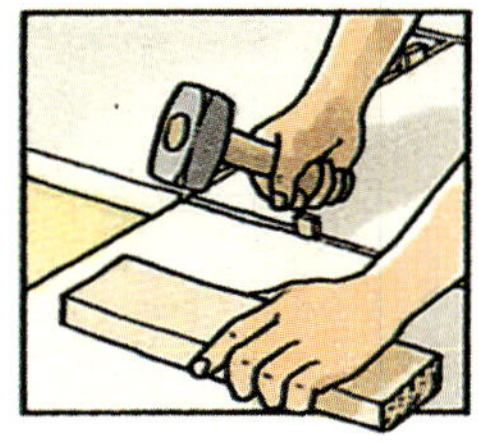

2 Mettez en place trois dalles. Interposez des cales en bois entre chacune d'elles pour obtenir des joints réguliers. Réglez ensuite le niveau horizontal en tapant avec un marteau sur une cale de bois. Vérifiez l'alignement avec une règle.

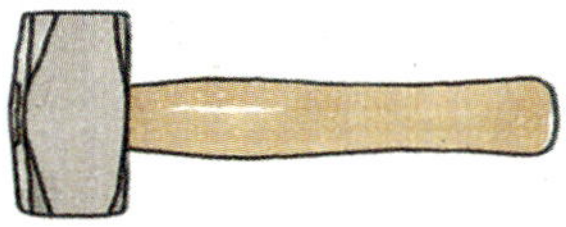

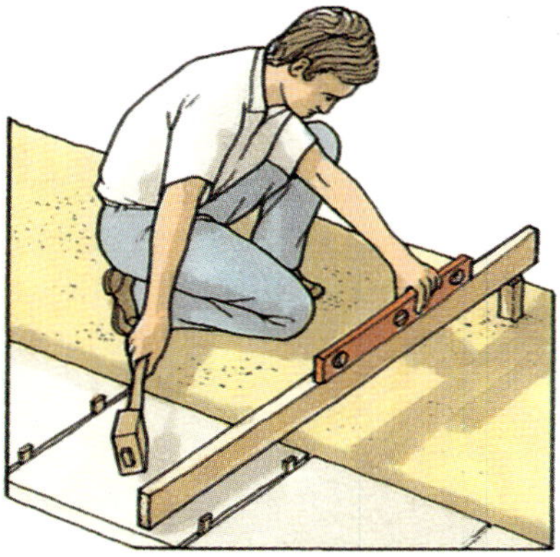

3 Plantez de petits piquets sur le côté du dallage : enfoncez-les avec précision pour que leur hauteur corresponde à celle souhaitée pour votre ouvrage. En utilisant une règle et un niveau à bulle, mettez ensuite les dalles au même niveau que les piquets, afin de régler la pente. Continuez la pose en repartant du même angle pour chaque rangée. Enlevez les cales de bois avant la prise du mortier.

Laissez sécher le mortier deux ou trois jours : pendant ce laps de temps, ne marchez pas sur le dallage ou, si cela est nécessaire, posez des planches auparavant.

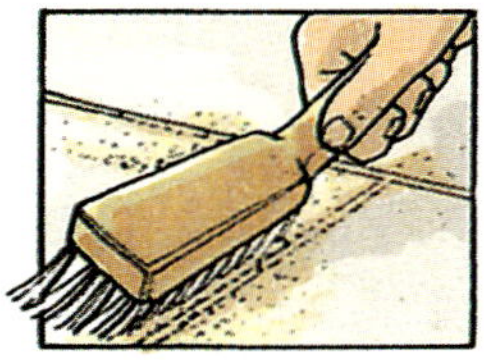

4 Pour procéder au remplissage des joints, mélangez une part de ciment et trois parts de sable. Faites pénétrer le mélange sec dans les joints à l'aide d'une brosse. Ôtez l'excédent, et imprégnez d'eau avec un pulvérisateur de jardin pour humidifier le mélange. N'effectuez pas cette opération si le temps est à la pluie. Quand les joints sont secs, lavez le dallage.

Couper les dalles de béton

Quand la surface de dallage est imposée, des coupes sont en général nécessaires. On peut toutefois les éviter, soit en utilisant des demi-dalles ou des éléments de bordure, qui existent pour certains modèles de dalles extérieures, soit en laissant une petite bordure cimentée entre un mur et le dallage. Les coupes très étroites ne sont guère décoratives, placez-les donc du côté où elles sont le moins visibles.

Si vous coupez les dalles au ciseau à brique ou à la scie à matériaux, portez des lunettes de protection, des bons gants de bricolage et un masque anti-poussière.

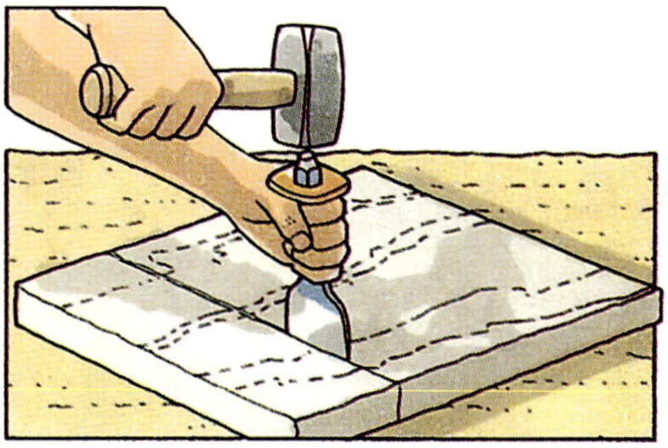

1 Tracez une ligne de coupe sur la dalle, au feutre ou à la craie. À l'aide d'un ciseau à brique ou d'un ciseau de maçon, ouvrez une rainure de 3 mm de profondeur sur cette ligne. Vous travaillerez plus commodément en posant la dalle sur un matériau dur et plan.

TOUR DE MAIN

Si vous avez de nombreuses coupes à réaliser, louez une scie à matériaux, équipée d'un disque diamant. Vous pourrez effectuer un travail propre, précis et rapide, quel que soit le type des dalles.

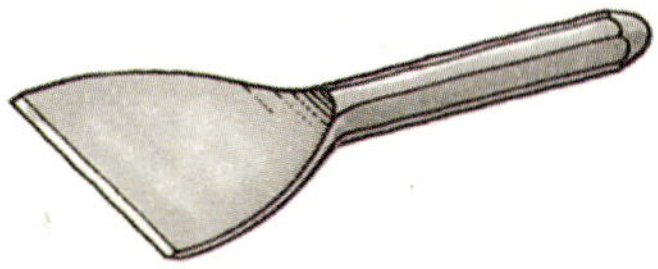

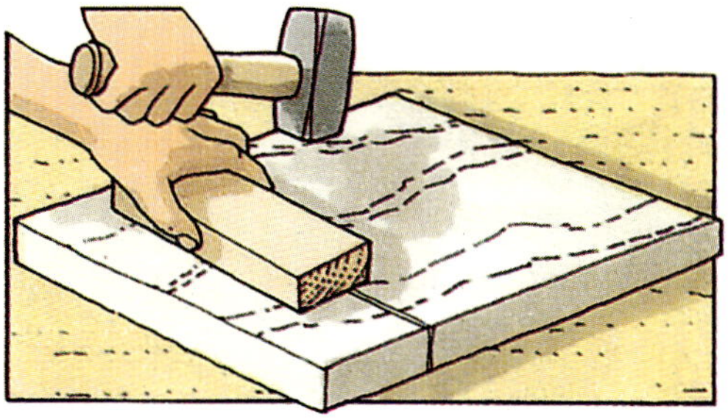

2 Placez la dalle entaillée sur un lit de sable et posez une cale de bois sur la rainure. Tapez sur la cale avec un marteau, en la déplaçant sur la rainure, jusqu'à ce que la dalle casse. Nettoyez le chant au ciseau.

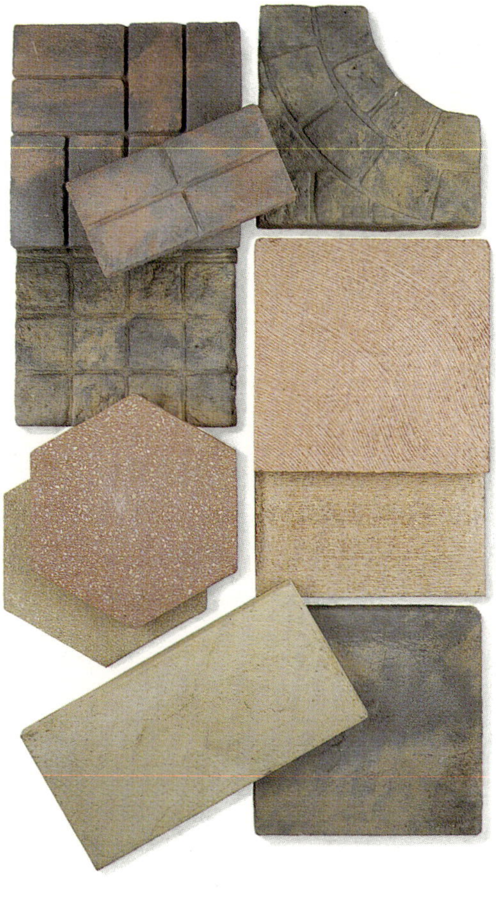

Quelques échantillons de dalles pour extérieur

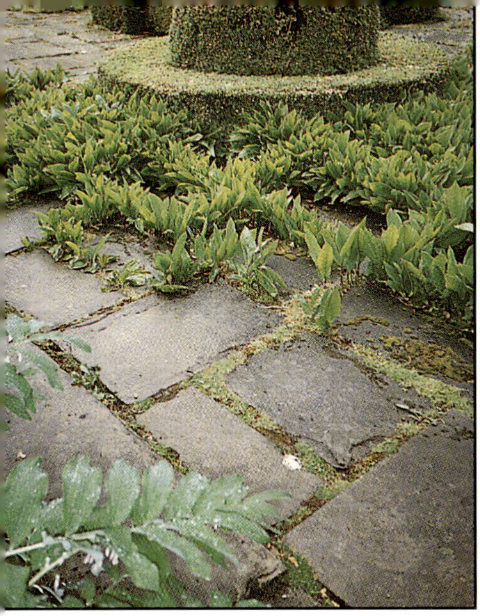

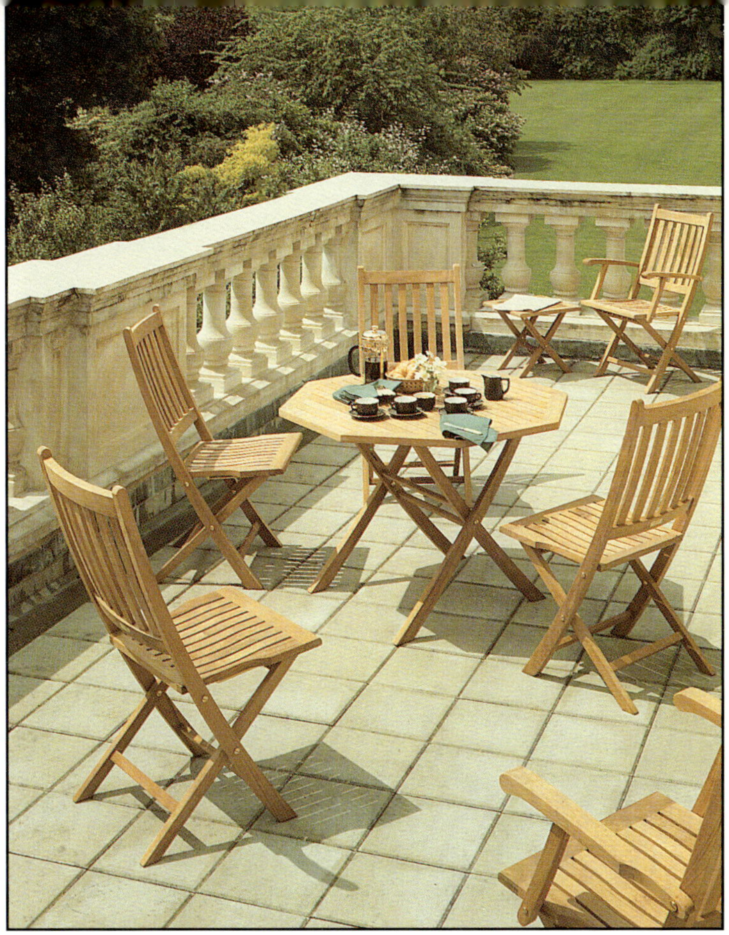

Pour cultiver des plantes tapissantes entre les dalles, remplissez les joints d'un mélange de terre et de sable (ci-dessus).

Les dalles de béton (à droite) sont solides, durables et faciles à poser.

Les briques de pavage, bordées ici d'éléments en granit (ci-dessous), sont décoratives par leurs teintes chaudes et naturelles.

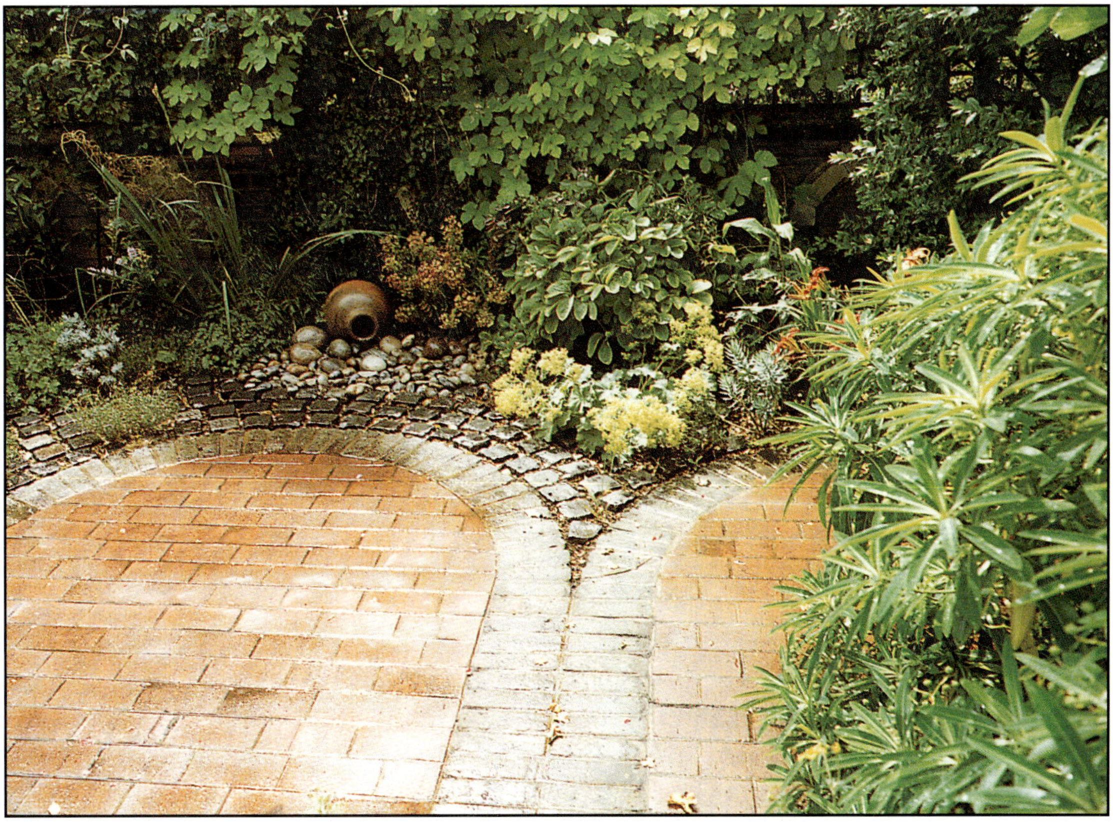

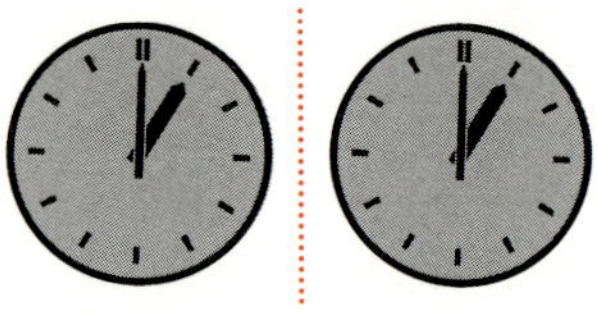

UN WEEK-END

CRÉER UNE ALLÉE EN PIERRES NATURELLES

Des pierres plates irrégulières et placées de manière à réduire les espaces intermédiaires au maximum, sont très décoratives pour les allées. Cette disposition, appelée *opus incertum*, n'a pas la rigidité des surfaces en dalles régulières et s'harmonise mieux au décor végétal d'un jardin. La pose est simple puisqu'elle se fait sur un lit de sable (pour une allée non carrossable).

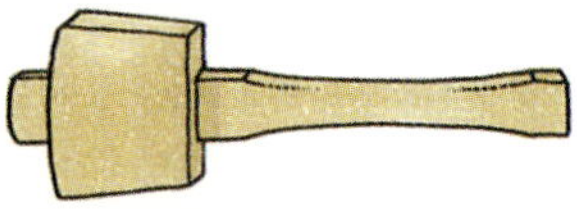

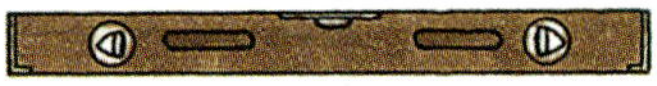

Outils indispensables

- Balai
- Ciseau à brique
- Dame
- Lunettes de protection
- Maillet
- Marteau
- Niveau à bulle
- Règle
- Truelle
- Vieux pinceau

Choix du matériau

De nombreuses pierres plates font de très bonnes dalles pour le jardin. Vous en trouverez de fort différentes, tant par leur aspect que par leur prix. Les plus prestigieuses, telles celles en marbre rose, coûtent cher. Mais vous en trouverez d'autres, aussi belles et souvent plus abordables, selon votre région (quartzite, granit, ardoise ou pierre calcaire aux multiples aspects). L'épaisseur de ces matériaux varie de 15 à 50 mm.

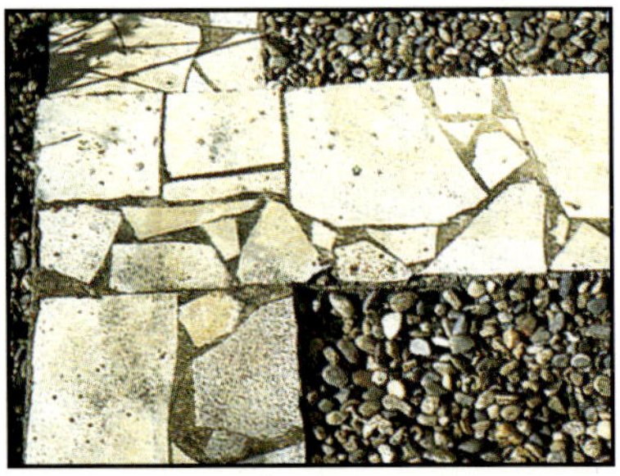

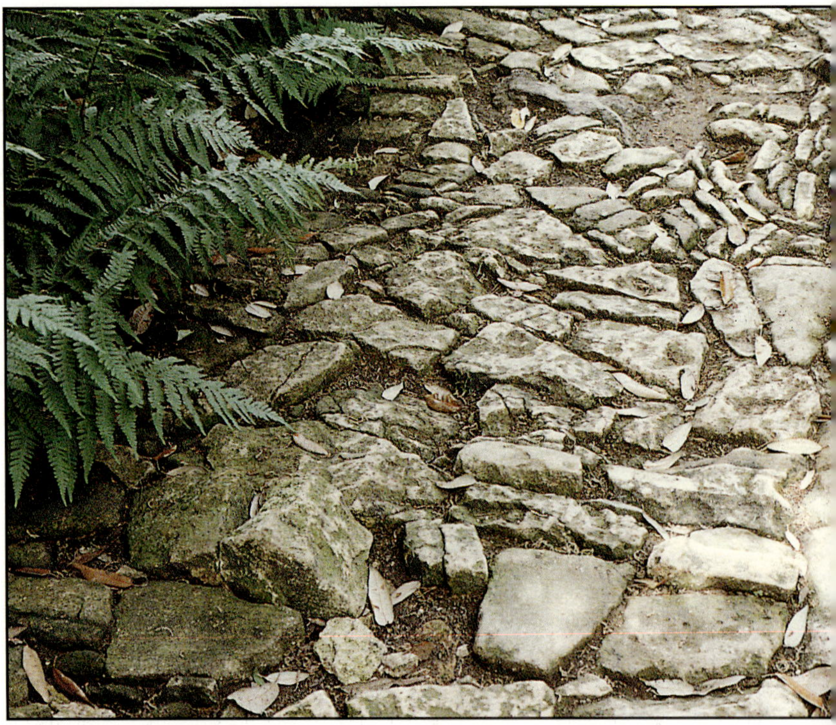

Les dalles brisées (ci-dessus) sont très décoratives sur une allée ; cependant, un *opus incertum* en pierre naturelle (à droite) présente un charme bien supérieur.

Poser les dalles

Délimitez l'allée en tirant des cordeaux – les bords ne seront pas parfaitement réguliers, du fait de la disposition retenue pour les dalles, mais cela permet d'indiquer une direction et une marge à respecter.

Creusez sur une profondeur 4 à 5 cm supérieure à l'épaisseur des dalles, et tassez le sol à l'aide d'une dame. Épandez une couche de sable fin. Sur sol argileux et instable, il est préférable de creuser davantage afin d'étaler un hérisson de pierraille (couche de fondation). Utilisez les dalles les plus grosses, plus stables, pour les bords de l'allée.

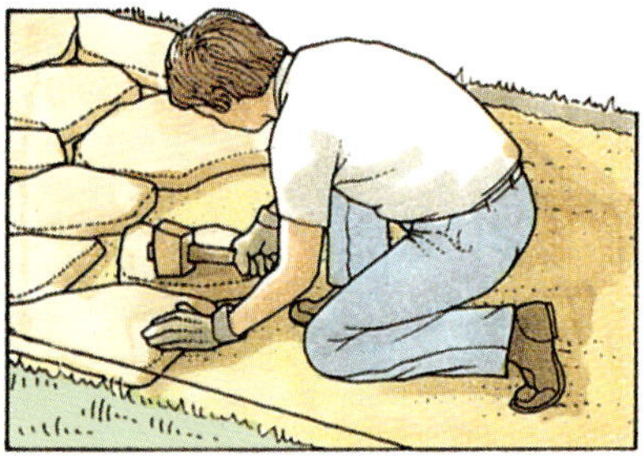

1 Choisissez les dalles de manière qu'elles s'adaptent entre elles le mieux possible. Donnez à chacune son assise sur le sable : posez une cale de bois pardessus la dalle et tapez avec un marteau ou un maillet.

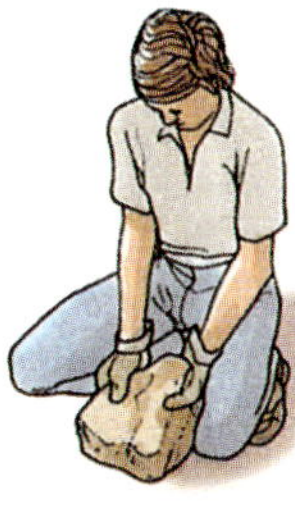

Gardez toujours le dos droit quand vous soulevez une pierre lourde.

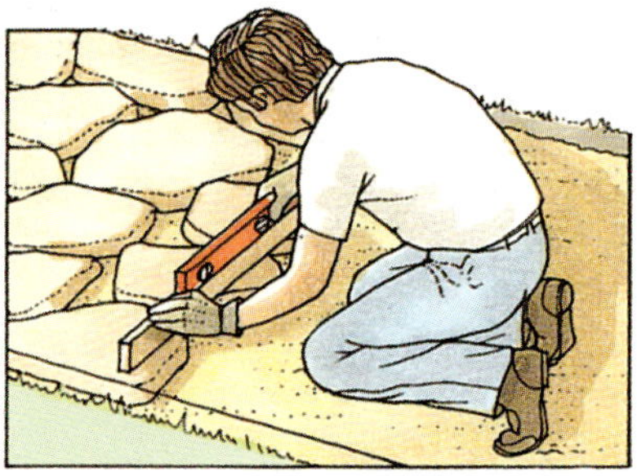

2 Lorsque vous avez revêtu 1 m², vérifiez l'horizontalité à l'aide d'un niveau à bulle. Si nécessaire, ajoutez ou retirez du sable sous une dalle mal placée pour rectifier sa position.

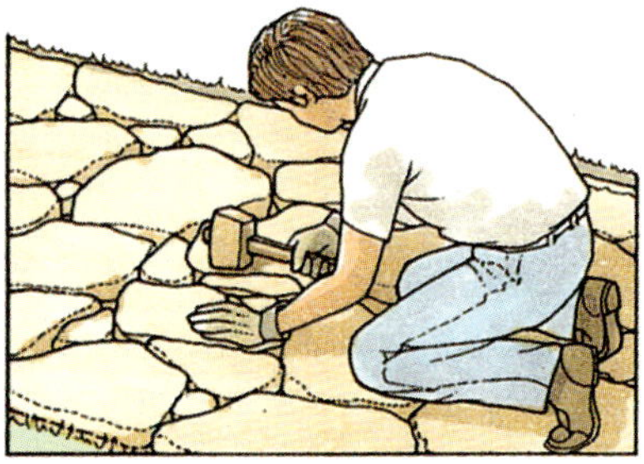

3 Une fois la plus grande partie du travail achevée, placez les petites pierres entre les grosses, de manière à remplir les vides ; enfoncez-les avec un maillet.

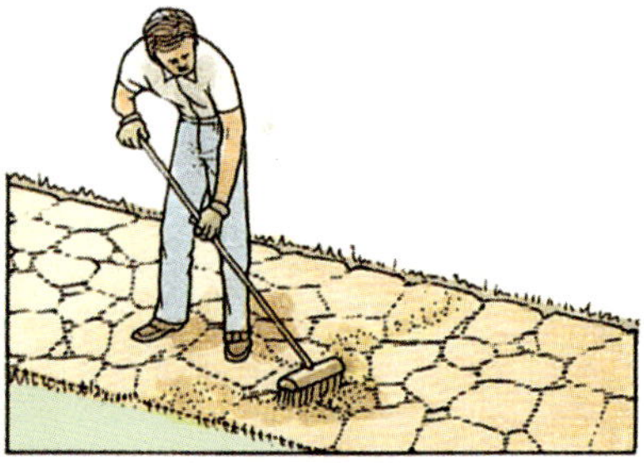

4 Remplissez les joints en étalant du sable sur l'allée et en balayant dans tous les sens. Si vous souhaitez cultiver du gazon entre les joints, remplacez le sable par un mélange de terreau, de bonne terre et de sable. S'il s'agit d'une allée carrossable – sur dalle et avec des fondations –, réalisez des joints au mortier.

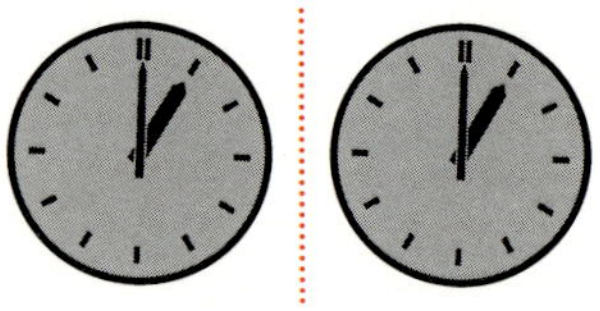

UN WEEK-END

PEINDRE LA SALLE DE SÉJOUR

Il est difficile d'achever la peinture d'une pièce en quarante-huit heures si vous utilisez une peinture glycérophtalique (« peinture à l'huile »), dont le séchage entre deux couches demande du temps. Si les murs sont bien préparés et le plafond déjà peint ou tapissé, vous pourrez passer deux couches de peinture acrylique en une journée, à condition de commencer assez tôt. Il est cependant préférable de ne pas appliquer de finition et de remettre la fin des travaux au week-end suivant si la première couche de peinture n'est pas complètement sèche.

Pour ne pas perdre de temps, utilisez une peinture acrylique mate ou satinée à séchage rapide (30 minutes à une heure) ou une peinture monocouche (sachez qu'il peut être nécessaire d'en passer deux couches, malgré son nom).

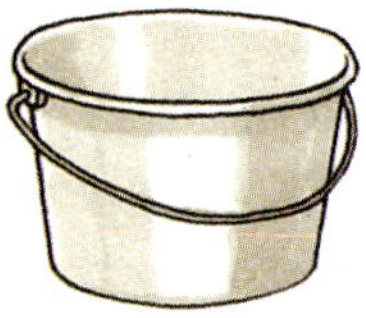

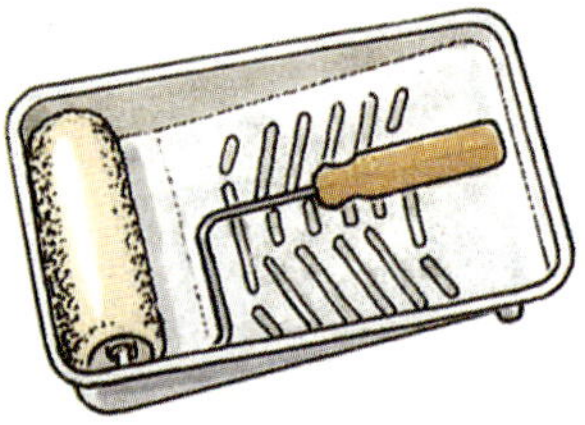

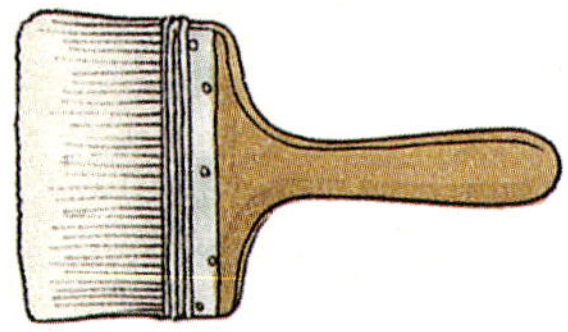

Outils indispensables

Pour les murs :

Gros pinceaux ou rouleau et bac

Pinceau rond ou plat

Pour les boiseries :

Bac à peinture

Grattoir de peintre

Pinceaux plats ou ronds de différentes tailles

Voir également :
Décoller un vieux papier peint, page 44
Poser du papier peint au plafond, page 54
Peindre un plafond, page 56
Refaire un plâtre endommagé, page 74

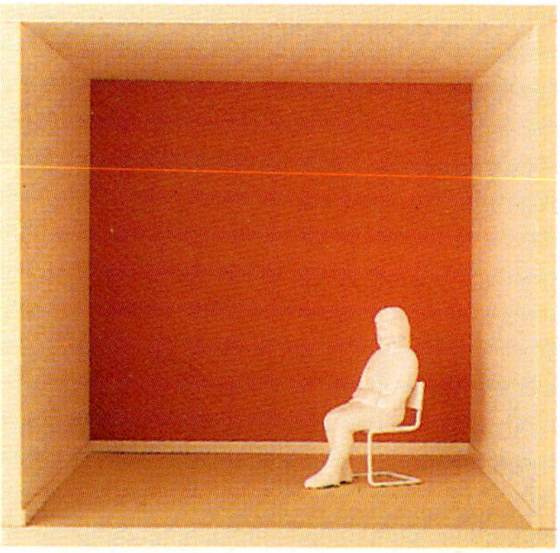

Une couleur chaude semble proche.

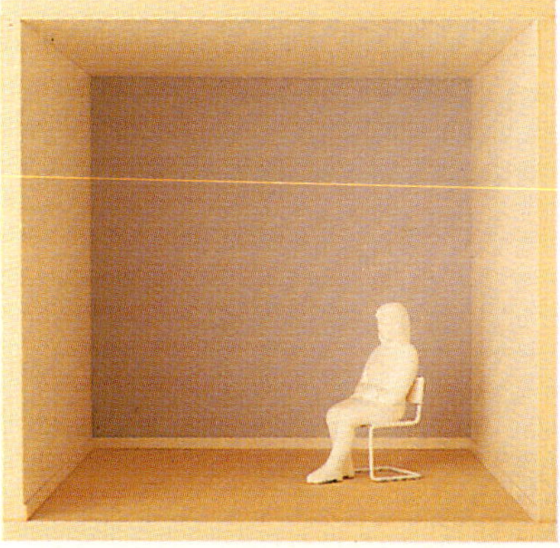

Une couleur claire semble éloignée.

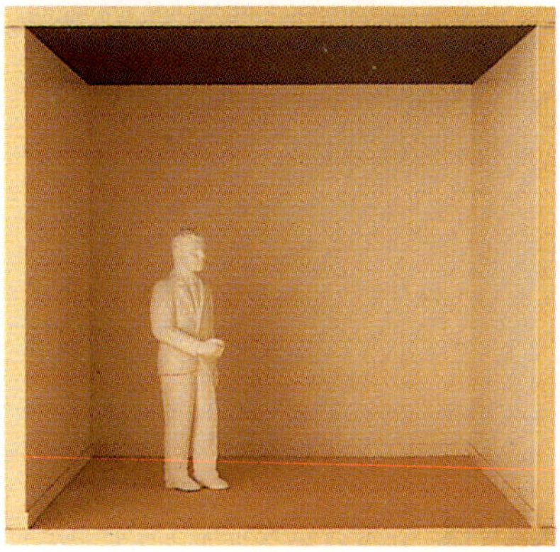

Un plafond foncé apparaît plus bas.

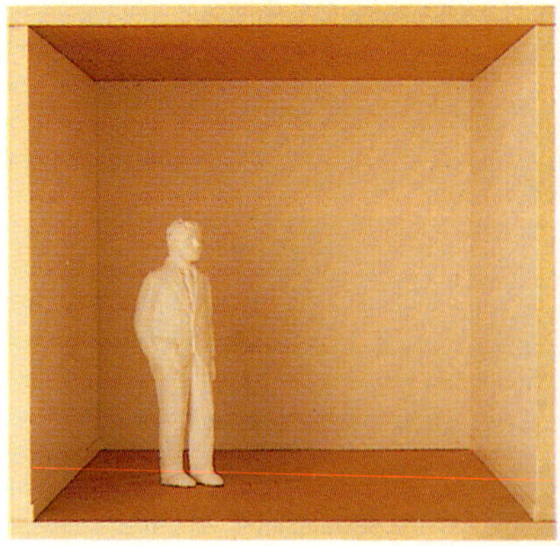

Une teinte sombre rend la pièce petite.

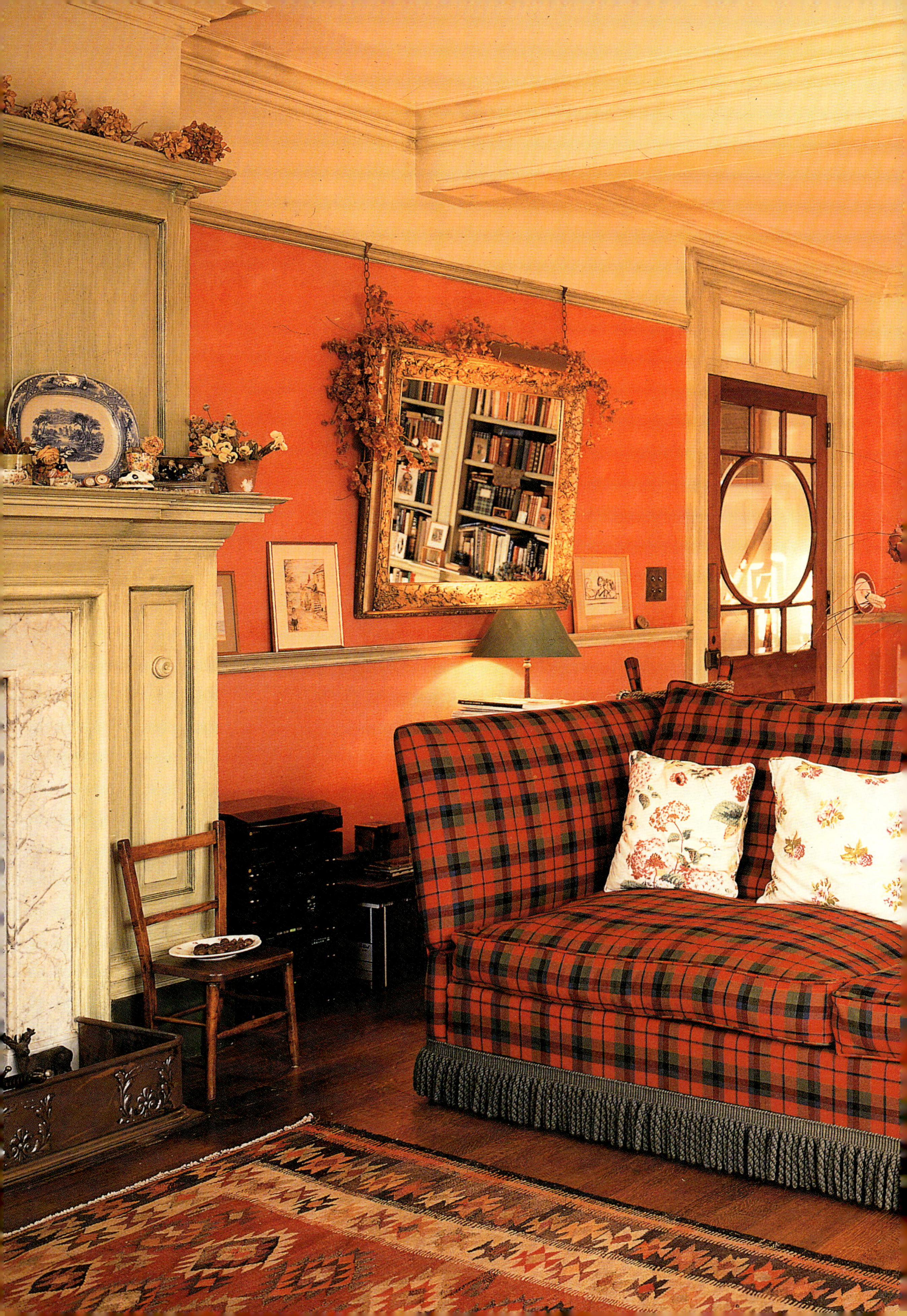

Peindre les murs

Protégez le sol avec des bâches en matière plastique. Vous pouvez utiliser un escabeau traditionnel, mais vous travaillerez à la fois plus facilement et plus rapidement si vous montez un petit échafaudage avec des planches solides, aussi longues que la pièce.

Quel type de peinture ?

Pour les pièces d'habitation, comme la salle de séjour et les chambres, on utilise aujourd'hui surtout les peintures acryliques. Faciles à appliquer, sans odeur, solubles dans l'eau, séchant rapidement, elles offrent une très large gamme de coloris. Elles sont surtout mates ou satinées, mais il existe aussi des acryliques brillantes. Les peintures acryliques pour murs et plafonds sont riches en résine et ont un grand pouvoir couvrant. Elles permettent de blanchir les fonds en une seule couche. On peut par ailleurs les teinter avec des pigments.

La peinture vinylique est proche de l'acrylique. Elle est plus rarement utilisée et sa principale qualité est son prix très avantageux.

Les peintures glycérophtaliques sont plus réservées aux pièces devant supporter l'humidité, comme la cuisine ou la salle de bain, et pour les huisseries. Très couvrantes et résistantes, durables et lavables, elles sèchent plus lentement ; leur solvant est le white-spirit. On les utilise surtout en qualité brillante et satinée, mais il existe aussi des peintures glycérophtaliques mates.

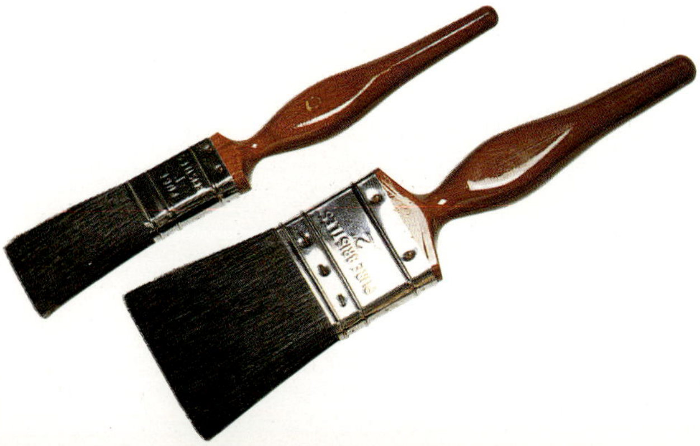

Attention

Terminez complètement un mur avant de faire une pause ; dans le cas contraire, vous pourriez observer une légère différence de ton entre les deux parties du mur.

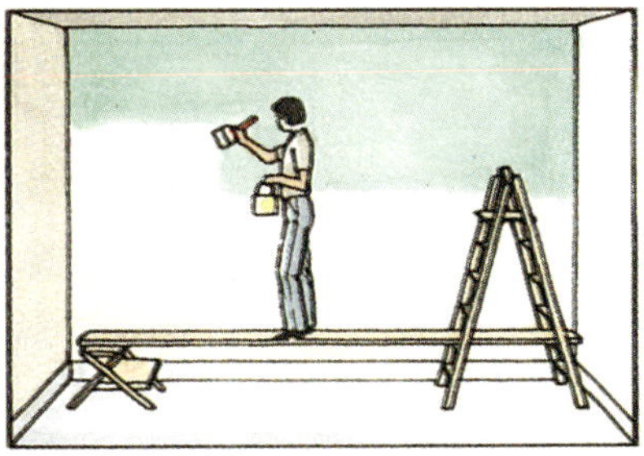

1 Commencez à l'angle supérieur droit de la pièce (si vous êtes droitier) et peignez d'abord les angles du mur, à l'aide d'un pinceau rond ou plat.

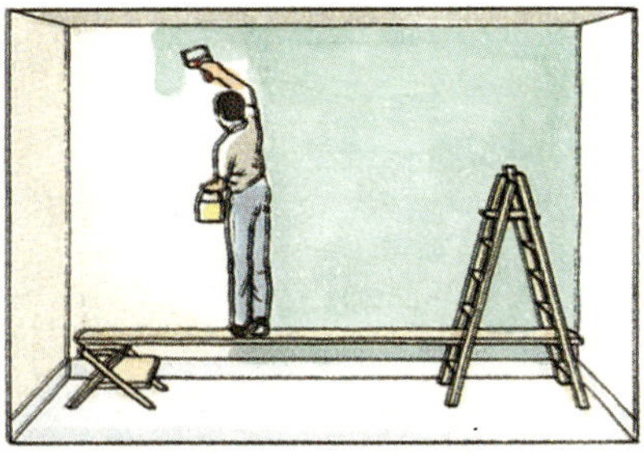

2 Peignez le mur par bandes horizontales de 30 à 60 cm de largeur, à l'aide d'un rouleau ou d'un gros pinceau.

PEINDRE AU PINCEAU

S'il est plus confortable d'utiliser le rouleau, le maniement prolongé du pinceau étant douloureux pour le poignet, il est possible de peindre tout un mur à l'aide d'une grosse brosse ronde ou d'un pinceau plat. Près des angles, utilisez une brosse ronde (brosse de pouce) numéro 4, 5 ou 6, ou un pinceau plat bâtiment de 50 ou 60 mm.

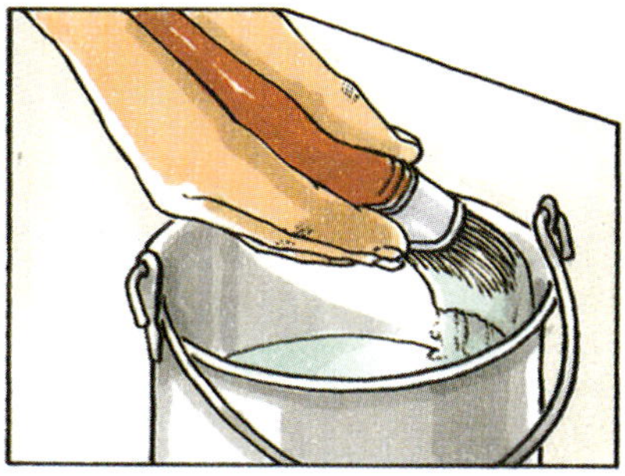

1 Ne chargez pas trop votre brosse de peinture : vous feriez des bavures et vous auriez du mal à nettoyer la base des soies. Trempez seulement le tiers des soies dans la peinture, et essorez soigneusement la brosse sur le bord du récipient (il n'est pas nécessaire d'essorer si vous utilisez une peinture en gel, car celle-ci ne goutte pas).

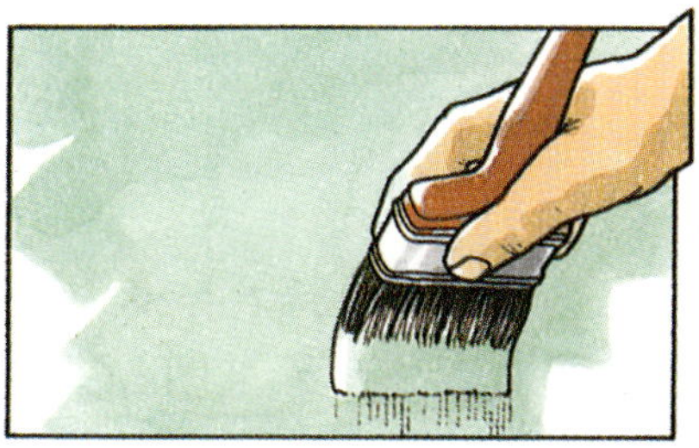

2 Tenez le pinceau de la façon qui vous paraît la plus confortable. En le saisissant à la manière d'un stylo, vous pourrez l'orienter plus facilement, dans toutes les directions. Tenez le manche entre le pouce et l'index, les doigts posés sur la virole métallique. Tâchez de peindre en souplesse, sans vous crisper, pour ne pas vous fatiguer le poignet. Appliquez la peinture verticalement et lissez horizontalement.

PEINDRE AU ROULEAU

Un rouleau à peindre à manchon interchangeable est le meilleur outil pour peindre les grandes surfaces. Utilisez un rouleau de 180 mm ou de 250 mm, ou même – pour les très grandes surfaces – de 450 mm. Vous pouvez les utiliser avec un manche télescopique.

Il existe de nombreux modèles de manchons, à poils longs (finition texturée) ou courts. Pour l'acrylique mate ou satinée, choisissez un anti-gouttes à poils courts, qui limite les projections.

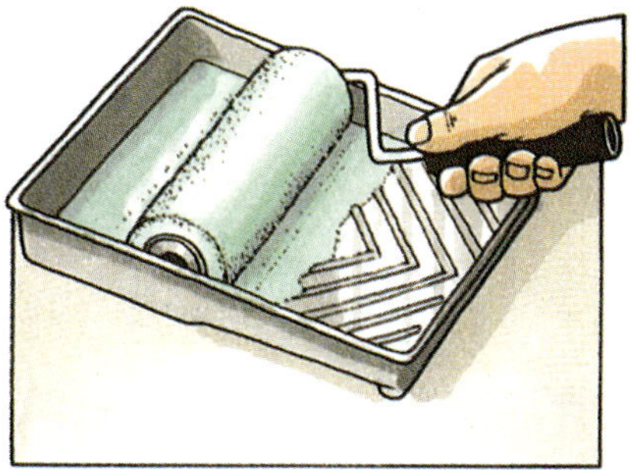

1 Après avoir versé la peinture dans la partie creuse d'un bac plat, chargez le rouleau en le trempant dans la peinture puis essorez-le sur la partie crantée (vous pouvez aussi le charger dans un bac classique et l'essorer sur une grille).

2 Appliquez la peinture sur le mur, en zigzag, afin de bien couvrir le support. Lissez dans un seul sens, vertical ou horizontal, pour que la couche soit homogène. Maniez le rouleau doucement, pour ne pas projeter la peinture.

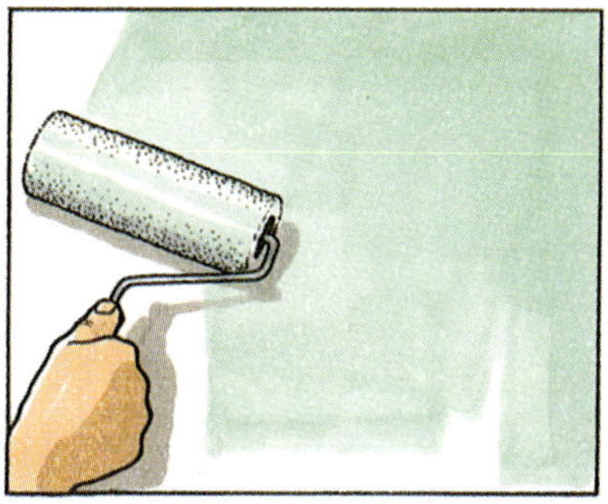

Peindre les boiseries

Si vous utilisez une peinture glycérophtalique pour les fenêtres, commencez assez tôt le matin pour pouvoir les fermer le soir. Comptez au moins six heures de séchage. Terminez la peinture des boiseries par les plinthes : de cette manière, vous risquez moins de remplir votre pinceau de saletés – plus fréquentes au sol – qui pourraient se déposer ultérieurement, sur d'autres boiseries par exemple. Par précaution, glissez une plaque de carton ou un écran de peintre sous la plinthe.

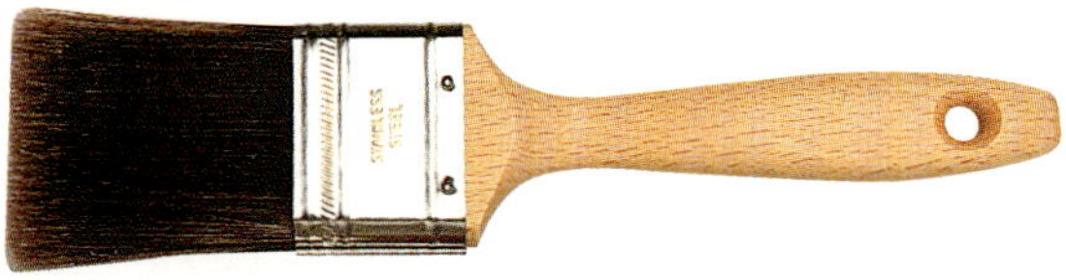

Peintures glycérophtaliques

Les peintures « glycéro », autrefois appelées « peintures à l'huile » sont les plus indiquées pour peindre les fenêtres, car elles résistent mieux au temps et à l'humidité. Lavables, elles conviennent aussi pour les portes, très exposées aux salissures. Il faut en général passer au moins deux couches, voire trois. Une sous-couche d'imprégnation est souvent nécessaire pour obtenir une belle finition. Ces peintures dégagent une odeur forte, mais moins que par le passé.

Appliquez ces peintures en couches minces. Lissez soigneusement.

Peintures acryliques

Les peintures acryliques sont moins indiquées que les peintures glycérophtaliques pour les fenêtres et les portes. Vous pouvez néanmoins les utiliser. Elles sèchent vite, ne dégagent pas d'odeur et sont assez durables.

Lasures

Essentiellement utilisées pour l'extérieur, les lasures conviennent aussi pour l'intérieur. Elles laissent apparaître la veinure du bois, par effet de transparence, ce qui donne une très belle finition aux lambris et autres boiseries. Les lasures existent dans tous les tons du bois, ainsi que dans de nombreux coloris.

Appliquer la peinture

Sur bois neuf, appliquez d'abord une sous-couche d'imprégnation. Lessivez les vieilles peintures avec du détergent, puis rincez à l'eau claire. Poncez les laques et décapez les peintures craquelées et en mauvais état.

Si vous utilisez une peinture glycérophtalique, laissez sécher la première couche, puis poncez au papier de verre très fin pour éliminer les irrégularités. Nettoyez avec un chiffon imprégné de white-spirit avant de passer la deuxième couche.

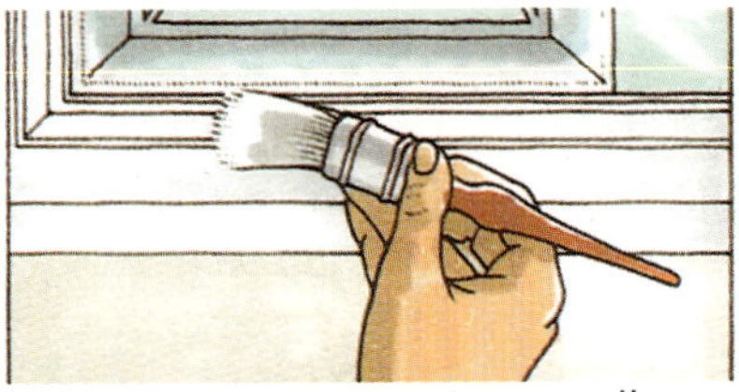

Appliquez la peinture verticalement, lissez horizontalement et terminez en lissant dans le sens des fibres du bois.

Il vaut mieux passer trois couches minces plutôt que deux couches épaisses : la finition sera ainsi plus belle et plus durable. Ne retouchez jamais une surface qui a commencé à sécher : le pinceau laisserait des traces.

Si vous utilisez une peinture acrylique monocouche, appliquez-la dans le sens des fibres du bois, puis lissez légèrement dans le même sens.

PEINDRE LES PORTES

Traverses, chants et moulures complexes rendent la peinture des portes assez difficile. Néanmoins, le soin que vous apporterez aux finitions vous permettra d'en réussir la décoration. Utilisez plutôt une peinture lavable, car les portes se salissent plus vite que les murs.

Comment procéder

Démontez les plaques de propreté, le cas échéant. Si possible, ôtez également les poignées et l'entrée de clé, pour éviter les bavures. Si ces opérations sont difficiles ou impossibles, vous pouvez utiliser du ruban de masquage sur toutes les ferrures. Peignez la porte et l'huisserie en deux fois : ainsi, vous risquerez moins de toucher par mégarde la peinture fraîche en passant le seuil.

Si vous utilisez des couleurs différentes pour les deux faces d'une porte, peignez le chant côté extérieur dans la teinte prévue pour la pièce dans laquelle s'ouvre le battant. Peignez de la couleur prévue pour l'autre pièce le chant côté charnières. Ainsi, la porte n'apparaîtra jamais en deux couleurs.

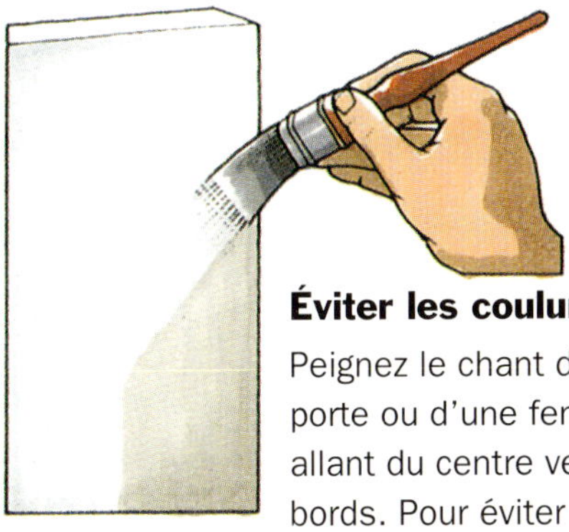

Éviter les coulures

Peignez le chant d'une porte ou d'une fenêtre en allant du centre vers les bords. Pour éviter que la peinture coule, ne frottez pas le pinceau contre l'arête. Soyez très prudent en peignant les moulures, terrain également propice aux coulures. Chargez peu le pinceau, et lissez pour tendre le voile de peinture.

Porte isoplane

Commencez par le haut et peignez par carrés successifs, en liant bien la peinture d'un carré à l'autre. Terminez en lissant soigneusement de haut en bas, puis peignez les chants.

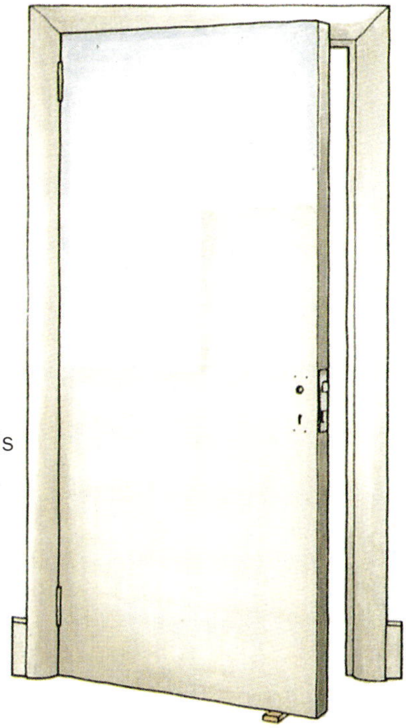

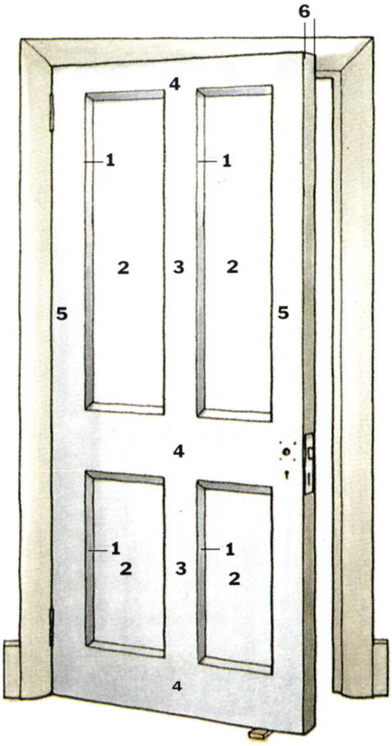

Porte à panneaux

Quel que soit le style de porte, commencez par les moulures (**1**) et continuez par les panneaux (**2**). Peignez ensuite le montant central (**3**) et les trois traverses (**4**). Terminez par les montants latéraux (**5**) et par les chants (**6**).

Peindre le dormant des portes

Ne commettez pas d'erreur en décorant le bâti dormant (ou huisserie, c'est-à-dire la partie fixe) de la porte. Vous devez peindre la feuillure dans laquelle vient buter le battant – y compris côté charnières – de la même couleur que la pièce où s'ouvre ce dernier. Décapez soigneusement la feuillure pour que la porte ferme sans abîmer la peinture.

Côté ouvrant

Peignez la traverse haute, ou linteau (**1**), les poteaux (avec les chambranles) et la feuillure de la porte (**2**) d'une couleur. Peignez le parement de la porte et son chant extérieur (**3**) de la même couleur.

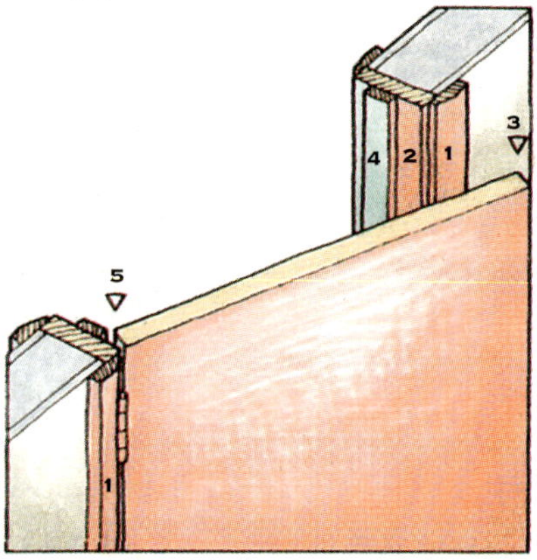

Côté opposé

Peignez la traverse, les poteaux (avec les chambranles) et le butoir (**4**) de l'autre couleur, de même que le contre-parement de la porte et le chant côté charnières (**5**).

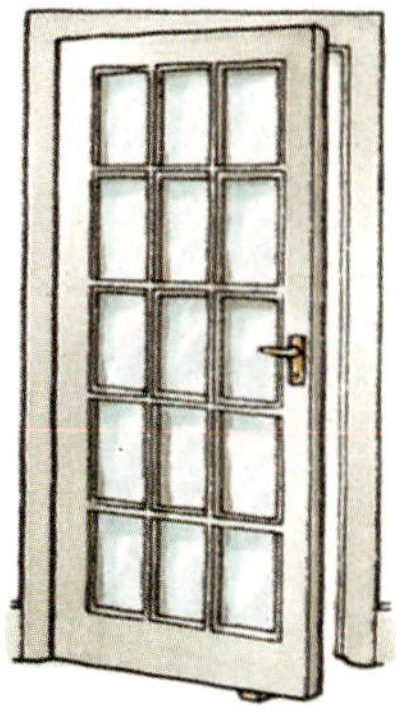

Portes vitrées
Peignez d'abord les petits bois au pinceau à réchampir, puis les traverses. Terminez par les montants.

Autour des vitres

Lorsqu'on peint les petits bois des portes vitrées, il est de coutume de déborder de 2 mm sur la vitre. Ceci évite que l'eau de pluie et de condensation ne pénètre dans la feuillure, sous la vitre.
Pour obtenir une finition parfaite, utilisez les procédés suivants.

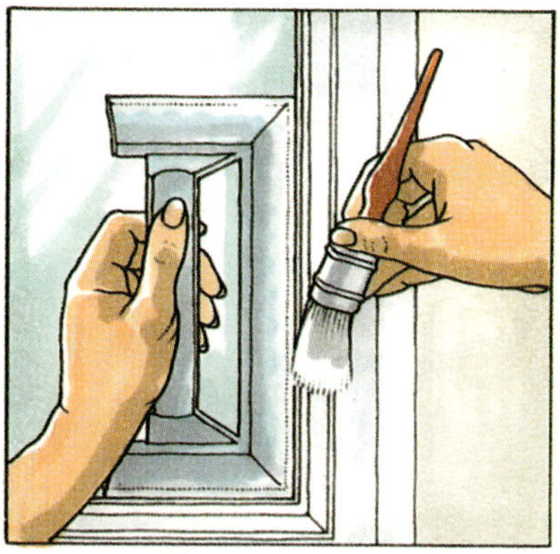

Pour obtenir une ligne bien nette, maintenez un écran de peintre contre le petit bois, pour protéger la vitre. Essuyez-le souvent.

Si vous n'avez pas confiance dans la sûreté de votre main, utilisez du ruban de masquage plutôt qu'un écran de peintre. Sa pose, qui doit être très soignée, est assez longue, mais le résultat est d'autant plus remarquable. Décollez le ruban dès que la peinture est sèche au toucher, pour éviter qu'elle ne s'écaille.

Terminez en grattant les bavures de peinture sur les vitres à l'aide d'un gratte-carreaux.

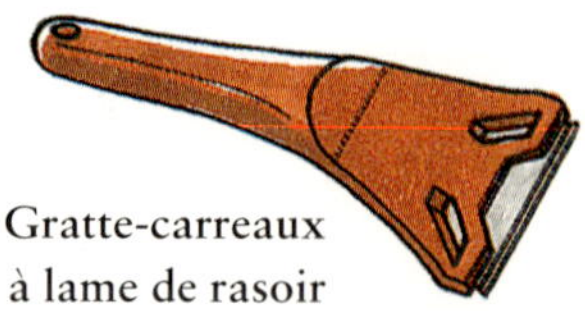

Gratte-carreaux à lame de rasoir

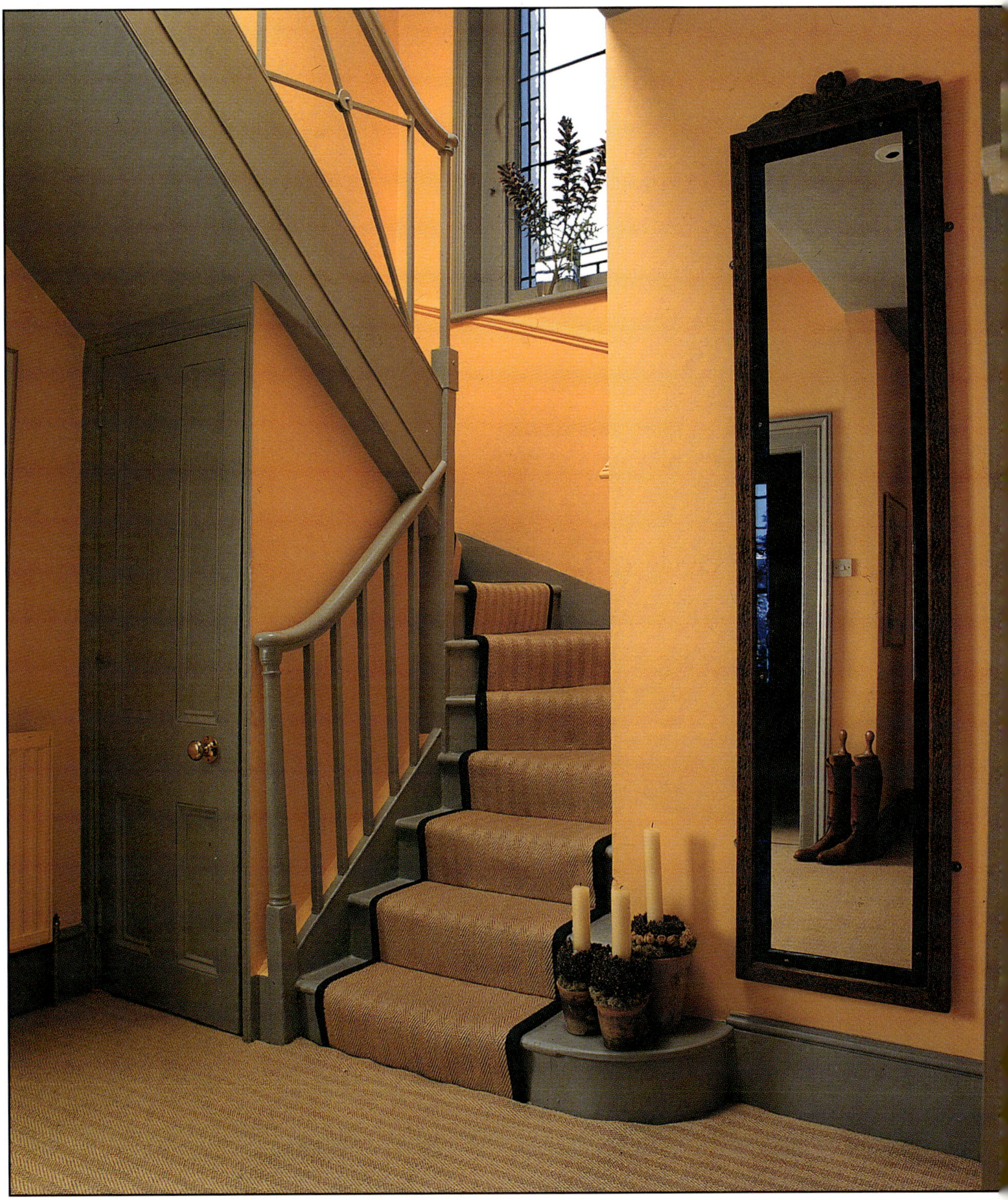

Les couleurs, judicieusement choisies, donnent son unité au décor de cet intérieur. On voit ici toute l'importance des boiseries peintes : lambris, huisseries de porte et de fenêtre, plinthes, marches.

Fenêtre à deux vantaux

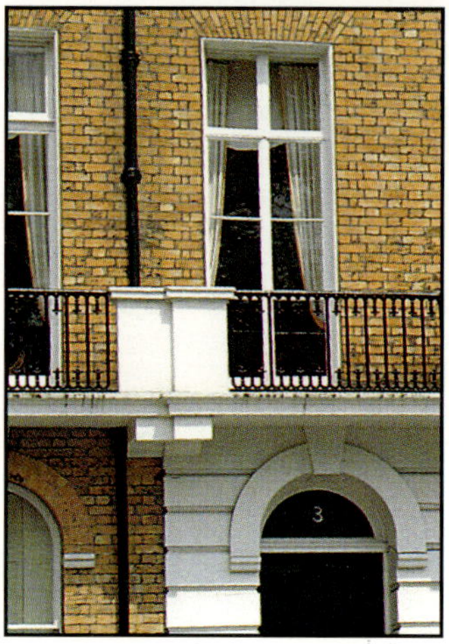

Une fenêtre ordinaire est articulée de la même façon qu'une porte. Vous procéderez donc de la même manière que pour les portes si vous souhaitez peindre les deux côtés d'une fenêtre de deux couleurs différentes. Peignez les différentes parties des fenêtres dans un ordre précis : vous serez ainsi sûr d'obtenir une finition parfaite et… de ne rien oublier. Nettoyez bien chaque élément avant de commencer, notamment les petits bois sur lesquels la vieille peinture est souvent écaillée. Pour les travaux délicats, utilisez un pinceau plat fin ou une brosse de pouce ronde à réchampir, bien effilée.

Fenêtres à châssis simple

Certaines fenêtres anciennes, généralement placées en hauteur, s'ouvrent vers l'extérieur. Elles comportent un verrou sur la traverse d'appui et un entrebâilleur qu'il vaut mieux démonter avant de peindre.

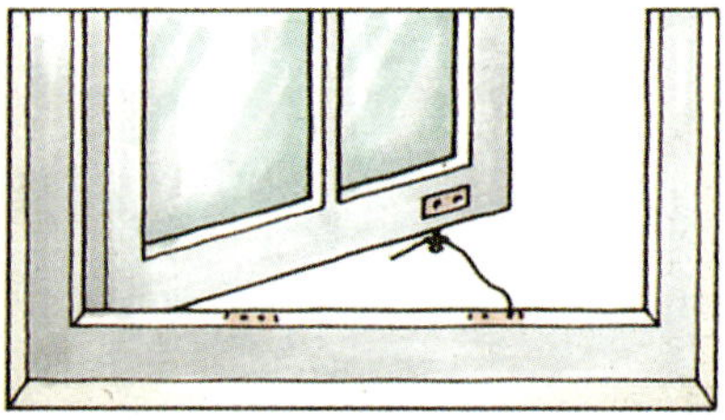

Pendant les travaux

Pour maintenir la fenêtre entrouverte, enfoncez un petit clou sous la traverse basse du vantail et accrochez-y un fil de fer, dont vous ficherez l'autre extrémité dans un trou de vis du verrou.

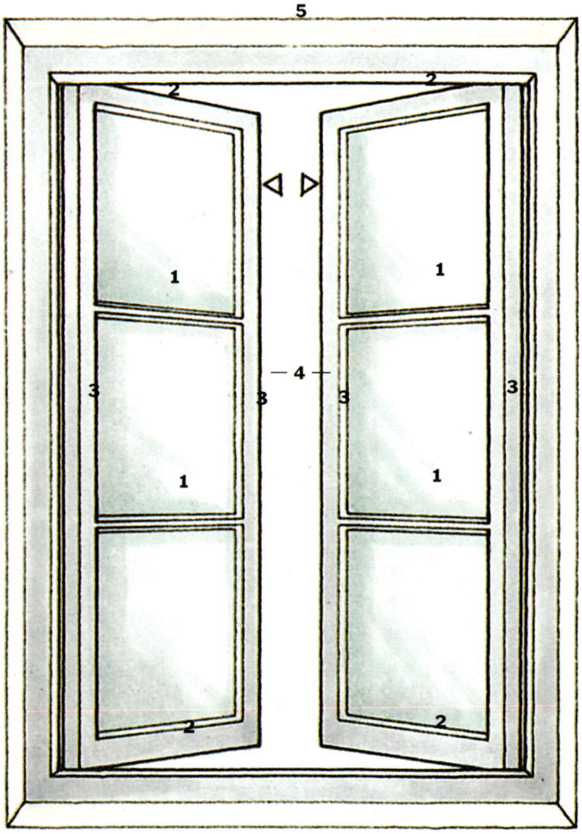

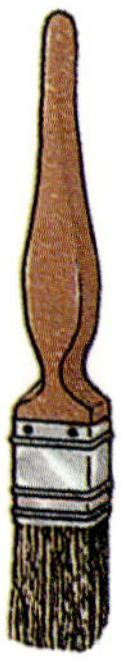

Ordre des opérations

Peignez d'abord les petits bois (**1**) comme pour une porte vitrée (voir page 98). Continuez avec les traverses hautes et basses (**2**) et les montants des vantaux (**3**). Terminez en peignant les chants (**4**) et le bâti dormant (**5**).

Il est très important que la couche de peinture appliquée sur une fenêtre soit fine et parfaitement adhérente, pour qu'elle dure longtemps et qu'elle protège efficacement le bois. Il est donc préférable de ne pas superposer les couches successives sur ces boiseries, et de décaper chaque fois que l'on repeint.

Crémone

Veillez particulièrement à ne pas encrasser la crémone, sous peine de voir la fermeture se durcir ou même se bloquer. Il est d'ailleurs souhaitable de démonter la crémone : c'est une opération très facile car il suffit de déposer quelques vis. Vous pourrez ainsi la décaper à part, à l'aide d'un décapant chimique. Si la boîte montée (c'est-à-dire le corps de la crémone), la poignée et les chapiteaux sont très encrassés, laissez-les tremper une demi-heure dans le décapant. Rincez les pièces à l'eau claire et essuyez-les. Appliquez ensuite une peinture pour métal, en tendant soigneusement chaque couche au pinceau. Après séchage, et une fois la fenêtre complètement terminée, remontez la crémone et achevez votre travail en posant une touche de peinture sur les têtes de vis.

Décaper les petits bois

La peinture des pièces de bois qui entourent les vitres se détériore vite, sous l'effet de la condensation et de l'humidité, en particulier le chant de la pièce située au-dessous de chaque vitre. Il est donc presque toujours nécessaire de les décaper complètement avant de commencer à peindre. Vous pouvez utiliser un simple grattoir triangulaire, en prenant garde toutefois de ne pas endommager les arêtes ou les parties moulurées des petits bois. Si vous préférez le décapant chimique, pensez à protéger le revêtement de sol dans la pièce. Effectuez plusieurs applications, si nécessaire, et rincez ensuite à l'eau claire. Le décapeur thermique est sans doute l'outil le plus efficace : il brûle la peinture et permet de la décoller facilement, avec un couteau de peintre, sans risque d'endommager les petits bois. Toutefois, n'utilisez pas une buse ordinaire, car la chaleur risquerait de faire éclater les vitres. Montez une buse crochet qui dirige la chaleur exclusivement vers la pièce à décaper.

Peindre en deux couleurs

Si la couleur extérieure de la fenêtre n'est pas la même que la couleur intérieure, adoptez le même principe que pour les portes : peignez de la couleur intérieure toutes les parties visibles de l'intérieur de la pièce, en particulier les chants des montants des vantaux côté huisserie (appelés aussi « battants de noix »). En revanche, peignez la rainure de la gueule-de-loup (en creux) avec la peinture extérieure, et séparez en deux l'arrondi du battant mouton.

Vérifier l'écoulement de l'eau

La traverse inférieure du dormant de la fenêtre est appelée « tablette d'appui ». Il s'agit d'une pièce moulurée qui protège l'appui maçonné de la fenêtre. Elle comprend une rainure destinée à collecter l'eau et deux ou trois orifices pour l'évacuer. Avant de peindre, vérifiez à l'aide d'un tournevis que ces orifices ne sont pas bouchés. Répétez l'opération après séchage de la peinture. Une bonne évacuation de l'eau est essentielle pour prévenir la détérioration des boiseries.

Mastic

Au moment de peindre une fenêtre, si vous constatez que le mastic est endommagé, n'hésitez pas à procéder à son remplacement, sous peine de voir l'eau s'infiltrer et endommager rapidement la nouvelle peinture. Commencez par éliminer toutes les parties du mastic qui adhèrent mal à la fenêtre à l'aide d'un couteau à démastiquer. Puis, dépoussiérez et appliquez le nouveau mastic avec un couteau feuille de laurier, en lissant soigneusement. Notez qu'il est possible de peindre directement sur un mastic à vitre frais.

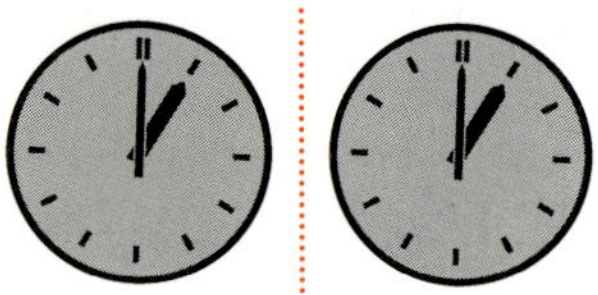

UN WEEK-END

RESTAURER LES ÉLÉMENTS DE CUISINE

Donnez un visage neuf aux éléments et placards en bois de votre cuisine en décapant soigneusement portes et tiroirs et en les recouvrant d'une couche de vernis. Profitez-en pour changer de décor en utilisant des vernis teintés ou colorés.

Outils indispensables

Pinceaux

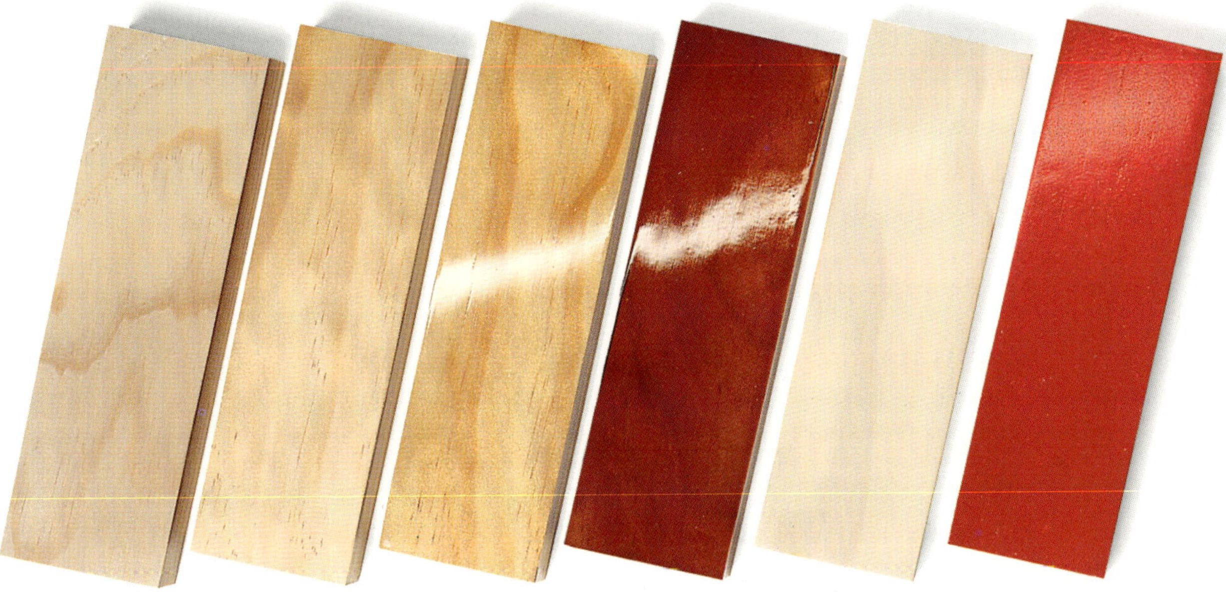

Le bois verni change d'aspect
Les échantillons ci-dessus montrent l'aspect que peut prendre le même bois avec différents vernis.

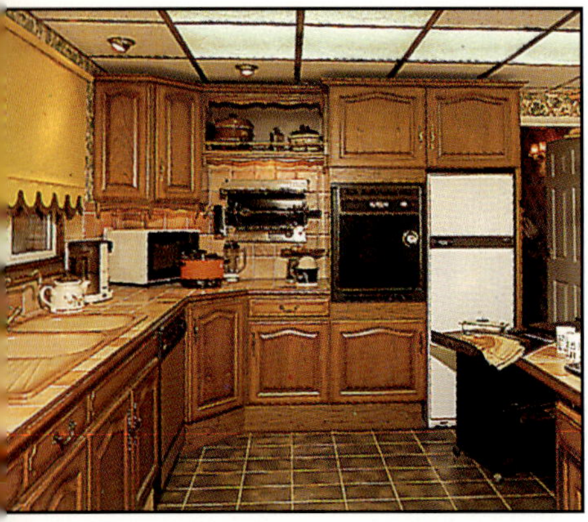

Le vernis a bien des avantages : il protège le bois efficacement contre les éclaboussures, les taches et les chocs, et il donne un brillant qui rehausse la veinure naturelle. En outre, il est facile à entretenir. Ce type de finition est donc idéal pour des meubles généralement soumis à un traitement assez dur.

De gauche à droite :
Bois nu (sapin)
Vernis neutre mat
Vernis neutre brillant
Vernis teinté « bois ciré »
Vernis teinté satiné
Vernis coloré

Quel vernis choisir ?

Les meubles de cuisine sont exposés à l'humidité et soumis à un usage intensif. Il n'est donc pas question d'utiliser pour cet emploi un vernis destiné aux meubles précieux. Choisissez un vernis polyuréthanne, très résistant à l'humidité et aux chocs, soluble dans le white-spirit, ou un vernis acrylique soluble dans l'eau. Ce dernier présente un aspect laiteux dans le pot, mais devient transparent au séchage.

Tous les types de produits sont disponibles en finition brillante, satinée et mate. Il existe des vernis neutres, des vernis teintés couleur bois et des vernis colorés. Votre choix ne saurait donc être restreint par la gamme offerte.

Notez qu'un vernis est une simple pellicule colorée, qui ne pénètre pas le bois, à la différence d'une teinture.

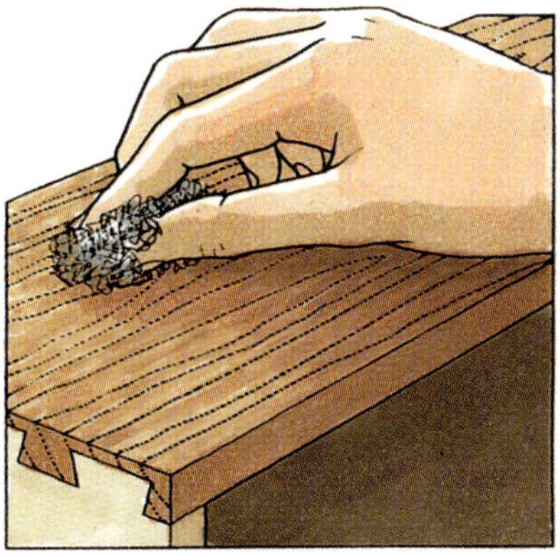

Retouches des vernis

Un vernis doit sécher à l'abri de la poussière. Si un accident se produit et que de la poussière vient se coller sur le vernis, poncez avec du papier de verre très fin après séchage complet, puis appliquez une nouvelle couche de vernis. Attention : si vous ne souhaitez pas foncer le bois, n'appliquez pas une nouvelle couche de vernis coloré : utilisez un vernis neutre. Le même procédé est valable pour les petites imperfections des vernis.

Appliquer le vernis

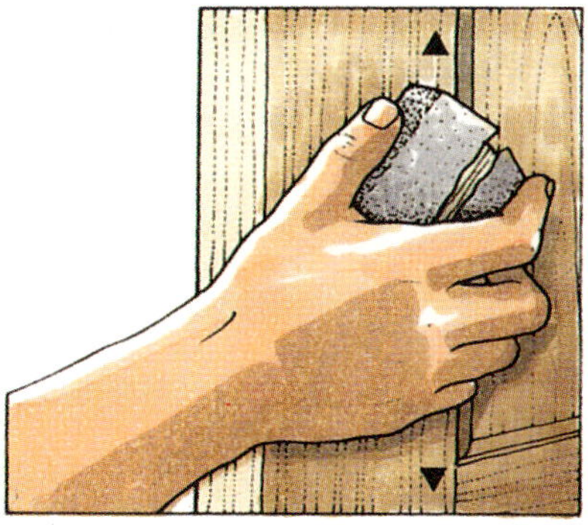

1 Nettoyez les meubles en les ponçant au papier de verre, dans le sens des fibres, jusqu'au bois nu si nécessaire. Ne frottez pas trop fort sur les arêtes afin de ne pas les arrondir. Dépoussiérez et dégraissez avec un chiffon imbibé d'acétone.

Trempez un pinceau dans le vernis jusqu'au tiers des poils, et essorez-le sur la paroi intérieure du pot (mais pas sur le bord, pour ne pas introduire de petites bulles d'air).

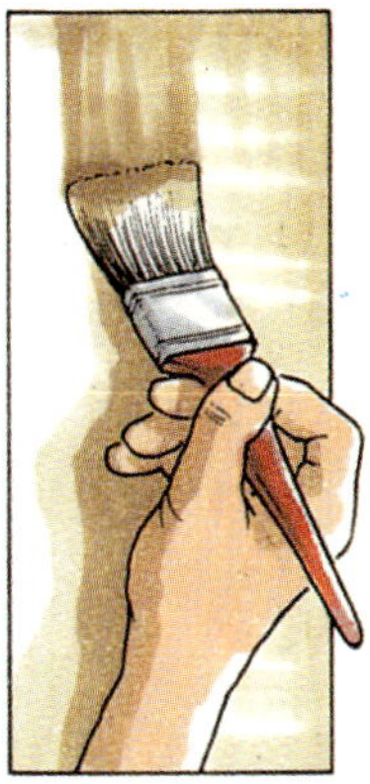

2 Appliquez le vernis sur le meuble : effectuez des passes dans plusieurs directions pour étaler le produit, puis lissez soigneusement dans le sens des fibres du bois. Prenez régulièrement du recul pour juger du caractère homogène du vernissage.

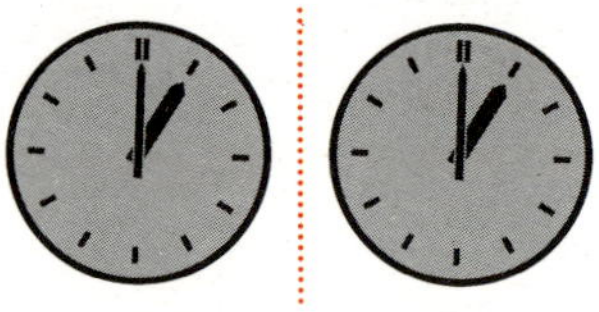

UN WEEK-END

TAPISSER LA CHAMBRE D'AMIS

L'idée de peindre une pièce n'effraie aujourd'hui plus personne. En revanche, la pose du papier peint reste dans l'esprit de beaucoup une affaire compliquée, réservée aux professionnels. Phénomène paradoxal, puisque les papiers actuels sont de plus en plus faciles à poser : ils se coupent facilement, ne se déchirent pas quand ils sont encollés ni quand on les maroufle, et se tendent d'eux-mêmes en séchant. Les colles utilisées aujourd'hui ne font plus de grumeaux et s'appliquent sans difficulté. Quant aux papiers pré-encollés, il réduisent les opérations à leur plus simple expression.

Dans les pages qui suivent, vous trouverez toutes les indications pour tapisser une petite chambre comprenant une fenêtre, une cheminée et une porte. Une fois la technique maîtrisée, vous pourrez vous attaquer à des pièces plus grandes et plus complexes.

Un week-end complet est nettement suffisant pour poser le papier (un professionnel n'a besoin que d'une journée), à condition, bien entendu, que vous ayez auparavant préparé les fonds en décollant les vieux papiers, et que trous et fissures soient rebouchés. Les boiseries et le plafond doivent également être repeints à l'avance.

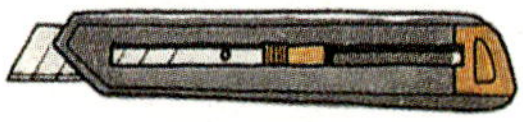

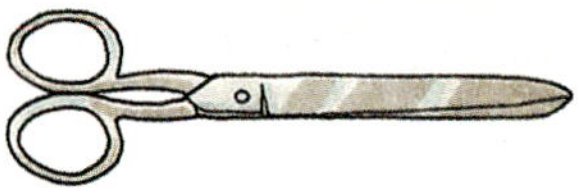

Outils indispensables

- Brosse à encoller
- Brosse à maroufler
- Ciseaux de tapissier
- Cutter
- Fil à plomb
- Mètre-ruban
- Rouleau à radiateur
- Roulette à joint
- Table de tapissier

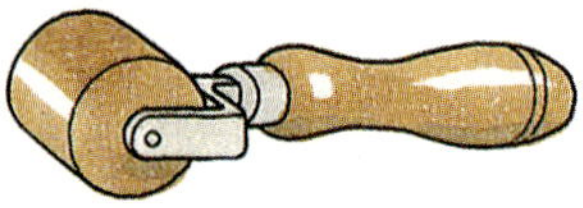

Voir également :
Décoller un vieux papier peint, page 44
Poser du papier peint au plafond, page 54
Peindre un plafond, page 56
Refaire un plâtre endommagé, page 74

Les coordonnés de papier et de tissus donnent tout son intérêt à cette chambre. La frise à hauteur de cimaise permet de relier les motifs du papier peint et des rideaux.

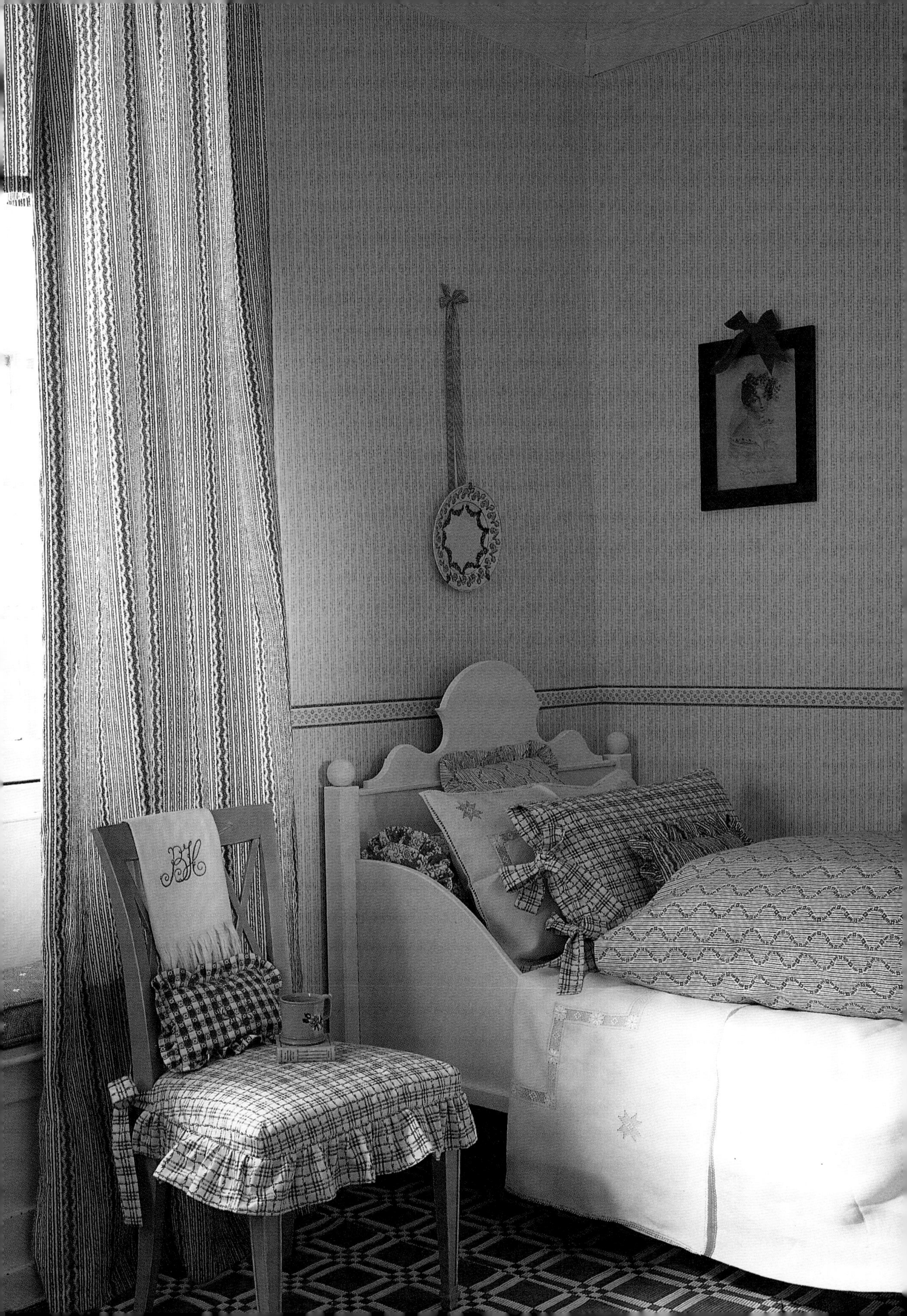

Par où commencer

Si vous n'avez aucune expérience, commencez par le mur le plus facile de la chambre, c'est-à-dire celui qui ne présente ni fenêtre ni obstacle d'aucune sorte. Ainsi, vous pourrez vous habituer aux techniques de base. Placez le premier lé de papier dans le coin le plus proche de la fenêtre.

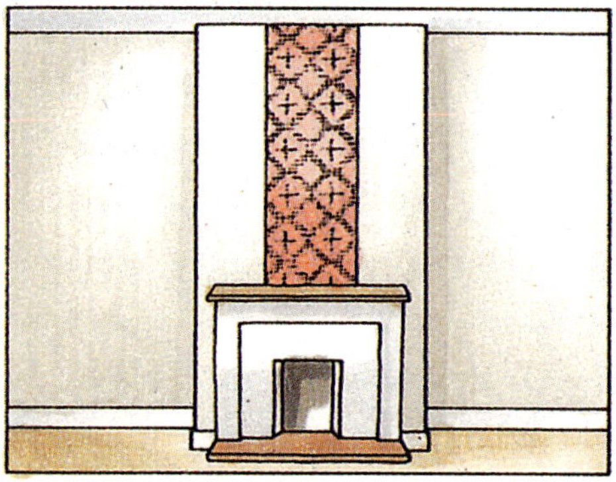

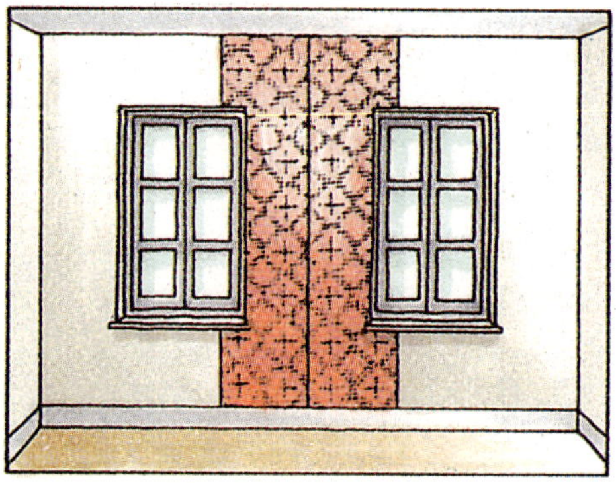

Papier à larges motifs

Si votre papier peint présente de larges motifs, centrez le premier lé au-dessus de la cheminée : vous centrerez du même coup les motifs dans la pièce. Vous pouvez également le centrer entre deux fenêtres ; si cela vous oblige à des coupes étroites près des dormants, centrez plutôt un joint de deux lés entre les fenêtres.

Choisir la bonne colle

Vous trouverez des colles à papier peint en poudre ou en cristaux à diluer dans l'eau, ou déjà sous forme liquide.

Colle universelle
Colle en poudre pour papiers peints ordinaires, légers ou assez lourds. Peu diluée et épaisse, elle peut servir aussi pour les revêtements épais.

Colle papiers peints épais
Colle en poudre pour les papiers peints gaufrés, pour les textiles et les PVC légers à envers papier.

Colle fongicide
De nombreuses colles pour papiers peints contiennent un fongicide qui évite l'apparition de moisissure, en particulier pour tous les revêtements imperméables (papiers lavables, vinyles).

Colle papiers vinyles
Colle en poudre pour tous les types de papiers vinyles, y compris les vinyles expansés.

Colle papiers vinyles renforcée
Colle liquide pour les papiers vinyles à poser sur les surfaces lisses (laques, par exemple).

Colle raccord
Colle en tube pour réparer les joints décollés, effectuer des raccords dans les coins et fixer les galons.

Papiers pré-encollés
De nombreux papiers sont déjà enduits de colle. Il suffit de tremper le lé dans un bac spécial, placé au bas du mur, avant de le poser.

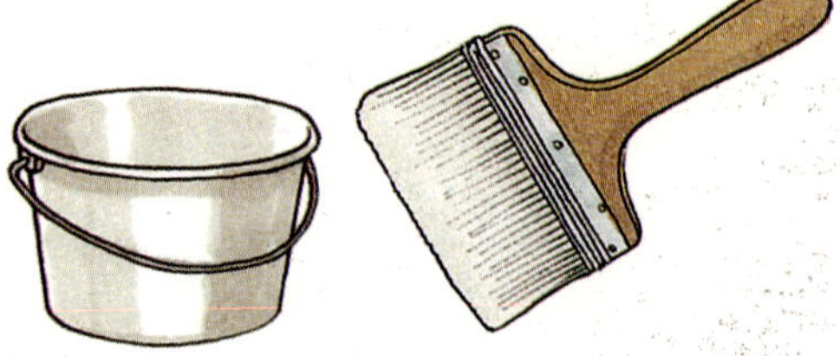

Encollage du papier

Vous pouvez utilisez une grande table bien propre, mais une table de tapissier, étroite et légère, est idéale pour la pose (à louer ou à acheter).

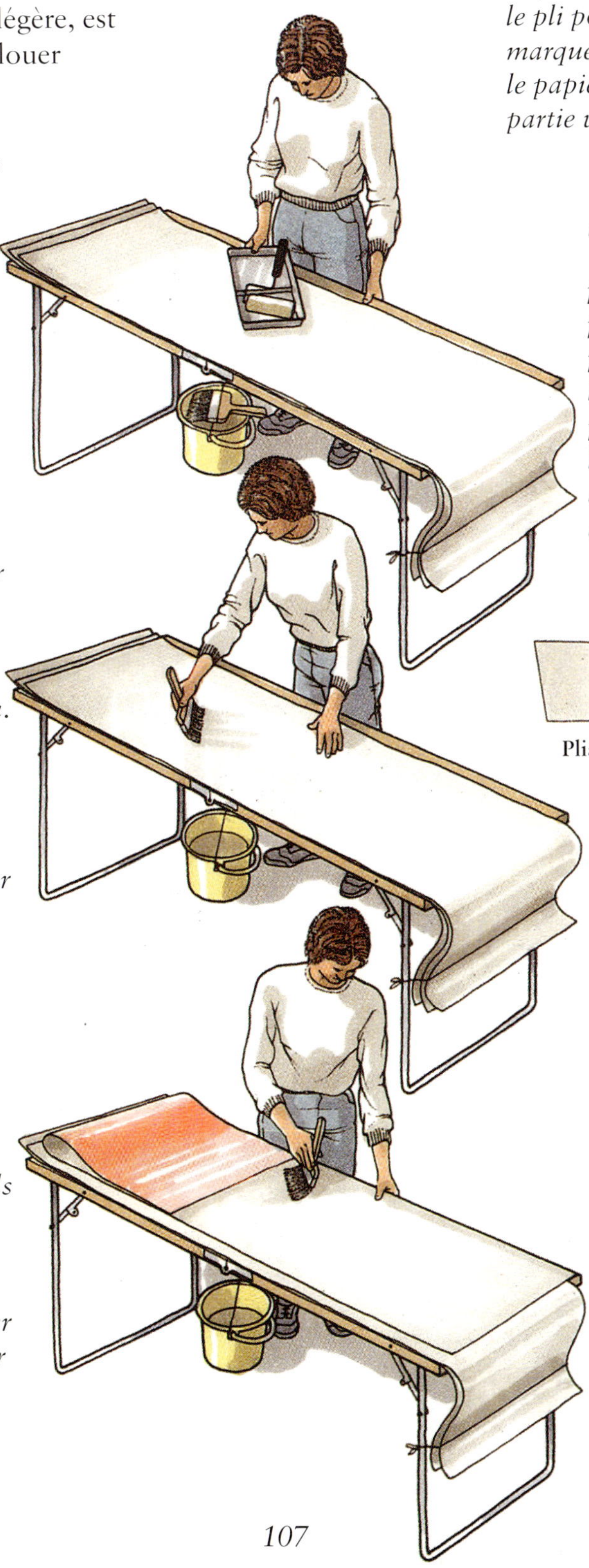

1 Superposez les lés prédécoupés sur la table, face décorative au-dessous. Maintenez les extrémités avec une ficelle lâche (elle évitera que le papier s'enroule au cours de l'encollage). Préparez la colle dans un seau ; tendez un fil de fer au travers de celui-ci pour y accrocher la brosse. Utilisez une véritable brosse à encoller et non un simple pinceau.

2 Alignez le lé de papier à encoller sur le bord de la table pour garder celle-ci propre. Encollez à partir du centre vers l'un des bords, de manière homogène, en lissant pour éliminer toute surépaisseur (une couche mince suffit). Certains professionnels préfèrent encoller à l'aide d'un rouleau à peindre à poils courts, qu'il faut rouler doucement pour éviter les projections, vers l'extrémité du papier.

3 Alignez l'autre bord du papier sur l'autre bord de la table, et achevez d'encoller la partie découverte du lé. Repliez – sans appuyer sur le pli pour ne pas le marquer – et faites glisser le papier pour amener la partie vierge sur la table.

4 Encollez, puis repliez l'autre extrémité presque jusqu'à la première. Le second pli est plus long que le premier, ce qui permet de repérer le bas des papiers à motifs. Pliez en accordéon.

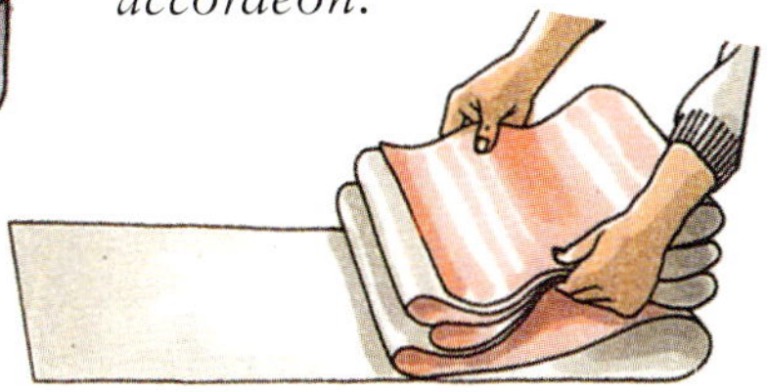

Pliage d'un lé en accordéon

TOUR DE MAIN

Laissez le papier s'imbiber

Placez le papier plié sur un manche à balai posé entre deux chaises, et laissez-le s'imbiber de colle en profondeur. Comptez un quart d'heure pour les papiers les plus épais. Cette remarque ne concerne ni les vinyles ni les papiers d'apprêt.

COUPES ET MARGES

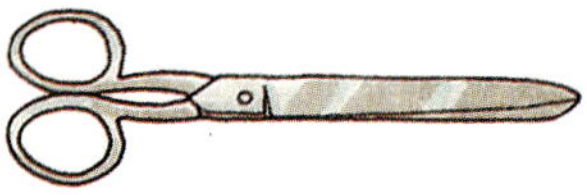

La plupart des papiers peints sont vendus en rouleaux de 10,05 m de longueur et 53 cm de largeur. Ces dimensions standard – qui ne sont pas valables pour les textiles muraux – permettent de calculer la quantité de rouleaux nécessaire ; comptez une marge de 10 à 20 % pour les arasements et les raccords.

Procéder à la coupe
Mesurez la hauteur du mur. Si vous voulez laisser une partie blanche en haut du mur, ne la comptez pas dans vos calculs. Ajoutez 10 cm de marge pour les arasements en haut et en bas. Coupez le nombre de lés nécessaires pour vos murs ; marquez le haut de chacun d'entre eux.

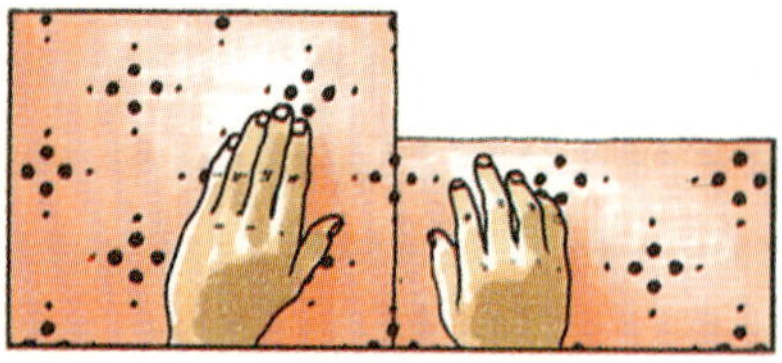

Marge pour papier à motifs
Si vous devez effectuer des raccords sur un papier à motifs, prévoyez une marge supplémentaire, variable selon la hauteur du motif.

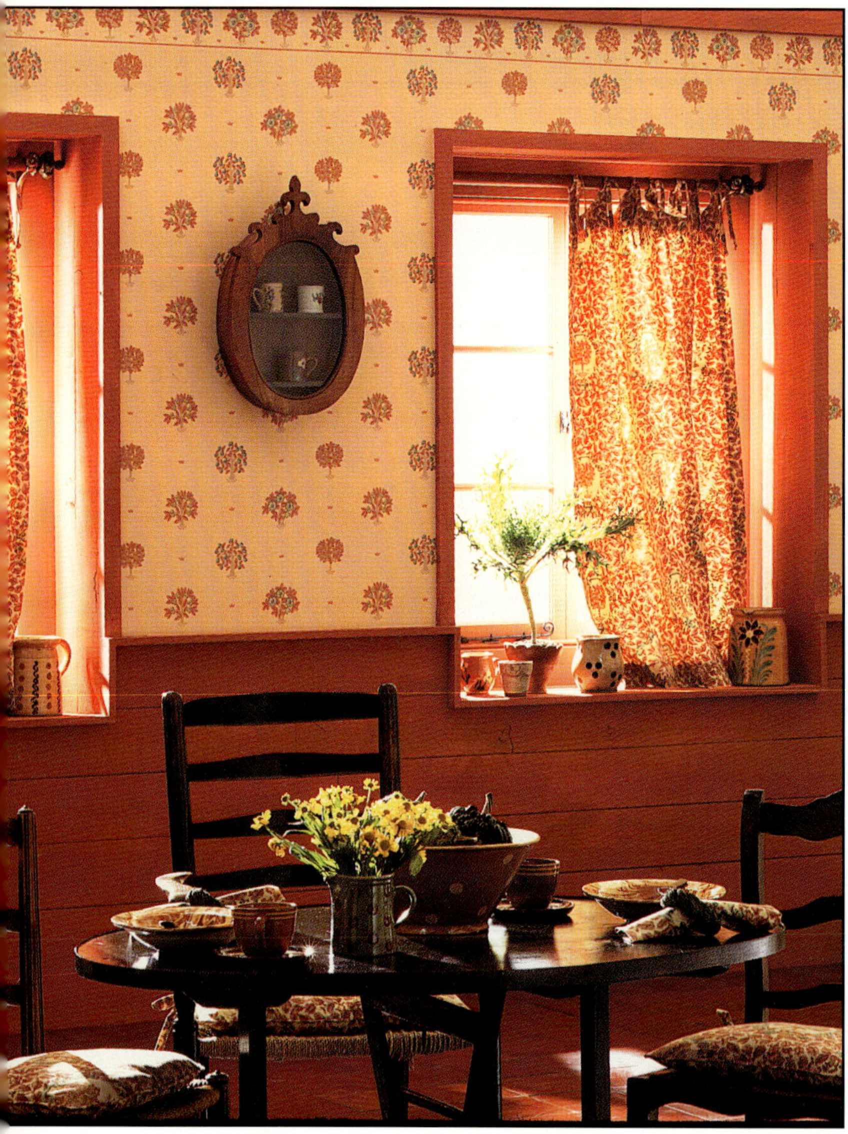

Ce papier peint à grands motifs est centré entre les deux fenêtres (voir page 106). La frise dissimule le bord du papier dans l'angle du plafond.

Tapisser un mur sans obstacle

Les murs d'une pièce sont rarement parfaitement droits. Vous devez donc d'abord tracer une verticale à l'aide d'un fil à plomb pour aligner le premier lé.

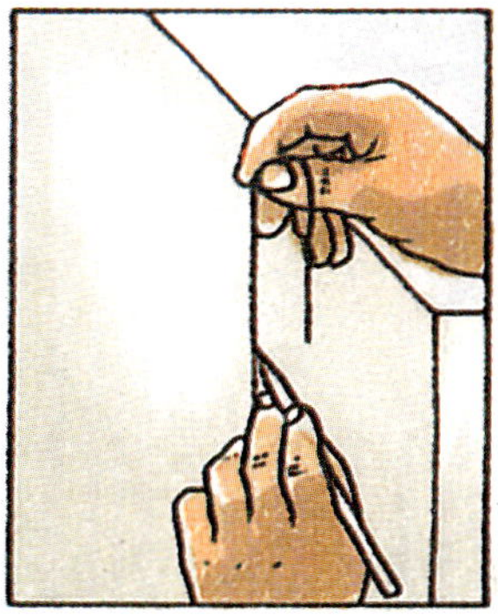

1 *Tracez la ligne verticale à une distance de l'angle du mur égale à la largeur du papier moins 15 mm, de manière que le premier lé déborde légèrement sur le mur adjacent.*

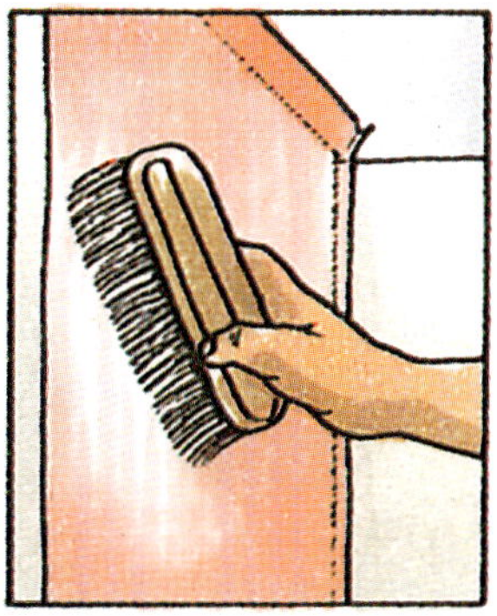

2 *Saisissez les deux coins supérieurs du lé et collez la partie supérieure sur le mur, en laissant une petite marge au plafond et en alignant le bord sur la verticale. Marouflez à l'aide de la brosse, de haut en bas et du centre vers les bords, pour chasser l'air.*

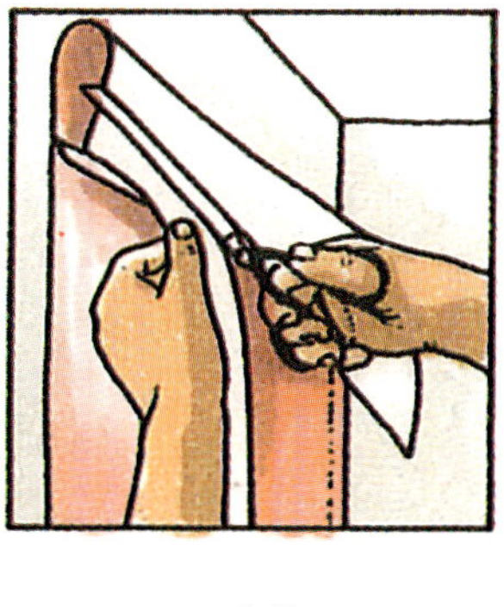

3 *Lorsque le lé est correctement placé, marouflez le papier dans l'angle du plafond. Marquez le pli avec le bout rond des ciseaux, décollez un peu le papier, coupez selon le pli, recollez et marouflez.*

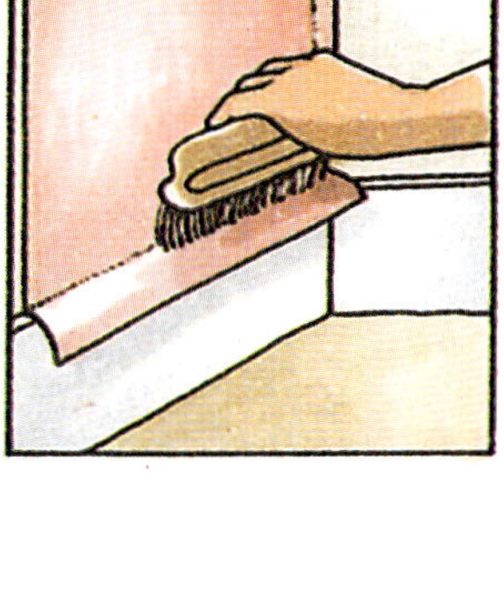

4 *Dépliez la partie inférieure du lé tout en marouflant avec la brosse et en vérifiant l'alignement sur la verticale. Marquez l'angle du mur avec la plinthe et arasez le papier de la même manière qu'à l'angle du plafond.*

Posez le deuxième lé comme le premier. Faites-le glisser sur le côté, en appuyant du bout des doigts, pour les placer exactement bord à bord et, s'il y a lieu, vers le haut ou vers le bas pour raccorder les motifs. Essuyez les bavures de colle sur le papier. Passez une roulette sur le joint, sans trop appuyer pour ne pas chasser la colle. Coupez le dernier lé pour ce mur de manière à avoir un retour de 15 mm sur le mur adjacent.

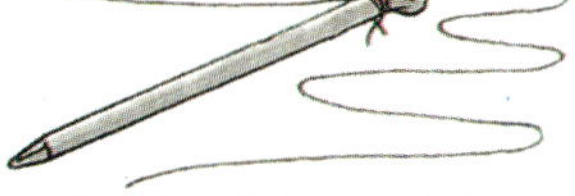

Fil à plomb improvisé

Dans les angles

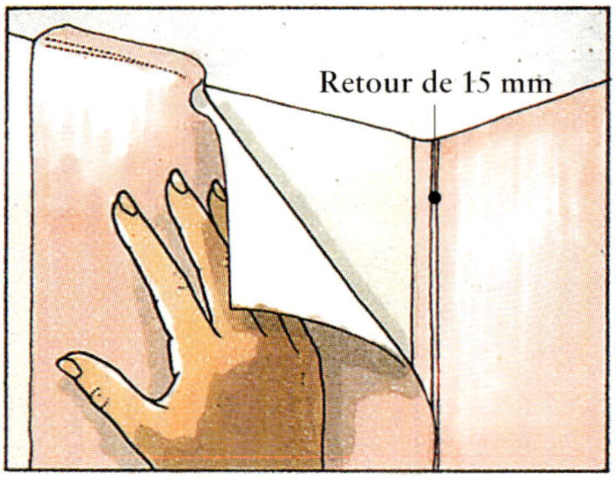

1 Sur le second mur, tracez une ligne verticale de référence. Disposez le premier lé de manière que le retour de papier soit recouvert. Si elle est assez large, la chute résultant de la coupe du dernier lé du premier mur peut être utilisée à cet endroit.

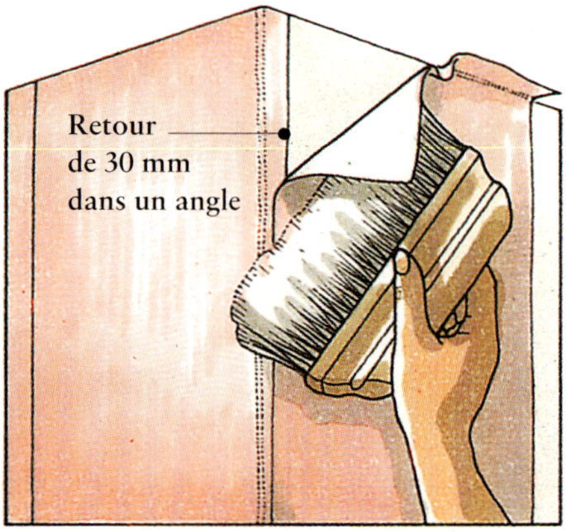

2 Dans les angles sortants, par exemple sur la hotte de la cheminée ou au niveau d'un renfoncement, coupez le dernier lé sur toute la hauteur de manière à laisser un retour de 30 mm sur le mur adjacent. Tracez une verticale et placez le lé suivant de manière qu'il chevauche le retour sur environ 10 mm.

Radiateurs et appareils électriques

Apportez un soin particulier à la pose autour de ces objets pour obtenir une finition satisfaisante.

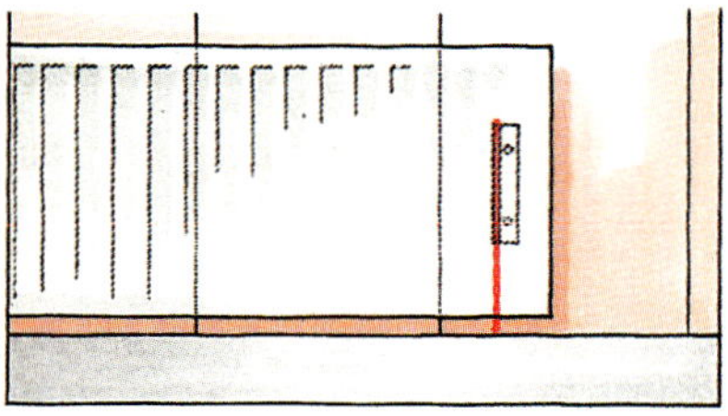

Derrière un radiateur

S'il n'est pas possible de démonter le radiateur, fermez-le et attendez qu'il refroidisse. Repérez la place des consoles qui le soutiennent en glissant une règle sur le mur. Reportez cette mesure sur le lé. Ouvrez des fentes depuis le bas du lé jusqu'à cette marque, et glissez le papier en place, en marouflant à l'aide d'un rouleau à peindre les radiateurs. Arasez normalement près de la plinthe.

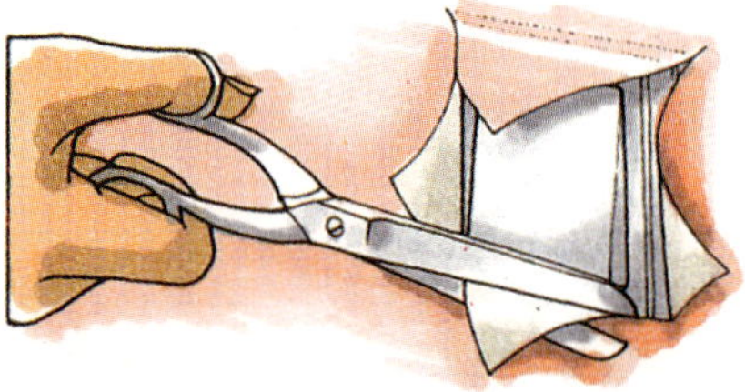

Autour des appareils électriques

Commencez par couper le courant au tableau d'abonné. Démontez les boîtiers des interrupteurs et des prises en applique afin de poser le papier derrière, en perçant un trou pour les fils. Si vous ne pouvez pas démonter, ouvrez une entaille en croix dans le papier selon les diagonales du boîtier, marouflez et coupez à la base du boîtier, à l'aide de ciseaux. S'il s'agit d'appareils encastrés, dévissez le couvercle pour glisser le papier derrière.

Autour des portes et des fenêtres

Lorsque vous atteignez la porte, collez le dernier lé en le raccordant bord à bord au précédent. Marouflez jusqu'au chambranle, et laissez le papier chevaucher la porte.

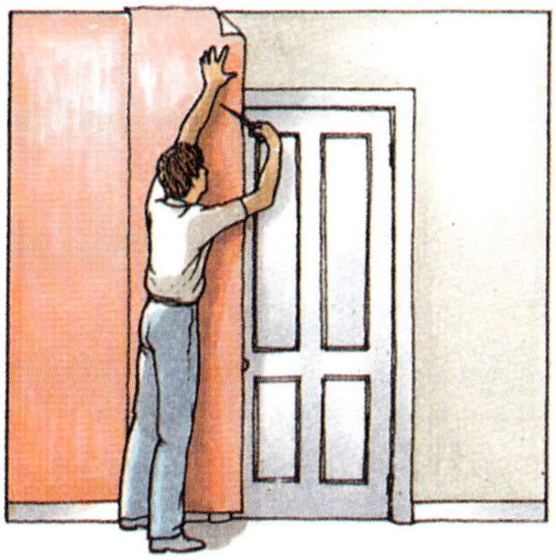

1 Coupez le papier en diagonale jusqu'à l'angle du chambranle. Marquez le pli au niveau du montant avec le bout rond des ciseaux, puis décollez le papier et coupez-le en suivant le pli jusqu'à l'angle ; marouflez à nouveau. Procéder de la même manière pour la traverse.

2 Posez une largeur de papier au-dessus du chambranle, puis collez un nouveau lé de pleine longueur. Procédez comme ci-dessus pour effectuer les coupes autour du chambranle.

Posez le papier autour d'une fenêtre de la même manière que pour une porte. Si elle est située dans un renfoncement, collez le lé et laissez-le pendre devant la baie. Coupez horizontalement au bas du linteau et rabattez la bande obtenue sur le mur latéral pour la coller. Arasez le long du dormant et de l'appui de la fenêtre.

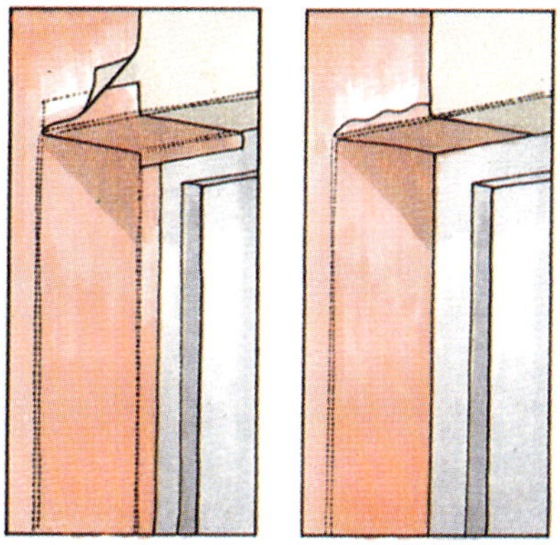

1 Découpez une bande de papier pour tapisser sous le linteau de la fenêtre ; collez-la, en raccordant les motifs s'il y a lieu. Prévoyez une marge de 20 mm pour le retour sur le mur, et glissez-la sous le papier déjà en place.

2 Effectuez une coupe – nette mais pas trop droite car elle risquerait d'être visible – sur la partie du lé qui chevauche le retour. Éliminez la chute, puis passez la roulette à joint. Continuez la pose du papier avec des bandes courtes, en repliant l'extrémité sous le linteau.

POUR GAGNER DU TEMPS

Autour d'une cheminée

Tapissez autour d'une cheminée comme autour d'une porte : posez le lé de manière qu'il chevauche la cheminée puis coupez en biais jusqu'à l'angle ou le coin de la tablette, selon le type de cheminée. Collez le papier, marouflez, marquez le pli, décollez, coupez puis marouflez à nouveau.

Si la cheminée comporte des moulures jusqu'au mur, la pose est plus compliquée. Commencez comme ci-dessus et collez le lé normalement. Effectuez toutes les coupes horizontales nécessaires pour le maroufler aussi étroitement que possible sous la tablette de la cheminée et autour des moulures. Marquez le pli avec le bout rond des ciseaux, décollez le papier et coupez avec des petits ciseaux. Marouflez définitivement.

Poser un papier vinyle

Dans leur majorité, les papiers vinyles sont préencollés, ce qui en facilite la pose. Si ce n'est pas le cas, utilisez une colle spéciale pour papiers vinyles contenant un fongicide.

Posez les lés de papier vinyle à joints vifs, comme le papier peint, mais marouflez avec une éponge au lieu d'une brosse. Effectuez les arasements à l'aide d'un cutter.

Vinyles et autres revêtements
Ci-dessous (sens inverse des aiguilles d'une montre)

Papiers lavables
Papiers vinyles
Textile à envers papier
Liège contrecollé
sur papier
Fibres sur papier
Papiers floqués
Revêtement lessivable

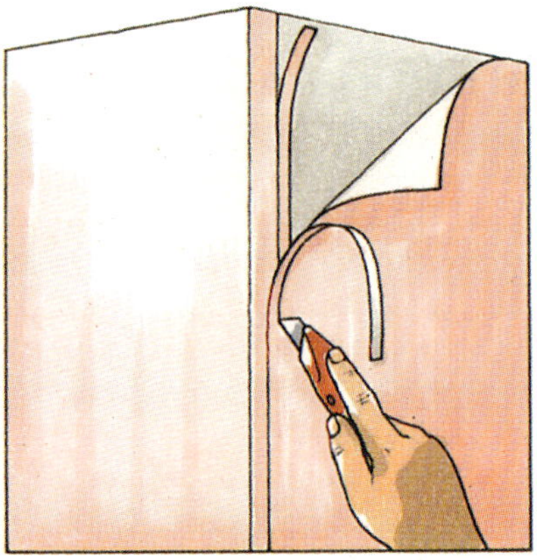

Les chevauchements

Le papier vinyle ne colle pas sur lui-même. S'il y a un retour sur un mur adjacent, coupez au cutter et à la règle les deux épaisseurs de revêtement. Ôtez les chutes puis marouflez pour obtenir un joint vif parfait.

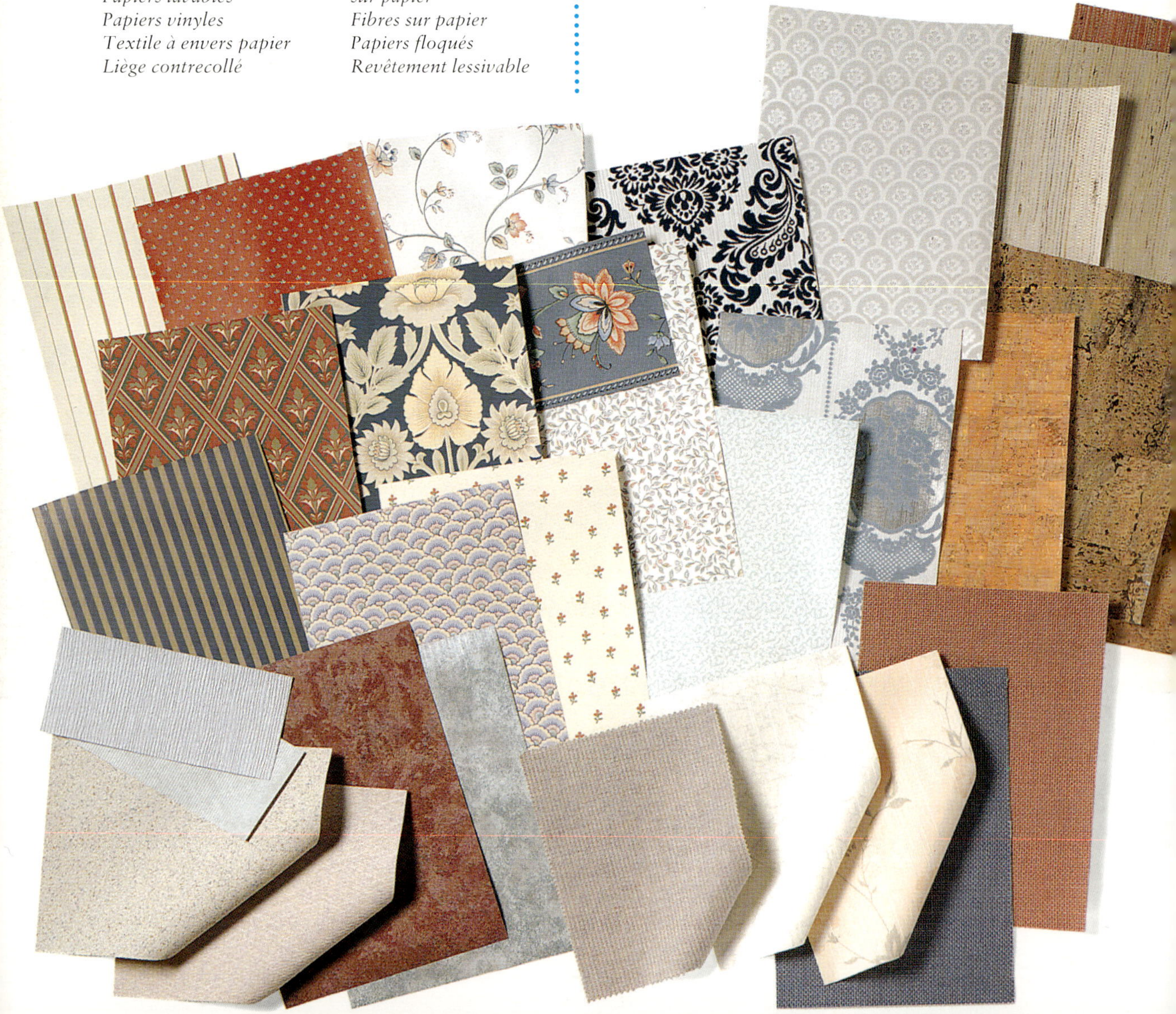

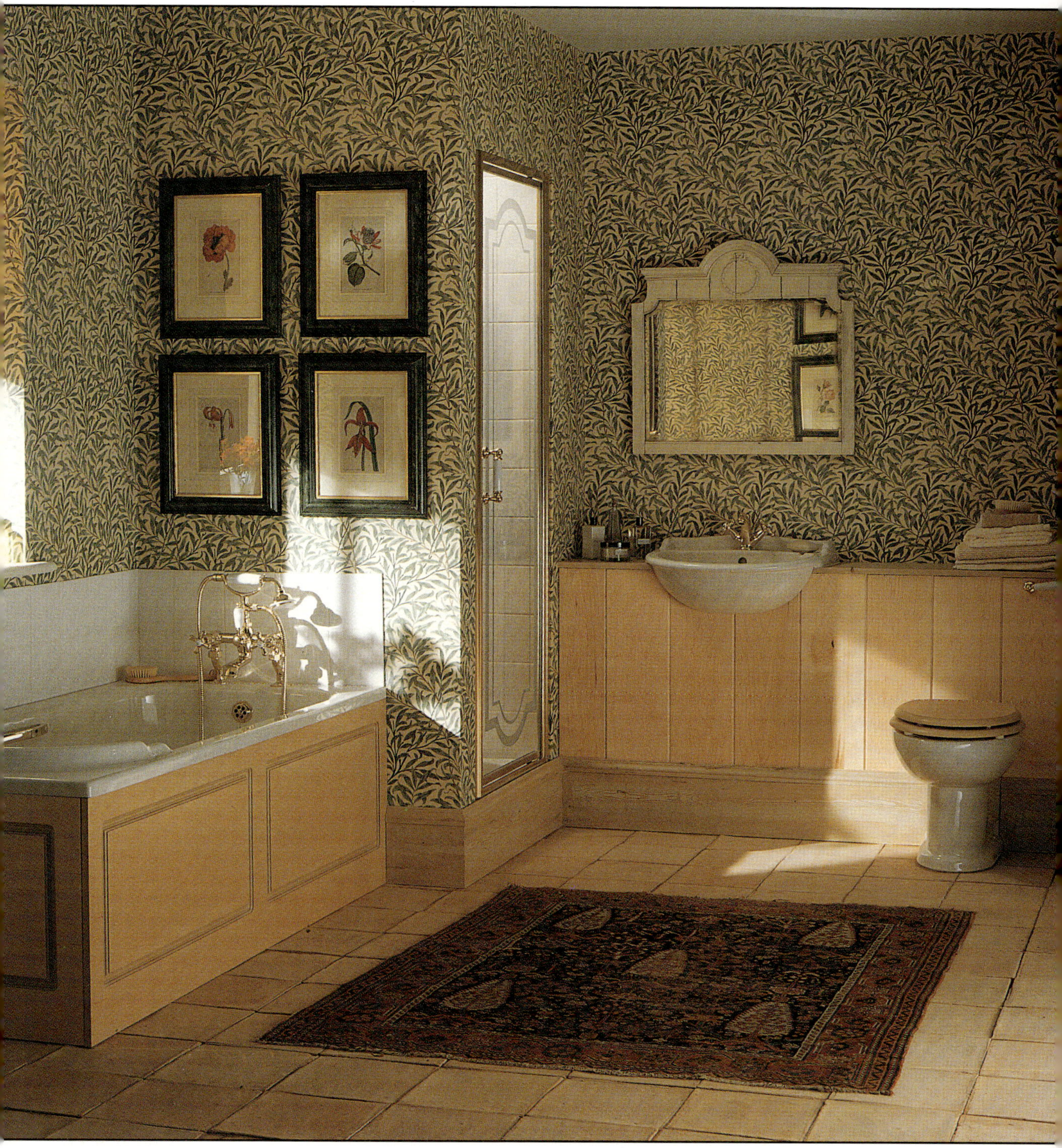

Facile à lessiver, le papier vinyle est idéal dans une salle de bains car il résiste aux éclaboussures et à la condensation.

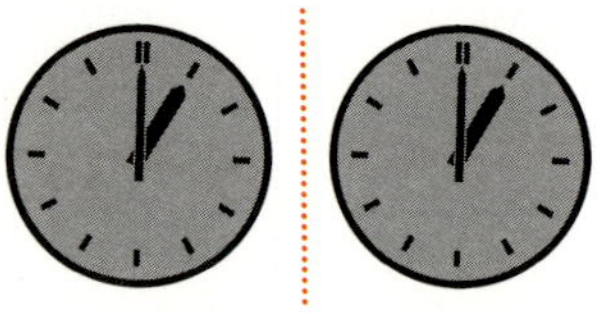

UN WEEK-END

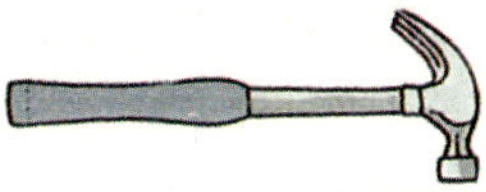

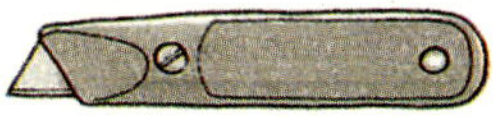

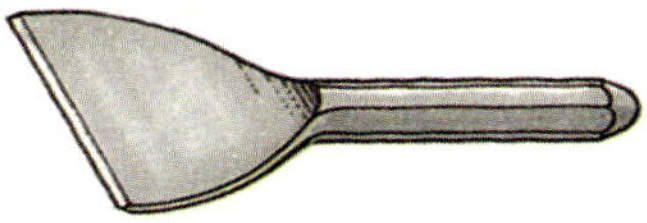

Outils indispensables

- Ciseau à brique
- Ciseaux
- Couteau à enduire
- Cutter
- Équerre
- Fil à plomb
- Marteau
- Mètre-ruban
- Pince à dénuder
- Pince d'électricien
- Pistolet extrudeur
- Scie égoïne
- Tournevis
- Tournevis d'électricien

RÉDUIRE LES NUISANCES SONORES

Le bruit provenant d'une habitation voisine est parfois insupportable, en particulier la musique si elle n'est pas à votre goût. Il est difficile d'insonoriser parfaitement une pièce, mais vous pouvez en revanche réduire notablement l'intensité du bruit passant à travers les murs.

Boucher les interstices

Le moindre trou, la moindre fente dans un mur mitoyen laisse passer le son. Démontez la plinthe et la lame de parquet à la base du mur pour repérer les trous dans la maçonnerie, en particulier autour des solives et des canalisations. Rebouchez au mortier ou au mastic silicone pour maçonnerie. Appliquez aussi un joint de silicone entre la plinthe et le parquet.

Une solution beaucoup plus efficace pour bien insonoriser consiste à doubler la cloison d'un matériau isolant acoustique.

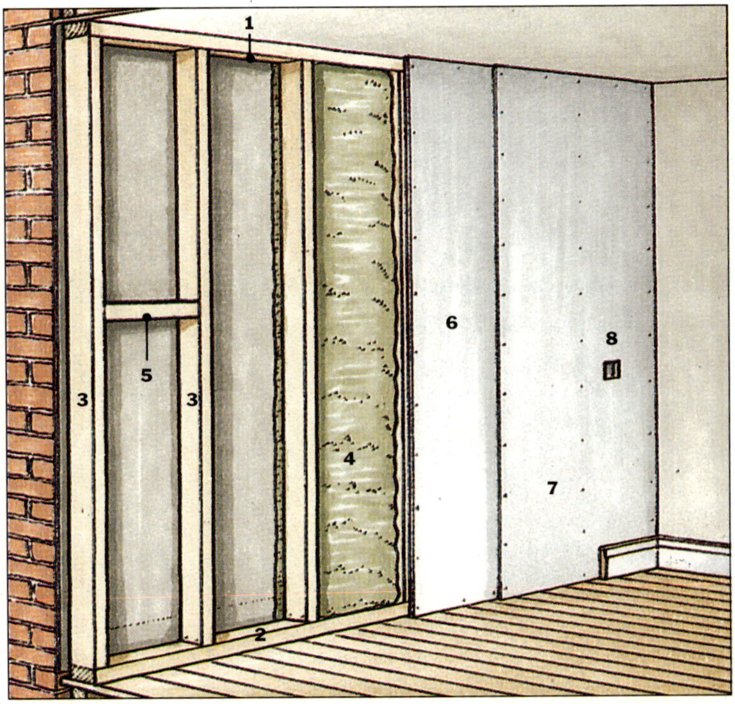

Détail de l'isolation

1 Traverse haute
2 Traverse d'appui
3 Montants
4 Couche isolante
5 Renfort
6 Première plaque de plâtre
7 Seconde plaque de plâtre
8 Appareil électrique

Isolation acoustique d'un mur

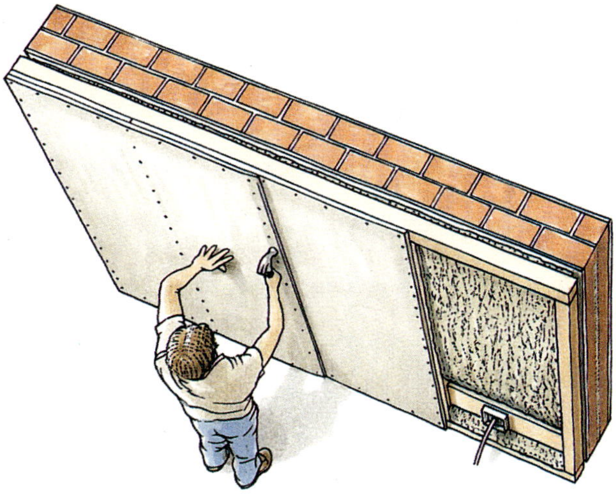

Une isolation bien conçue diminue considérablement les nuisances sonores. Son efficacité dépend aussi de la nature de la maçonnerie, de la présence éventuelle d'un conduit de cheminée, de canalisations d'eau et d'électricité, ainsi que de la proximité des fenêtres.

Le doublage – parfaitement identique à une cloison de séparation – est fixé au sol, au plafond et aux murs latéraux ; il n'est en revanche pas fixé au mur mitoyen lui-même. L'espace entre la double épaisseur de plaques de plâtre constituant le doublage et le mur est rempli de laine de verre ou de laine de roche.

Dans les bâtiments anciens, une telle isolation entraîne souvent le démontage de la corniche, ce qui implique une modification de la décoration. Elle a de plus le désavantage de réduire légèrement la surface de la pièce. Mais c'est parfois le prix à payer pour une tranquillité accrue.

Par où commencer ?

Coupez le courant au tableau d'abonné et démontez les appareils et les canalisations électriques jusqu'à la boîte de dérivation afin de les encastrer plus tard dans la double cloison. Si les conducteurs étaient sous baguettes, prévoyez une gaine d'encastrement pour canalisations électriques sous plaque de plâtre.

Ôtez les plinthes avec précaution pour pouvoir les réutiliser. Sur le plafond, tracez une ligne à 10 cm du mur mitoyen. Tracez son équivalent sur le sol, à l'aide d'un fil à plomb.

La traverse d'appui, pièce de bois horizontale fixée au sol sur laquelle viennent s'appuyer les plaques de plâtre, ne pose pas de problème particulier. Il peut ne pas en aller de même pour la traverse haute, fixée au plafond : si les solives sont parallèles au mur mitoyen, vous devrez renforcer la charpente de la cloison par des traverses perpendiculaires pour supporter la traverse haute.

Montage de la double cloison

Fixez la traverse d'appui et la traverse haute – d'une section de 70 x 50 mm –, en les alignant sur les lignes tracées. Il doit rester un intervalle de 30 mm entre les pièces de bois et le mur. Clouez ensuite des montants (pièces de bois verticales) tous les 60 cm. Marquez au sol et au plafond la position de chaque montant, de manière à pouvoir les repérer facilement.

Placez des traverses entre les montants pour supporter les appareils électriques (interrupteurs et prises) et les étagères. Entre les montants, encastrez des panneaux rigides de laine de verre ou de laine de roche de 60 cm de largeur et de 100 mm d'épaisseur.

Réalisez le câblage des appareils électriques jusqu'à la boîte de dérivation (utilisez de la gaine isolante cintrable, conforme aux normes, fixée sur collier lyre). Vérifiez que le courant passe avant d'encastrer.

Couvrez la charpente ainsi fabriquée de plaques de plâtre BA13 de 13 mm d'épaisseur, fixées sur les montants à l'aide de clous pour plaques. Jointoyez et appliquez du mastic en périphérie. Posez une seconde couche de plaques de plâtre, en espaçant les clous de 15 cm. Réalisez les joints avec des bandes et à l'enduit.

Montez les appareils électriques en les encastrant, et isolez les bords des couvercles avec du joint silicone. Clouez les plinthes et appliquez un joint sous la plinthe.

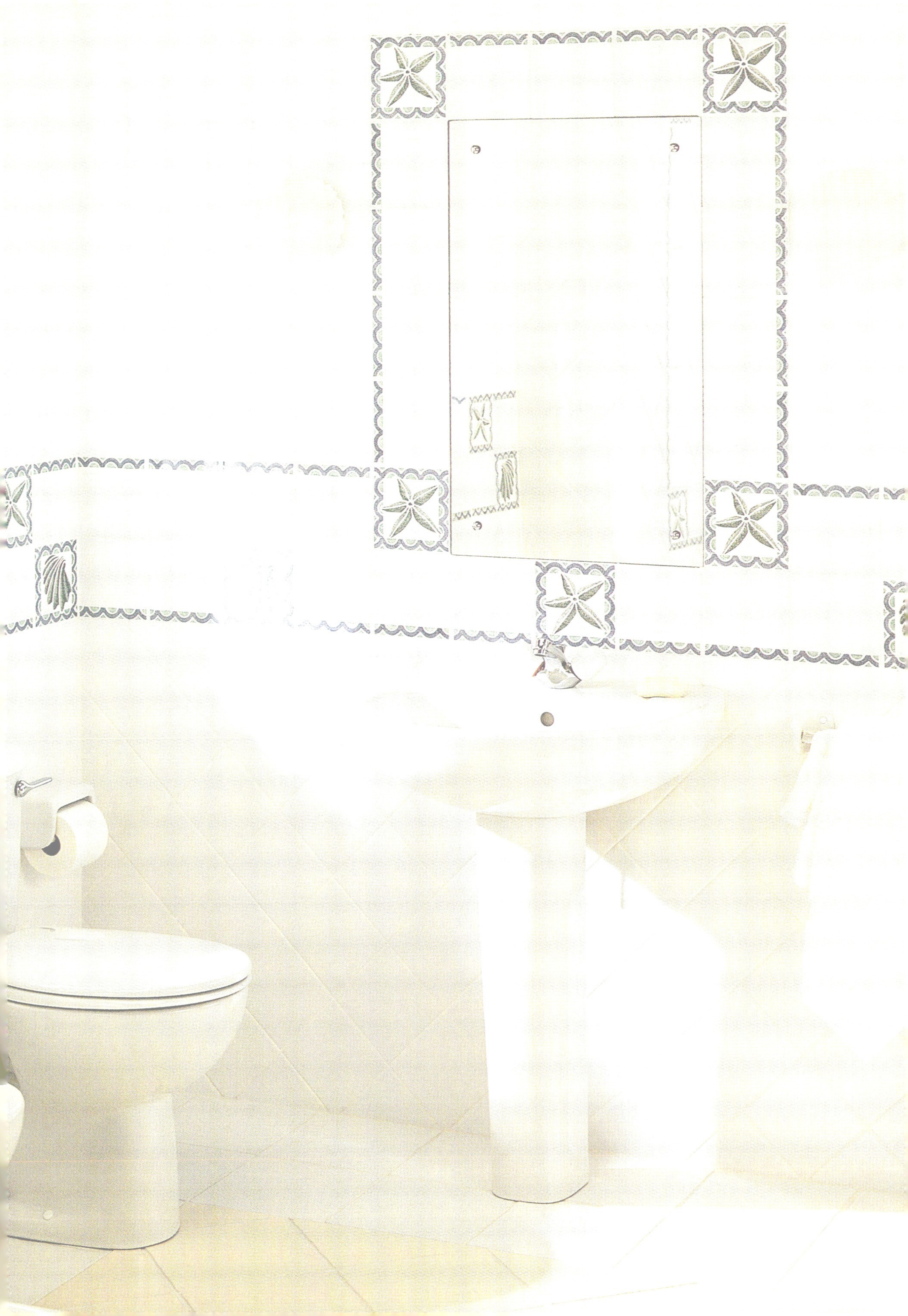

CARRELER LA SALLE DE BAINS

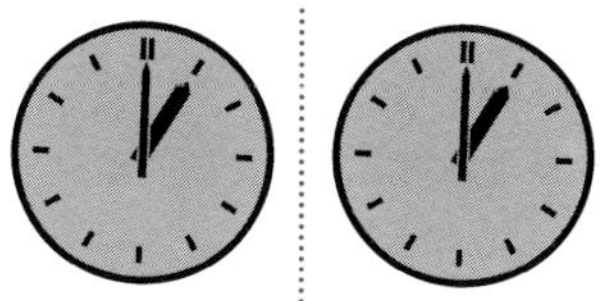

UN WEEK-END

Le carrelage de faïence est sans doute le meilleur des revêtements pour la salle de bains, puisqu'il protège le mur des éclaboussures. En outre, les carrelages actuels offrent une très large gamme de coloris et de motifs.

Les carreaux de faïence sont le plus souvent carrés ou rectangulaires. Leurs dimensions sont multiples, mais les plus courantes sont 20 x 20 cm, 15 x 15 cm, 20 x 25 cm. Les fabricants proposent dans la même gamme des carreaux de rive et des listels – destinés aux bordure et aux angles sortants –, ainsi que des frises.

La pose est très rapide, surtout avec des carreaux de grande taille, mais il faut consacrer un temps important aux coupes, afin d'adapter le carrelage dans les angles et autour des accessoires de la salle de bains.

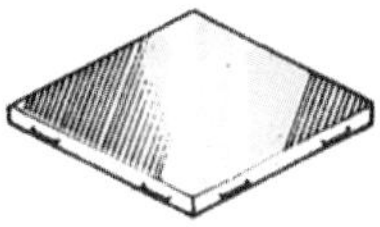

Carreau ordinaire pour mur (cales d'espacement moulées)

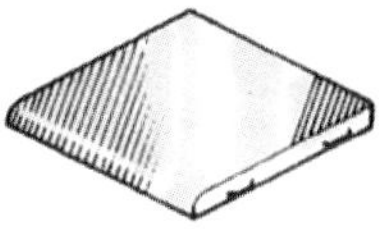

Carreau de rive (un bord arrondi)

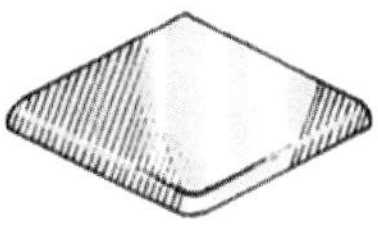

Carreau d'angle (deux bords arrondis)

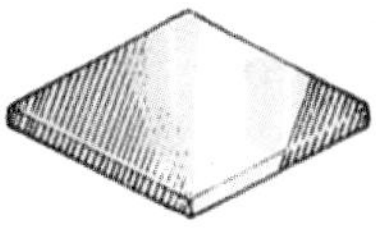

Carreau à deux rives faïencées (utilisation universelle)

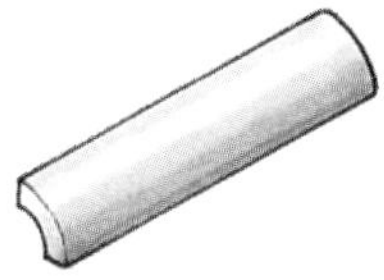

Carreau d'angle (jonction baignoire / mur)

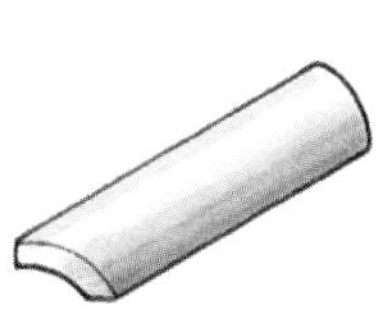

Carreau d'onglet (pour franchir un angle)

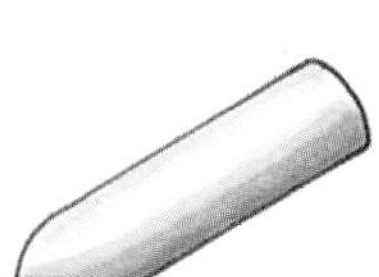

Carreau d'extrémité (pour interrompre une bordure)

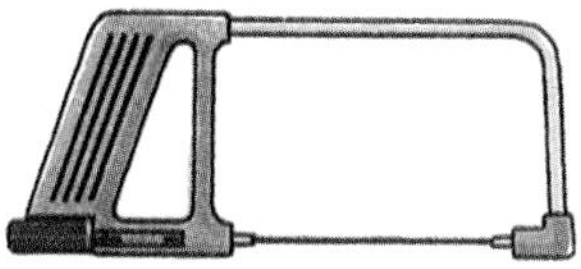

Scie à carreaux

Outils indispensables

- Fil à plomb
- Marteau
- Niveau à bulle
- Pige (improvisée)
- Pince coupe-carreaux
- Pointe à tracer
- Raclette à joints
- Scie à carreaux
- Spatule crantée
- Tenaille perroquet

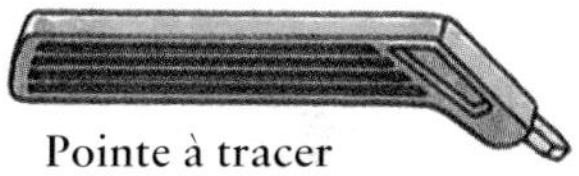

Pointe à tracer

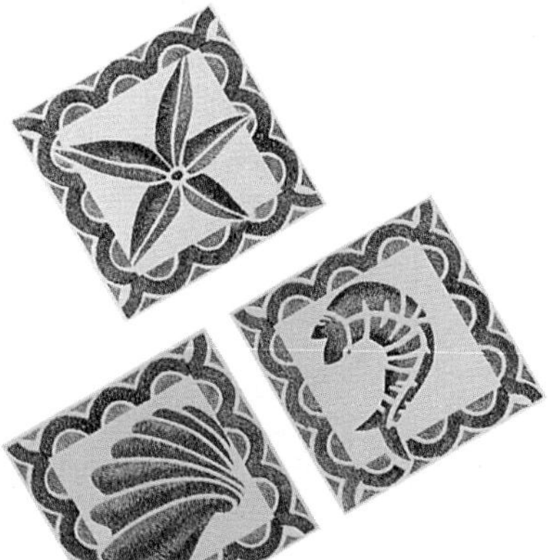

Voir également :
Décoller un vieux papier peint, page 44
Refaire un plâtre endommagé, page 74

Préparation des fonds

Les murs de la salle de bains doivent être propres, nets et secs. Ne posez pas de carrelage sur une peinture cloquée ou poudreuse : décapez ou appliquez d'abord un durcisseur (primaire d'accrochage). Sur une laque, griffez pour que la colle adhère. Le support doit être parfaitement plan ; si nécessaire, appliquez un enduit. En revanche, négligez les petits trous et les fissures fines.

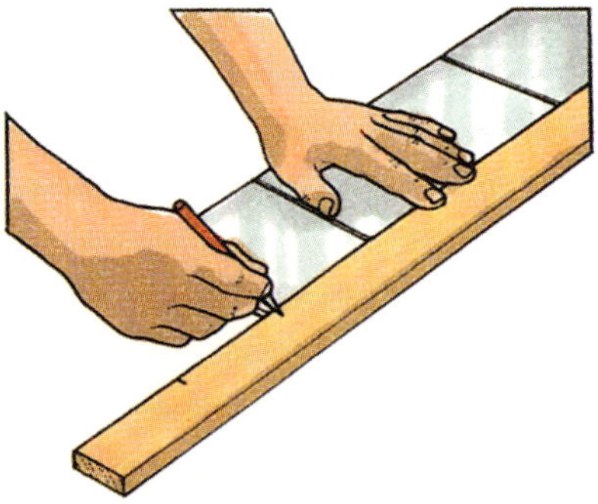

Fabriquer une pige

Une pige est un instrument qui sert à placer facilement les carreaux sur le mur, en les espaçant régulièrement. Utilisez une planchette de 50 x 10 mm. Alignez une série de carreaux espacés à l'aide de croisillons de plastique placés à chaque angle, et marquez la position de chacun sur la planchette.

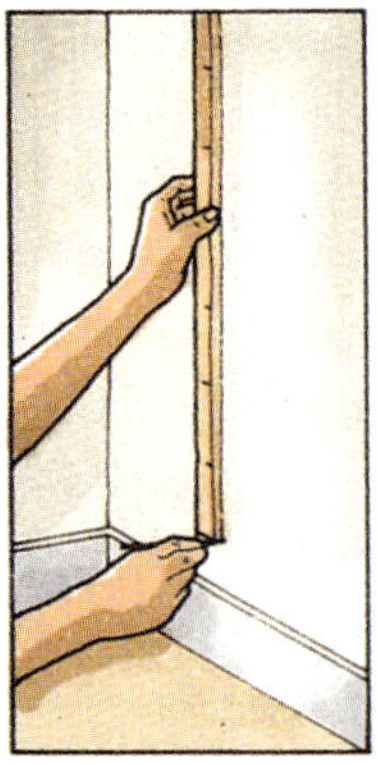

Utilisation de la pige
Appliquez la pige verticalement sur le mur et reportez la position des carreaux.

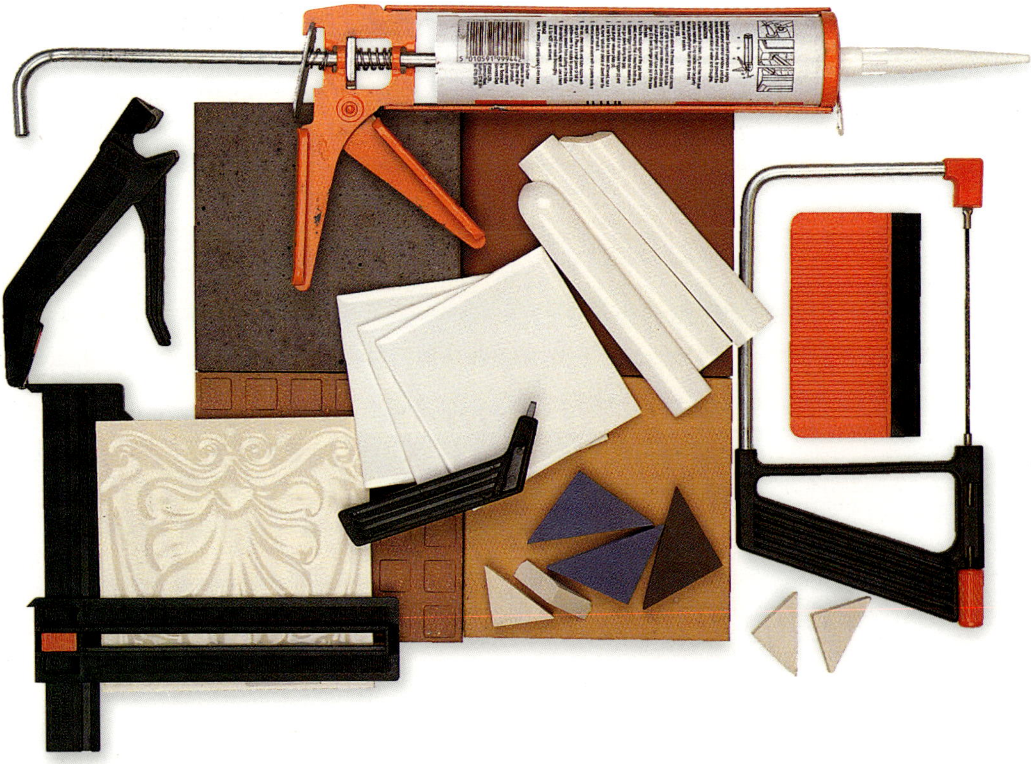

POSITION DU CARRELAGE SUR LE MUR

La technique utilisée pour poser du carrelage dépend des dimensions de la surface à couvrir. Si vous souhaitez revêtir le mur entièrement, utilisez la pige pour repérer l'emplacement des rangées de carreaux, en partant de la plinthe. Si cette disposition aboutit à une coupe étroite près du plafond, remontez toutes les rangées d'un demi-carreau, afin que la coupe soit plus large.

1 *En utilisant le niveau à bulle, tracez une ligne horizontale correspondant à la base de la rangée de carreaux la plus basse. Clouez un petit tasseau pour soutenir temporairement cette première rangée.*

2 *Tracez l'axe vertical du mur, au centre, puis utilisez la pige pour marquer la disposition des rangées verticales, de chaque côté. Si vous aboutissez à des coupes étroites, modifiez la position.*

3 *En vous aidant du niveau à bulle, clouez un tasseau vertical aligné sur la première rangée de carreaux, près de l'angle.*

4 *Si vous ne carrelez le mur qu'en partie – par exemple jusqu'à une moulure de cimaise –, commencez la pose par le haut, en particulier si vous utilisez des carreaux de rive.*

5 *Si le mur comporte une fenêtre, partez de cet obstacle et évitez autant que possible les coupes autour de l'huisserie. Rejetez-les vers les angles des murs, sauf si elles sont alors trop étroites.*

6 *Posez des carreaux dans le renfoncement de la fenêtre, s'il y a lieu.*

7 *Fixez un tasseau sur la traverse d'une fenêtre pour soutenir la rangée de carreaux supposée la surplomber.*

TOUR DE MAIN

Éviter les coupes difficiles

Utilisez la pige afin de prévisualiser la disposition des carreaux autour des canalisations et des autres obstacles. Ajustez la position des carreaux pour faciliter les coupes.

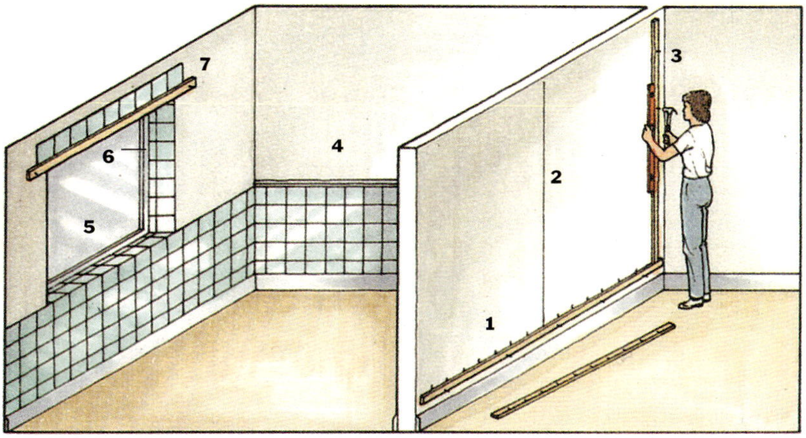

Disposition des carreaux
La pige permet d'éviter les coupes étroites, difficiles et peu esthétiques, en modifiant par un léger glissement, avant la pose, la disposition du carrelage.

CARRELER UN MUR

Les colles pour carrelages sont vendues en pâte prête à l'emploi ou sous forme de poudre (mortier colle) à gâcher avec de l'eau.

Les colles s'appliquent à l'aide d'une spatule crantée, souvent fournie avec le produit. Si ce n'est pas le cas, utilisez un couteau à colle au crantage adapté (lisez les conseils figurant sur le pot de colle). Certaines colles peuvent aussi être utilisées pour les joints.

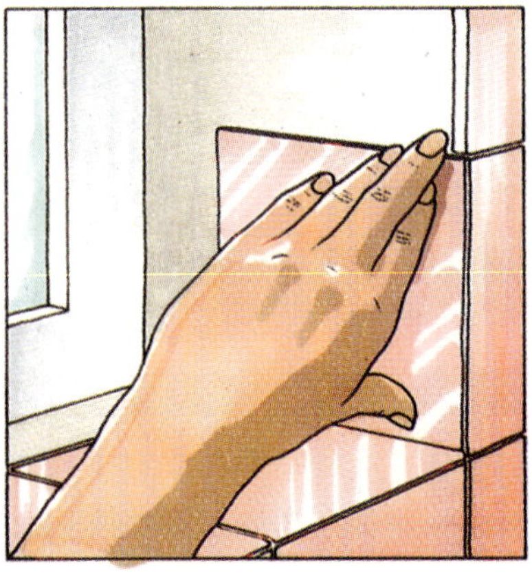

Dans un renfoncement
Carrelez jusqu'à l'arête du mur. Collez des carreaux de rive dans les joues du renfoncement, pour qu'ils recouvrent ceux du mur. Carrelez le renfoncement jusqu'à l'huisserie en coupant des carreaux à la taille requise.

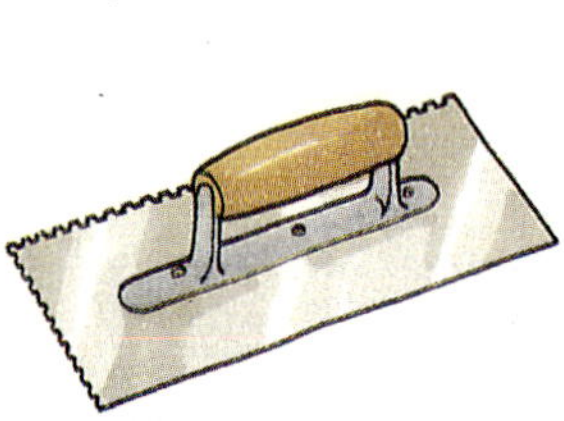

Couteau à colle

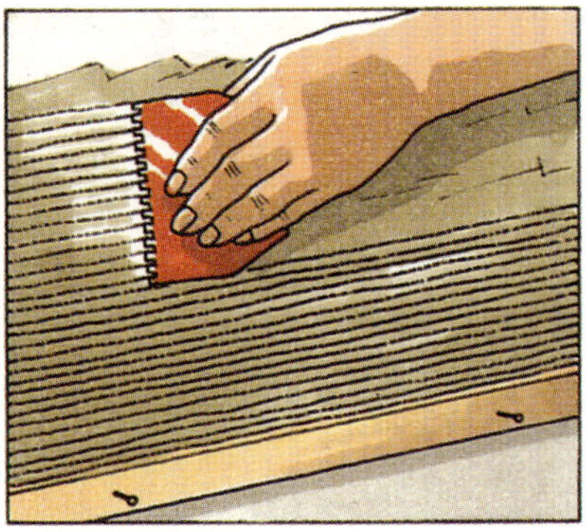

1 Appliquez de la colle sur 1 m² environ. Appuyez fermement sur le couteau à colle cranté de manière à laisser des stries horizontales. Passez la spatule dans un seul sens, sans croiser.

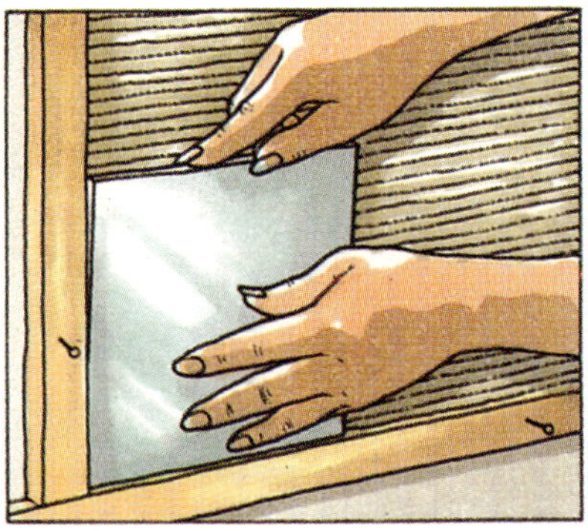

2 Placez le premier carreau dans l'angle des tasseaux cloués au mur, en appuyant bien pour lui donner son assise. Posez les carreaux suivants avec les croisillons d'espacement (enfoncez ceux-ci dans la colle pour qu'ils ne gênent pas la réalisation ultérieure des joints). Appuyez fermement en nivelant avec une cale de bois.

Essuyez immédiatement les bavures de colle sur les carreaux avec une éponge humide. Progressez en posant simultanément deux ou trois rangées. Encollez à chaque fois environ un mètre carré. Vérifiez régulièrement que les rangées sont bien verticales et horizontales à l'aide d'un tasseau et d'un niveau à bulle.

Effectuez la pose de tous les carreaux entiers, et réservez les coupes pour la fin. Déclouez ensuite les tasseaux et prenez les mesures pour les coupes.

Coupe des carreaux de rive

Les murs des habitations ne sont pas toujours droits, surtout dans les bâtiments anciens. Il est donc souvent nécessaire de mesurer la coupe pour chaque carreau. La pointe à tracer est suffisante pour la pose des petits carrelages, mais si vous avez beaucoup de coupes à effectuer, utilisez plutôt une pince coupe-carreau à molette ou louez une carrelette.

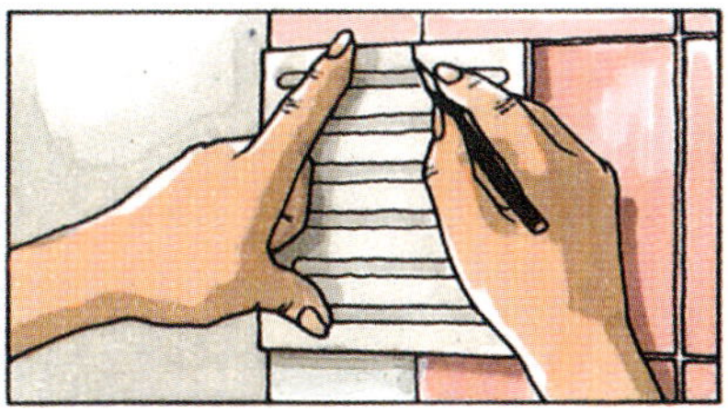

1 Placez le carreau à couper, parement (c'est-à-dire recto) au-dessous, sur le dernier carreau posé et contre le mur adjacent. Prenez les repères de coupe sur les chants, en tenant compte de la largeur du joint. Tracez au feutre, sur le parement.

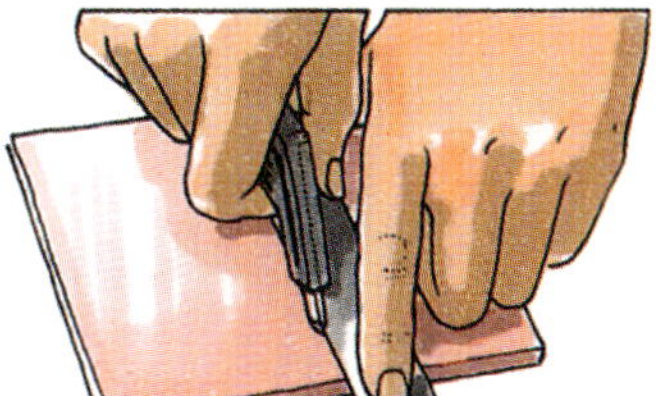

2 Placez une règle métallique sur le trait de coupe et entaillez le carreau à l'aide de la pointe à tracer, en appuyant bien de manière à ouvrir une rainure. Vous pouvez aussi utiliser la molette d'une pince de carreleur.

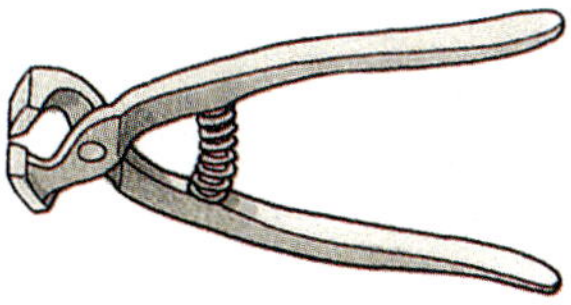

TENAILLE PERROQUET

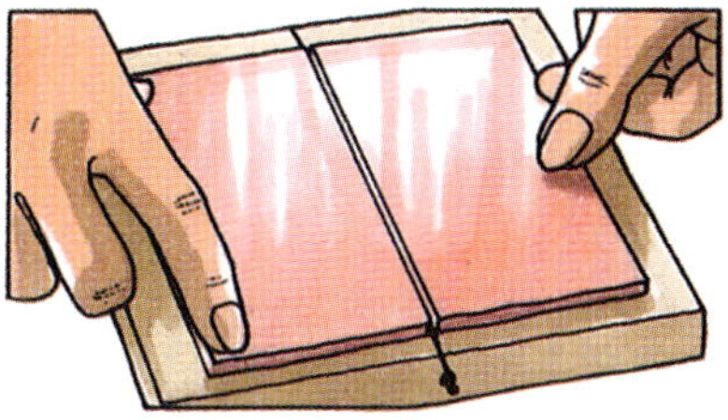

3 Placez une tige métallique fine sur un panneau d'aggloméré et alignez dessus le trait de coupe du carreau placé parement au-dessus. Appuyez des deux côtés pour briser le carreau. Nettoyez la coupe à la lime ou avec une pierre abrasive.

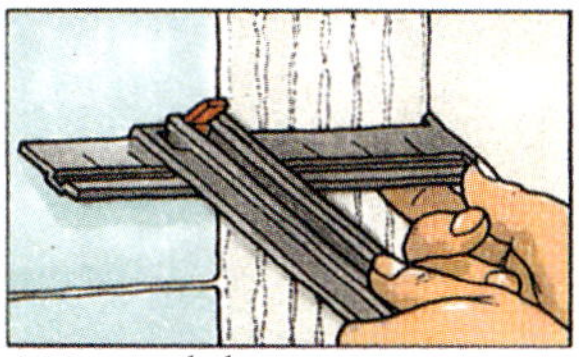

1 Mesure de la coupe

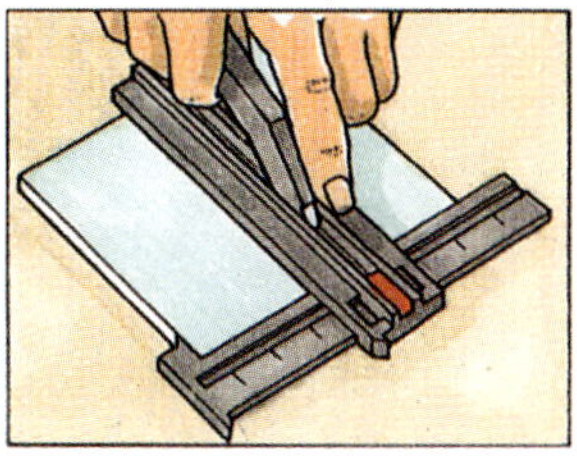

2 Entaillage

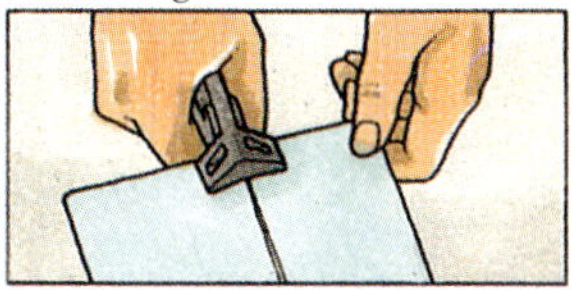

3 Coupe

Pince coupe-carreau

Si vous avez beaucoup de coupes à effectuer, utilisez une pince coupe-carreau à réglet. Ce dernier vous permet de couper le carreau à une dimension précise. La pince est souvent dotée d'une molette de tungstène pour entailler la faïence, tandis que les mâchoires permettent un travail rapide : placez le trait de coupe sur l'axe des mâchoires et serrez.

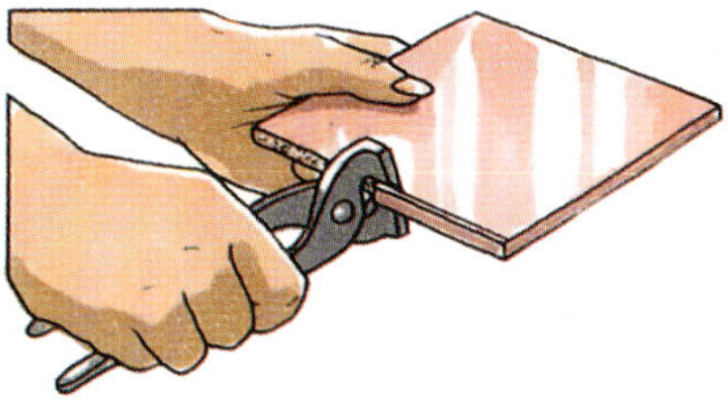

Coupes étroites

Si vous devez éliminer une bande étroite sur le bord d'un carreau, n'utilisez pas la pince coupe-carreaux, car il n'y a pas suffisamment d'appui pour les mâchoires. Rognez peu à peu la chute à l'aide d'une tenaille perroquet.

Coupes irrégulières

Les détails sont très importants pour l'aspect final du carrelage. Soignez les coupes autour des canalisations et des appareils.

Autour d'un tuyau

Tâchez de disposer les carreaux de manière à avoir un demi-cercle à découper sur deux carreaux adjacents.

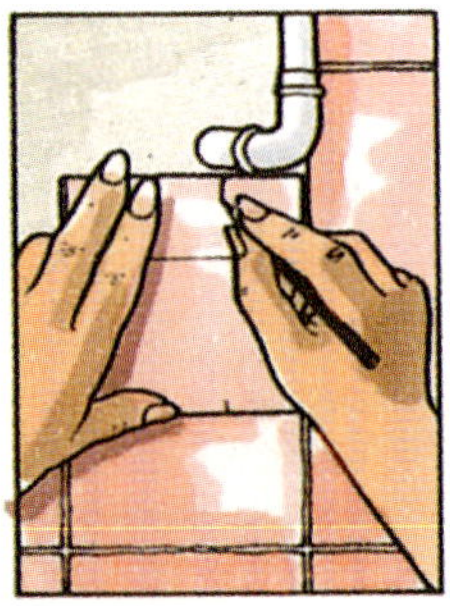

1 Si vous ne pouvez obtenir une telle disposition, mettez le carreau en place et repérez l'axe du tuyau, en haut et sur le côté. Tracez les droites correspondantes. Leur intersection correspond au centre du tuyau. Tracez un cercle un peu plus grand que le diamètre de ce dernier, à l'aide d'un objet circulaire ou mieux, d'un compas.

2 Effectuez une coupe droite sur l'un des axes tracés, puis entaillez suivant le cercle sur chaque demi-carreau avec la pointe à tracer. Rognez peu à peu le carreau avec la tenaille perroquet. Vous pouvez aussi utiliser une mèche au carbure de tungstène, à adapter sur une perceuse, pour découper les cercles.

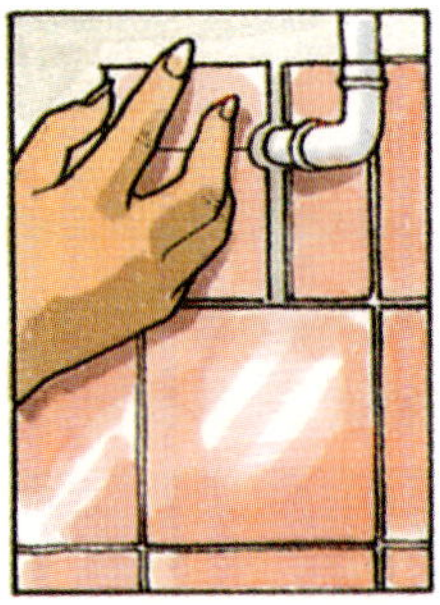

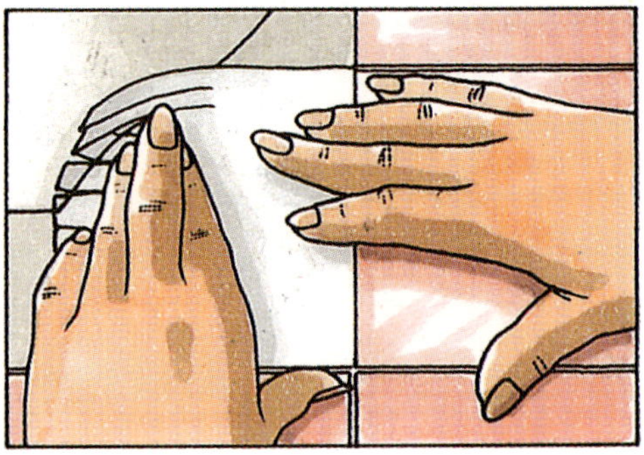

Coupes courbes

Pour adapter des carreaux autour d'un lavabo ou d'une baignoire courbe, réalisez d'abord un gabarit. Utilisez pour cela une feuille de carton dans laquelle vous ouvrez des entailles pour l'adapter précisément à la courbe. Reportez le tracé sur le carreau. Coupez à l'aide d'une scie à carreaux, outil équipé d'une lame-fil dure et abrasive, qui coupe dans toutes les directions.

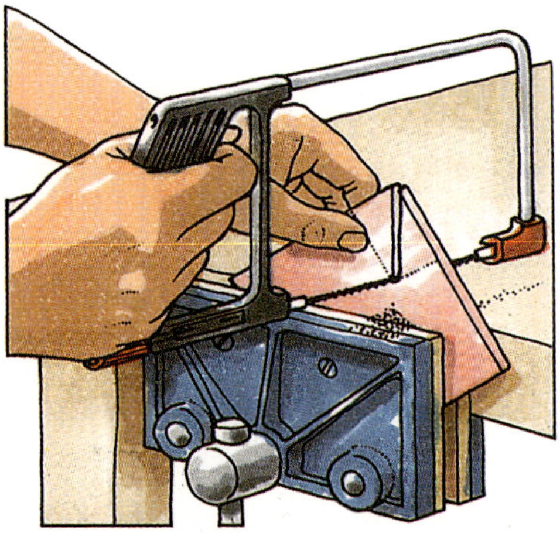

Autour d'une prise

Dans une salle de bains, l'installation électrique représente un danger et doit être conforme aux normes. Les conducteurs doivent passer dans des gaines encastrées. Le boîtier de la prise du rasoir électrique est souvent lui aussi encastré, et le couvercle, vissé sur la faïence, masque les irrégularités de la coupe. Toutefois, si vous devez découper le coin d'un carreau pour l'adapter sur un boîtier, effectuez le tracé, entaillez les traits de coupe à la pointe, puis sciez en diagonale à partir de l'angle. Faites ensuite sauter les chutes à la tenaille perroquet.

JOINTS DE CARRELAGE

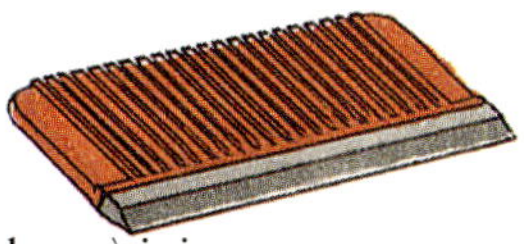

Raclette à joints

Les produits pour joints de carrelage sont vendus en pâte prête à l'emploi ou sous forme de ciment à gâcher avec de l'eau. Ils sont le plus souvent blancs, gris ou beiges, mais vous pouvez en trouver aussi dans des coloris très divers correspondant à ceux des carreaux. Vous pouvez aussi teinter un ciment blanc à l'aide de pigments. Les ciments contiennent en général un fongicide.

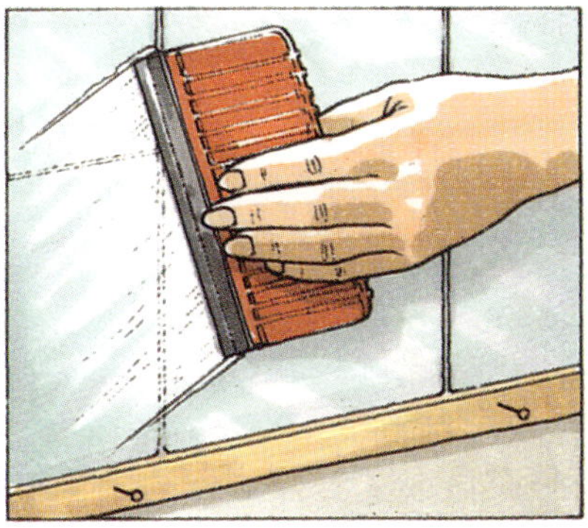

Appliquer le ciment

Attendez 24 heures que la colle durcisse. Préparez le ciment et appliquez-le sur le carrelage. Faites-le pénétrer dans les joints à l'aide d'une raclette, en passes horizontales et verticales.

Laissez poser vingt minutes. Le ciment commence à prendre. Éliminez alors le surplus à l'aide d'une éponge, en rinçant souvent. Travaillez en diagonale afin de ne pas évider les joints. Quand le ciment est sec, lustrez à l'aide d'un chiffon.

N'utilisez pas une douche nouvellement carrelée pendant quelques jours.

AUTOUR DE LA BAIGNOIRE

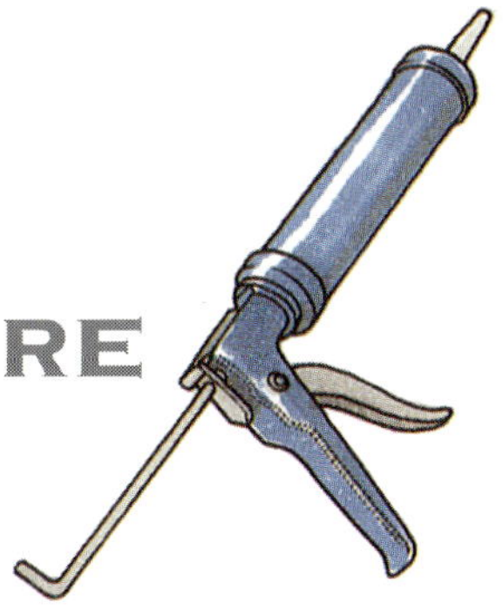

N'utilisez pas de ciment pour réaliser le joint autour d'une baignoire, d'un lavabo ou du receveur de douche, car il s'effriterait rapidement en raison du travail des matériaux. Le joint au silicone (mastic sanitaire), qui reste souple après séchage, se présente dans une cartouche à buse qu'il faut placer dans un pistolet extrudeur spécial. Il est blanc ou translucide et permet de réaliser des joints jusqu'à 3 mm de largeur. Avant l'application, nettoyez le carrelage et l'appareil sanitaire, et dégraissez-les avec un peu d'acétone.

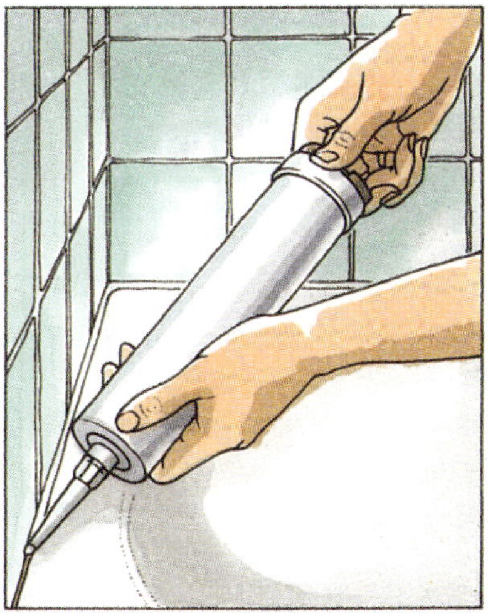

Poser le joint

Coupez la buse de la cartouche au cutter, en fonction de la grosseur du joint à réaliser. Inclinez la cartouche à 45°. Pressez doucement la gâchette ou la poignée pour libérer un cordon régulier de joint. Si nécessaire, éliminez les irrégularités et les rides en passant dessus un doigt imprégné de liquide vaisselle.

Glossaire

Araser
Couper une pièce de menuiserie ou le bord d'un revêtement pour le mettre aux dimensions requises.
Assemblage à plat joint
Assemblage chant sur chant.
Assemblage d'onglet
Assemblage à angle droit de deux pièces de bois dont les extrémités ont été coupées à 45°.
Battant-mouton
Montant extérieur d'un vantail de fenêtre, à chant arrondi, venant s'adapter dans la gueule-de-loup.
Bec de cane
Serrure comportant uniquement un pêne demi-tour actionné par une poignée ; utilisé essentiellement pour les portes intérieures.
Chambranle
Pour une porte, moulure qui chevauche l'huisserie et la maçonnerie, couvrant ainsi le joint.
Chant
Une des plus petites faces d'une pièce de bois dressée (synonyme : rive).
Dame
Outil constitué d'un manche vertical et d'une lourde masse, destiné au compactage des sols.
Dormant
Parties fixes d'une menuiserie, par exemple l'huisserie d'une fenêtre ou d'une porte.
Ébrasement
Côtés d'une baie légèrement obliques par rapport au plan de la fenêtre ; l'ébrasement facilite l'ouverture des vantaux.
Feuillure
Partie creusée en angle droit rentrant, le long du chant d'une pièce de bois, qui reçoit une pièce mobile. Ainsi, la feuillure de l'huisserie reçoit le battant d'une porte.
Filetage
Rainurage hélicoïdale d'un trou destiné à recevoir une vis.
Gueule-de-loup
Gorge du montant extérieur (ou battant) d'un vantail de fenêtre, sur lequel vient s'adapter le montant arrondi (battant-mouton) de l'autre vantail.
Lambourde
Pièce de bois destinée à supporter le parquet.
Lasure
Produit de finition pour bois, qui imprègne le matériau au lieu de former une pellicule en surface.
Lé
Morceau de papier peint ou d'un autre revêtement de mur ou de sol coupé aux dimensions requises.
Linteau
Pièce de bois, de métal, de pierre ou de béton qui ferme la partie haute d'une baie et supporte la superstructure de la construction.
Maroufler
Coller un revêtement sur un support en éliminant les poches d'air.
Moulure
Ornement linéaire en bois, en plâtre, en pierre ou en terre cuite, faisant saillie, utilisé pour la décoration.
Pare-vapeur
Feuille d'aluminium ou de papier imperméable collé sur la face interne d'un isolant.
Pistolet extrudeur
Outil permettant l'application de cordons de mastic de différentes grosseurs.
Porte isoplane
Porte intérieure composée de deux parois planes plaquées sur une ossature ; elle se distingue de la porte à panneaux.
Serrure à cylindre
Serrure de sûreté équipée d'un bloc de commande de forme cylindrique.
Serrure à gorge
Serrure classique comportant une pièce mobile, contrôlée par des ressorts, qui bloque ou débloque le pêne dormant.
Solvant
Liquide capable de dissoudre diverses substances (par exemple, le white-spirit pour la peinture glycéro, l'eau pour la peinture acrylique).
Il s'évapore quand la peinture sèche.
Teinture
Liquide destiné à colorer les bois, le plus souvent dans des teintes naturelles d'essences nobles.
Thibaude
Tapis placé en sous-couche sous certains types de moquette pour en freiner l'usure.
Traverse
Pièce horizontale d'une menuiserie (châssis de fenêtre, charpente de cloison) assurant le maintien des montants verticaux. Dans un bâti traditionnel, les traverses portent les tenons et les montants portent les mortaises.
Trusquin
Outil de menuisier servant à tracer des parallèles à une surface dressée.
Vernis
Produit de finition et de protection du bois, laissant en surface une pellicule dure, mate, satinée ou brillante.
Les vernis sont neutres (incolores) ou teintés.

INDEX

R

S

T

U

V

W

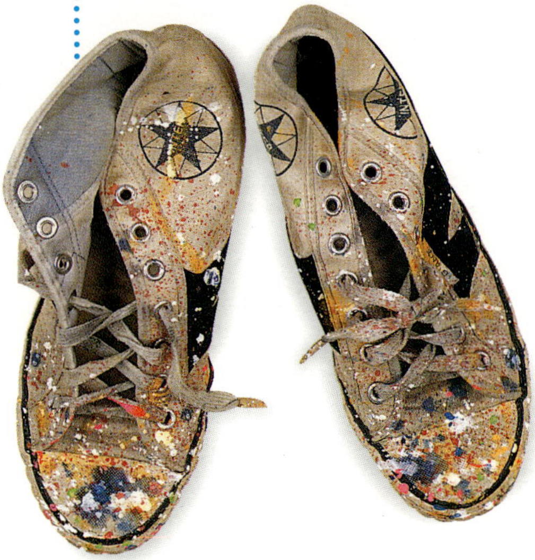

CRÉDITS PHOTOGRAPHIQUES

Photographies de studio : Paul Chave, Ben Jennings, Neil Waving

L'éditeur remercie les personnes et entreprises dont les noms suivent pour l'aide qu'ils lui ont apportée, sur le plan iconographique ou documentaire :

Idéal Standard (salles debains) : pages 17, 31, 113

Fired Earth (carrelages et aménagement intérieur) : pages 28, 77, 93, 99, 116, 117

Sunway/Luxaflex (fenêtres) : page 31

Nairn (revêtements de sol) : page 43

Barlow Tyrie Ltd (meubles de jardin en teck) : pages 47, 89

Langlows (finitions du bois) : page 58

Cuprinol Ltd (protection du bois) : page 59

Sanderson (papiers peints) : pages 105, 108